謹んで還暦をお祝いし　渡辺　章先生に　捧げます

執筆者一同

渡辺　章・山川隆一

編

労働時間の法理と実務

筑波大学労働判例研究会

著

信山社

はしがき

　1987年以来，労働基準法における労働時間関係の規定は幾度もの重要な改正を受けてきたが，98年の改正により，労働時間法制の変容はひとまず一段落したように思われる。今後は，こうした一連の法改正が労働法の歴史においていかなる意味をもつのか，また改正の趣旨がどの程度生かされているかを検証することが求められると同時に，新たな労働時間法制のもとで，企業や労使関係の実務をどのように運用してゆくのかを腰を据えて考えてゆくことが期待されているといえよう。

　本書は，このような労働時間法の現状を背景に，労働時間規制の原理に立ち返って，近年における法政策の動向を理論的に位置づけるとともに，法令および判例が示したルールを明らかにすることにより，労働時間をめぐる実務への指針を明らかにしようとするものである。すなわち，本書では，まず第1編において，労働基準法における労働時間規制の意義を確認した上で，近年の労働時間法制における規制緩和や弾力化の動きについて，その政策的含意や特徴を明らかにしている。次に，第2編においては，労働時間をめぐる法令や判例による規律の内容を概観したうえで，各領域における重要判例をピックアップし，その位置づけや実務上の留意点を簡潔な形で示すことを試みている（判例のない項目においては，架空の設例を用いて検討を行った）。

　以上のような内容をもった本書は，筑波大学労働判例研究会の活動状況，およびそこに集う諸氏の個性を色濃く反映したものである。本研究会の母体となった筑波大学大学院経営・政策科学研究科企業法学専攻（修士課程）および企業科学専攻企業法コース（博士課程）は，専ら夜間に開講される社会人大学院であり，有職の社会人が，実務の中で抱いた問題意識をもとに，企業をめぐる法律問題に対処しうる高度の専門的能力を身につけるべく研鑽を重ねている。そうした社会人大学院生やその修了者を中心に構成された本研究会における議論は，実務的な観点からの判例の評価や，人事管理や労使関係におけるインパクトに話題が及ぶことが多い。

他方で，本研究会を含む社会人大学院においては，実務で取り扱う事象やそこで遭遇する課題に関して，法理論的な観点からの把握や体系化を渇望する声もしばしば聞かれる。そこで，本書では，第1編において法理論的な観点からの検討を行うこととする一方，第2編においては，上記のような本研究会の特色に照らし，学説等の詳細な紹介は控え，実務的な観点からの法令や判例の位置づけを明らかにすることに重点を置いている。社会人大学院生の研鑽の成果を示すものとして本書が位置づけられれば望外の幸いである。

　本書の成立過程は，河合信彦・幡野利通両氏の音頭のもとでの，研究会のまさに共同作業であった。編集の過程では，法令・判例等のチェックや調整部分の入力等の作業を，執筆担当の方々のほか，副島智子，秋谷学，奥沢由紀子，越川僚子，高田哲幸，八木橋泰仁の皆さんにお願いした。書籍の形に整える作業等を，田中達也さんと藤原千沙さん（岩手大学人文社会科学部講師）にほとんどを負っている。信山社出版の渡辺左近さんには，本書の企画を即座に快諾していただき，さらに有益なアドバイスもいただいた。記して感謝を申し上げたい。

　　2000年10月

　　　　　　　　　　　　　　　　　　　　　　　　　　　　編者記す

目　次

はしがき
編者・執筆者一覧
凡　例

第1編　労働時間の法理

労働時間法政策の展開と課題 …………………………………………… 3

Ⅰ　労働時間法制の意義　3
　1．ボワソナードの労働時間法制論（3）　2．法定労働時間制（5）
Ⅱ　労基法における労働時間法制の位置　7
　1．労基法における労働条件の基準規定の性質区分（7）　2．労働時間規定の性質区分（9）
Ⅲ　労働時間法制の規制緩和および弾力化　11
　1．規制緩和および弾力化の意義（11）　2．労働時間法制における規制緩和の含意（12）　3．労働時間法制における弾力化の内容（14）　4．労働時間法制における弾力化政策の含意（16）　5．労働時間法制の展開の政策的特徴（24）

第2編　労働時間の実務

第1章　労働時間の原則と労働時間の概念 ……………………………… 31

Ⅰ　労働時間規制の原則　31
　1．法規制の概要（31）　2．労働時間の計算（32）
Ⅱ　労働時間の概念　33
　1．労働時間概念の整理（33）　2．労基法上の労働時間概念（33）
　　［判例1］タイムカードによる労働時間の算定　37

　　　　　日本コンベンションサービス事件・大阪地判平成8・12・25労判712号32頁
　　　［判例2］作業服の着脱時間等の労働時間性　39
　　　　　三菱重工業長崎造船所事件・最一小判平成12・3・9労判778号8頁，11頁
　　　［判例3］仮眠時間の労働時間性　43
　　　　　大星ビル管理事件・東京高判平成8・12・5労判706号26頁
　　　［判例4］入門・出門時のタイムレコーダー打刻と労働時間該当性　46
　　　　　住友電工大阪製作所事件・大阪地判昭和56・8・25労判371号35頁
　　　［判例5］使用者が黙認した業務遂行と労働時間　48
　　　　　三栄珈琲事件・大阪地判平成3・2・26労判586号80頁

第2章　休憩時間・休日 …………………………………………51

I　休憩時間　51
　1．制度趣旨（51）　2．付与義務（52）　3．休憩時間に関する諸原則（52）

II　休　　日　54
　1．制度趣旨・休日の意義（54）　2．週休制の原則（55）　3．週休制の内容（55）　4．変形週休制（56）　5．休日振替・代休（56）　6．法定外休日（57）

　　　［判例1］使用者の休憩時間付与義務と債務不履行　59
　　　　　住友化学工業事件・最三小判昭和54・11・13判タ402号64頁
　　　［判例2］休憩時間中のビラ配布と懲戒処分(1)　61
　　　　　目黒電報電話局事件・最三小判昭和52・12・13民集31巻7号974頁
　　　［判例3］休憩時間中のビラ配布と懲戒処分(2)　64
　　　　　明治乳業事件・最三小判昭和58・11・1労判417号21頁
　　　［判例4］休日振替の可否・要件　65
　　　　　鹿屋市立小学校事件・鹿児島地判昭和48・2・8判時718号104頁
　　　［判例5］休日振替の適法性　67
　　　　　三菱重工横浜造船所事件・横浜地判昭和55・3・28労判339号20頁
　　　［判例6］休日労働と割増賃金支払義務　69
　　　　　ブルーハウス事件・札幌地判平成10・3・31労判740号45頁
　　　［判例7］法定外休日の出勤命令違背と懲戒処分の効力　71
　　　　　東洋鋼板事件・最二小判昭和53・11・20判タ373号53頁

第3章　時間外労働・休日労働 …………………………………………75

I　時間外・休日労働の許容　75
II　非常事由等による時間外・休日労働　76

1．非常災害時の時間外・休日労働 (76)　2．公務のための時間外・休日労働 (76)

　Ⅲ　三六協定による時間外・休日労働　77
　　1．趣旨 (77)　2．適用対象 (78)　3．三六協定 (78)　4．有害業務の労働時間延長の制限 (80)

　Ⅳ　時間外労働義務・休日労働義務　80
　　1．義務の発生要件 (80)　2．法定労働時間内における時間外労働義務 (83)
　　　［判例1］慣行による時間外労働と三六協定の要否　84
　　　　東京都水道局事件・東京高判昭和43・4・26労民集19巻2号623頁
　　　［判例2］三六協定の失効と時間外労働　86
　　　　京都製作所事件・大阪高判昭和55・2・19労判342号69頁
　　　［判例3］三六協定の書面化の要否　89
　　　　片山工業事件・岡山地判昭和40・5・31労民集16巻3号418頁
　　　［判例4］時間外労働義務の発生要件　91
　　　　日立製作所武蔵工場事件・最一小判平成3・11・28民集45巻8号1270頁
　　　［判例5］法内超勤義務の発生根拠　95
　　　　毎日新聞社事件・東京地判昭和43・3・22労民集19巻2号408頁

第4章　変形労働時間制・フレックスタイム制　…………99

　Ⅰ　労働時間規制の弾力化　99
　Ⅱ　変形労働時間制　100
　　1．変形労働時間制の意義 (100)　2．1か月単位の変形労働時間制 (100)
　　3．1年単位の変形労働時間制 (102)　4．1週間単位の変形労働時間制 (107)
　　5．変形労働時間制適用の制限 (107)

　Ⅲ　フレックスタイム制　108
　　1．フレックスタイム制の意義 (108)　2．要件 (110)　3．効果 (110)
　　4．フレックスタイム制を導入するにあたっての実務上の問題点 (111)
　　5．変則的フレックスタイム制 (114)
　　　［判例1］変形労働時間制における所定労働時間の特定　115
　　　　京都製作所事件・大阪高判昭和55・2・19労判342号69頁
　　　［判例2］勤務割による所定労働時間の特定方法　117
　　　　国鉄沼津機関区事件・静岡地沼津支判昭47・7・15判時685号128頁
　　　［判例3］変形労働時間制における所定労働時間の変更の可否　119
　　　　ＪＲ東日本事件・東京地判平成12・4・27労判782号6頁
　　　［判例4］変形労働時間制における時間外労働の範囲　122
　　　　国労熊本地本事件・熊本地判昭和48・10・4判時719号21頁

［設例１］フレックスタイム制とコアタイムを超える商談への出席　124
　　　［設例２］フレックスタイム制のもとでのストライキの扱い　125

第５章　事業場外労働のみなし労働時間制 …………………………………127

　Ⅰ　制度の趣旨と概要　127
　Ⅱ　制度の内容　128
　　１．制度適用の要件（128）　２．新たな労働態様との関係（130）
　　　［判例１］事業場外での展覧会業務とみなし労働時間制の適用　134
　　　　ほるぷ事件・東京地判平成９・８・１労判722号62頁
　　　［判例２］出張中の指示とみなし労働時間制の適用　136
　　　　静岡市立学校教職員事件・最三小判昭和47・12・26民集26巻10号2096頁

第６章　裁量労働のみなし労働時間制 ……………………………………141

　Ⅰ　総　論　141
　　１．趣旨（141）　２．成果主義賃金制度との関係（142）　３．適用除外との関係（143）
　Ⅱ　専門業務型裁量労働制　144
　　１．要件（144）　２．運用の実態（145）
　Ⅲ　企画業務型裁量労働制　145
　　１．要件（146）　２．展望（151）
　　　［設例１］専門業務型裁量労働制における「不同意」の取扱い　154
　　　［設例２］専門業務型裁量労働制における時間管理　156
　　　［設例３］企画業務型裁量労働制の対象者の「線引き」　157
　　　［設例４］企画業務型裁量労働制における不同意者への不利益取扱いと苦情処理　159

第７章　割増賃金 ……………………………………………………………163

　Ⅰ　制度の趣旨　163
　Ⅱ　割増賃金の意義　164
　　１．割増賃金の支払義務（164）　２．割増賃金を支払うべき労働（164）
　Ⅲ　割増賃金の算定と支払　165
　　１．算定基礎賃金（165）　２．除外賃金（166）　３．割増賃金の支払方法（168）
　　　［判例１］割増賃金の算定基礎　170
　　　　小里機材事件・最一小判昭和63・７・14労判523号６頁

目　次　　vii

　　　［判例2］歩合給と割増賃金　173
　　　　　高知県観光事件・最二小判平成6・6・13労判653号12頁
　　　［判例3］割増賃金の算定基礎　175
　　　　　壷阪観光事件・大阪高判昭和58・5・27労判413号46頁
　　　［判例4］固定残業制における割増賃金　178
　　　　　三晃印刷事件・東京高判平成10・9・16労判749号22頁
　　　［判例5］「管理職手当」による割増賃金補塡の可否　180
　　　　　共立メンテナンス事件・大阪地判平成8・10・2労判706号45頁

第8章　労働時間・休憩・休日規定の適用除外 …………………………185

　Ⅰ　労基法41条の意義　185
　Ⅱ　監督もしくは管理の地位にある者　186
　　1．管理監督者の意義（186）　2．裁判例（188）　3．スタッフ管理職の位置づけ（189）　4．機密の事務を取り扱う者（190）
　Ⅲ　監視・断続労働　190
　　1．監視・断続労働の意義（190）　2．宿日直（192）
　　　［判例1］労基法41条2号における管理監督者の意義　194
　　　　　静岡銀行事件・静岡地判昭和53・3・28労民集29巻3号273頁
　　　［判例2］管理監督者への該当性（否定例）　196
　　　　　彌榮自動車事件・京都地判平成4・2・4労判606号24頁
　　　［判例3］管理監督者への該当性（肯定例）　200
　　　　　徳洲会事件・大阪地判昭和62・3・31労判497号65頁
　　　［判例4］工場警備員と監視・断続労働　202
　　　　　高田機工事件・大阪地判昭和50・3・31労民集26巻2号210頁
　　　［判例5］宿日直と監視・断続労働　206
　　　　　静岡県立富士高校事件・東京高判昭和42・9・29判時502号68頁

第9章　年次有給休暇 ……………………………………………………209

　Ⅰ　年次有給休暇権　209
　　1．年休権の意義（209）　2．年休権の法的性質（209）　3．年休権の成立要件（210）　4．休暇の日数（211）　5．年休権の法的効果（212）　6．年休権の消滅（213）
　Ⅱ　時季指定権　213
　　1．年休実現のための双方的調整プロセス（213）　2．年休の時季の指定（214）　3．年休の使途（214）

Ⅲ　時季変更権　215
　　1．時季変更権行使の態様（215）　2．「事業の正常な運営を妨げる場合」（215）
Ⅳ　労使協定による計画年休　216
Ⅴ　法定外年休および特別休暇制度　217
　　［判例1］年次有給休暇権の法的性質　218
　　　白石営林署事件・最二小判昭和48・3・2民集27巻2号191頁
　　［判例2］年休権発生要件としての継続勤務　221
　　　東京芝浦食肉事業公社事件・東京地判平成2・9・25労判569号28頁
　　［判例3］使用者の時季変更権行使の効力　223
　　　電電公社此花局事件・最一小判昭和57・3・18民集36巻3号366頁
　　［判例4］使用者の配慮義務　225
　　　弘前電報電話局事件・最二小判昭和62・7・10民集41巻5号1229頁
　　［判例5］全労働日の算定　228
　　　エス・ウント・エー事件・最三小判平成4・2・18労判609号12頁
　　［判例6］長期連続休暇と時季変更権　230
　　　時事通信社事件・最三小判平成4・6・23民集46巻4号306頁
　　［判例7］年休取得に対する不利益取扱い　232
　　　沼津交通事件・最二小判平成5・6・25民集47巻6号4585頁

第10章　育児・介護休業等　235

Ⅰ　意　義　235
Ⅱ　育児・介護休業　235
　　1．育児休業の意義（235）　2．介護休業の意義（236）　3．育児・介護休業権の法的効果（237）　4．育児・介護に関する事業主の雇用管理上の義務（237）
Ⅲ　母性保護のための労働時間規制　238
　　1．産前産後休業，育児時間，生理休暇（238）　2．時間外・深夜労働の制限等（239）　3．妊娠中，出産後の健康管理への配慮（240）
Ⅳ　育児・介護休業に関する具体的事例　240
　　1．育児休業に関する定め（241）　2．介護休業に関する定め（241）　3．実務上の留意点（242）
　　［判例1］生理日の休暇の欠勤扱いと精皆勤手当　243
　　　エヌ・ビー・シー工業事件・最三小判昭和60・7・16民集39巻5号1023頁
　　［判例2］賃上げの要件としての稼働率条項と休暇取得日の欠勤扱い　245
　　　日本シェーリング事件・最一小判平成元・12・14民集43巻12号1895頁
　　［判例3］産前産後休業の欠勤扱いの可否　248

学校法人東朋学園・高宮学園事件・東京地判平成10・3・25労判735号15頁

第11章 労使協定 …………………………………………………253

I 意　義 253
II 成　立 254
　1．締結単位（254）　2．当事者（255）　3．形式（256）　4．周知（257）
III 終　了 257
　1．期間満了（257）　2．解約（258）
IV 効　力 258
　　［判例１］過半数組合であるか否かの判断時点　260
　　　浜松郵便局事件・静岡地浜松支決昭和48・1・6訟月19巻3号1頁
　　［判例２］複数の少数組合が締結した労使協定の適法性　261
　　　全日本検数協会事件・名古屋高判昭和46・4・10労民集22巻2号453頁
　　［判例３］親睦団体の代表者が締結した労使協定の効力　263
　　　トーコロ事件・東京高判平成9・11・17労判729号44頁

あとがき　265

渡辺章先生略歴　271
渡辺章先生主要著作目録　273

事項索引　295
判例索引　299
行政解釈索引　304

編者・執筆者一覧

渡　辺　　　章
山　川　隆　一

（筑波大学労働判例研究会）

大久保　純　子	加　藤　仁　資
小　磯　重　隆	西　頭　和　彦
高　田　淳　彦	田　中　達　也
長　坂　俊　成	野　城　尚　代
幡　野　利　通	早　川　智津子
廣　石　忠　司	古久保　健　一
八　木　雄一郎	山　口　卓　男
山　澤　隆　明	（50音順）

凡　例

1．法令の引用
法令の引用にあたっては，フルネームとしたもののほか，以下の略称を用いた。
（法令名略語）

憲法	日本国憲法
労基法	労働基準法
労基則	労働基準法施行規則
労組法	労働組合法
労安衛法	労働安全衛生法
労安衛則	労働安全衛生法施行規則
派遣法	労働者派遣事業の適正な運営の確保及び派遣労働者の就業条件の整備等に関する法律
雇用機会均等法	雇用の分野における男女の均等な機会及び待遇の確保等に関する法律
育児・介護休業法	育児休業，介護休業等育児又は家族介護を行う労働者の福祉に関する法律
雇保法	雇用保険法
国公法	国家公務員法

2．判例・行政解釈の引用
(1) 判例の引用にあたっては，次の例のように表示し，判例集等については以下の略称を用いた。なお，引用頁は原則として初出頁とした。

（例）電通事件・最二小判平成12・3・24労判779号13頁

　　　＝電通事件・最高裁判所第二小法廷平成12年3月24日判決，労働判例779号13頁

（判例集等略語）

民(刑)集	最高裁判所民事(刑事)判例集
労民集	労働関係民事裁判例集
行集	行政事件裁判例集

下刑集	下級裁判所民事裁判例集
訟月	訟務月報
労基集	労働基準判例集
労判	労働判例
労経速	労働経済判例速報
判時	判例時報
判タ	判例タイムズ
最○小	最高裁判所第○法廷
○○高	○○高等裁判所
○○高○○支	○○高等裁判所○○支部
○○地	○○地方裁判所
○○地○○支	○○地方裁判所○○支部
判	判決
決	決定

(2) 行政解釈の引用にあたっては，次の略称を用いた。

(行政解釈略語)

発基	労働省労働基準局関係の労働事務次官名通達
基発	労働省労働基準局長名通達
基収	労働省労働基準局長が疑義に応えて発する通達

3．文献の引用

文献の引用にあたっては，引用頻度の高いものは以下の略語により，それ以外のものについては，原則としてフルネームで引用した。なお，判例評釈については，タイトルを〔本件判批〕などとした。

(文献・雑誌略語)

小西＝渡辺＝中嶋	小西國友＝渡辺章＝中嶋士元也・労働関係法〈第3版〉〔有斐閣，1999年〕
有泉	有泉亨・労働基準法〔有斐閣，1963年〕
菅野	菅野和夫・労働法〈第5版補正版〉〔弘文堂，2000年〕
注釈労働時間法	東京大学労働法研究会・注釈労働時間法〔有斐閣，1990年〕
季労	季刊労働法

ジュリ	ジュリスト
法セ	法学セミナー
労判	労働判例
労経速	労働経済判例速報

第1編　労働時間の法理

(執筆)

渡辺　章

労働時間法政策の展開と課題

渡辺　章

I　労働時間法制の意義

1．ボワソナードの労働時間法制論

　日本の労働法の先駆けになった工場法（明治44年法律46号，1911年）の制定に至る準備活動は，さかのぼると明治政府が元パリ法科大学教授のボワソナードらに民法典の起草を委嘱した年（明治12年，1879年）より僅かに2年後の1881年に始まっている。その渦中の人であるボワソナードが「日本ニ於ケル労働問題」という論文をまだ今日の日本民法典が制定されない時期の明治25年（1892年）に『法学協会雑誌』（10巻11号，同年11月）に寄せている。論文は日本の近代産業の発展に予感される労働問題への不安な気持ちを滲ませたもので，ボワソナードは日本に工業組織が生まれてまだ十数年，やがて「彼等（職工・引用者）モ恐ラクハ労働時間ヲ八時間ニ短縮センコトヲ請求スルニ至ルベシ。」といい，国家が労働時間を法律で規制することの当否を論じている。論文の基調は「幼者」以外の労働者についてはその否なることを理論づけるにある。

　ボワソナードはいう。「幼者労働保護ノ立法」にあたってまず労働の種類，年齢を定めなければならない。そのうえで「一日ノ労働ノ時間モ両三部ニ分チ（2交替か3交替に分けてという意味と思われる・引用者）一週一度ノ休日ヲ興フ

ル事ヲ要ス。」また，工業家には民法財産取得篇270条3項に基づいて使役する児童に教育の義務を課すべきである，と。

しかし，「已婚婦」と「未婚ノ成年婦」に対して「法律ヲ以テ労働時間ヲ制限スル事ハ之ヲ為シ得ベカラザルニ似タリ」。なぜなら，既婚婦は夫が保護し，成年婦は「自ラ其時間ヲ制限スルヲ得ベシ」。まして，「成年男子」の労働時間を法令で制限することは到底賛成できない。なぜなら「児童養育ノ資料ヲ得ンガ為ニ又ハ老親孝養ノ為メ尋常人ヨリモ多ク労働セント欲スル者ハ，其精力ト勇気トノ有ラン限リ労働スル事ヲ要シ，且已ニ成年ニ達シタルモノナレバ其自由ニ任スルモ弊害ナカルベキナリ。」

労働時間の最高限を定めたり賃金の最下限を制限するようなことをすれば，「運命少シク拙キ工業家ハ其業務ヲ廃スル外ナカルベシ」。

この論文に対しては，直ちに金井延（岡實・改定増補・工場法論〔1913年，有斐閣〕の巻頭に「序」を寄稿した人物）が『「ボアソナード」氏ノ経済論ヲ評ス」と題する激烈な反論を同誌（10巻12号～11巻1・2号，明治25年12月～26年1・2月）に寄せていて，これまた当時の労働時間問題に対する世界認識を示していて味わい深いものがある。

金井延の批判は長文であり全体が火を吹く底のものである。「已婚婦」，「成年婦」にもその労働に対して「国家ノ干渉スベキ所法律ノ特別保護ヲ興フベキ所ナラズヤ」として理由をのべており興味深いが省略し，「成年男子」の労働時間制限に関するボ論文批判の部分だけ要約して紹介しておこう。英国の労働者は「古来……一昼夜ヲ三分シ，八時間ヲ労働ニ費シ八時間ヲ飲食散歩等快楽ニ費シ，残余ノ八時間ヲ睡眠時間ト（ス）ルヲ以テ適当ナリトス」。「労働時間ヲ八時間ニ制限スルノ弊害豈ニボ氏ノ想像スルガ如ク絶対的ナラムヤ」。職工の労働時間を法律で8時間に制限しても「時勢ト国情トニ因リテハ大ニ利益アリテ少シモ害ナシ」。とはいえ，これは原理論的立場であって，経済的発達が乏しくなお幼稚な国では，「企業ノ精神乏シク農工商上外国ノ競争頗ル恐ル可キモノアレバ」，8時間法案は無理であろう。しかし，多少時間の制限を設けることは極めて必要なことである。「日本ノ如キニ在テモ，成年男子ノ労働時間ヲ一日十二時間以内ニ限ル位ノ事ハ決シテ社会経済ノ発達ヲ妨ゲザルベク，満一ノ弊害ヲ予防スルニハ頗ル有効ナルベ

シ」，と。「満一ノ弊害」とは，金井の場合は労働者の集団的反抗行動の発生をいう(注1)。

2．法定労働時間制

8時間労働制は，労働過程が十分技術化しないために労働成果をほとんど個々の労働者の肉体的運動量を増すことによって上げなけれならなかった資本主義の旧時代（おおむね19世紀後半期）以来求められてきたルールである。20世紀の中頃以降になって，8時間労働制は各国の労働者組織によって労働協約に盛り込まれたり，法制化されたりしたが，それは労働者の肉体的疲労を防いで体力保存を図ることだけを理由にしたものではない。

コモンズ＝アンドリュウスが1937年に刊行した著名な書物でのべ(注2)，また金井延が英国の労働者の「古来ノ……理想」として紹介しているように，8時間労働制の基礎には労働と休息と社会的「遊び」とにバランスよく時間を使って1日を過ごすことができることが人間の幸福であるという世紀を超えたコンセンサスがある。

私は，このコンセンサスはつぎの世紀にもちこすべき価値があると考えるものである。労働時間が長引けば，人の社会的「遊び」の時間がなくなり，友人と会い・読書をし・自分と向き合い・能力を高め・信仰を深め・慈善活動に参加し・趣味を楽しむ時間をもてない。一番の問題は家族と交わる時間がなくなることであろう。

労働に時間を使いきって足りないときは，人は休息の一部を回すほかない。少ない睡眠期間が蓄積すれば健康が害される。企業にはその限界を試みる権

(注1) 以上，いずれも明治文化全集・第6巻社会編481頁〜482頁，489頁から引用。
(注2) コモンズ＝アンドリュウス（池田直視＝吉原節夫訳）・労働法原理〔1959年，ミネルヴァ書房〕132頁。曰く，「長時間による健康上の危険はいつも強調されるのであるが，これに劣らない弊害は，家庭生活やリクレーションのための余暇，また，市民として必要な教養を修める余暇がないということである。職場への往復に要する時間や夕食時間が，1日の実労働時間に加算されるので，1日11時間の労働は，13時間家庭を離れていることを意味するということを忘れてはならない。」「8時間労働のもたらした好結果として挙げられるのは，教育活動が次第に活発になってきたこと，疲労困憊した労働者が刺激を求めて酒浸りになることが少なくなったこと，健康や風紀が一般によくなったこと，および，家庭生活に専念できるようになったことである。」

利はない。労働者の創造的能力を活用して商品やサービスの付加価値を高め，生産性を上げ，良質の労働力を市場から調達するうえで雇用社会にこのような状態が蔓延することを望ましいとは，企業も考えないであろう。一国の労働時間と余暇時間との関係が消費行動の高度化とか失業問題に密接に絡むことについてもすでに多くの論議が積み重ねられてきた。

しかし，競争している個々の企業に先のコンセンサスを進んで守るような行動を求めることには限界がある。実際，使用者のある者は過度の収利欲から労働者に夜も昼も労働を強いることを意に介さないが，このためにもっと良心的な使用者も自ら進んでではないにせよ，その使用者と同じルールを労働者に適用せざるを得ないといったことは，一般に経験の教えるところである(注3)。

かい摘んでいえば，こうした背景で8時間労働という「法定労働時間制」は形成された。このことが国際社会の一般的原則として認められたのは，周知のように，工業的事業の労働関係について1日8時間・1週間48時間制の原則を定めたILO1号条約（"Hours of Work (Industry) Convention", 1919年）によってである。商業・事務所の労働関係に関してはやや遅く，30号条約（"Hours of Work (Commerce and Offices) Convention", 1930年）によって同様の法定労働時間制が樹立された(注4)。背景に諸国の経済活動の国際化の進行があったことはいうまでもない。

(注3) "Industrial Relations in Great Britain", Edited by Allan Flanders and H. A Clegg, Oxford. 7ff, 1954.
(注4) ＩＬＯは1930年代に，Hours of Work (Coal Mines) Convention, 1935（46号条約），Reduction of Hours of Work (Glass-Bottle Works) Convention, 1935（49号条約），Reduction of Hours of Work (Public Works) Convention, 1936（51号条約），Reduction of Hours of Work (Textiles) Convention, 1937（61号条約）等を採択した。それぞれ，坑内夫の1勤務の在坑時間を7時間45分に制限し（46号条約），硝子壜工場は1週間42時間制（49号条約），公共事業（51号条約）と繊維工場（61号条約）には1週間40時間制の原則を定めている。法定労働時間と不則不離の関係にある週休制原則は，労働時間の場合と同様にはじめに Weekly Rest (Industry) Convention, 1921（14号条約）により工業的事業に関して7日に1回継続24時間の休息（a period of rest）を与えるべきことが定められ，商業・事務所についてはやや時代が下って Weekly Rest (Commerce and Offices) Convention, 1957（106号条約）により7日間ごとに1回24時間を下回らない週休（weekly rest period）を与えるべきことが定められた。

II 労基法における労働時間法制の位置

1. 労基法における労働条件の基準規定の性質区分

　労働基準法（以下，労基法）の労働時間規定はＩＬＯ１号条約，30号条約に強い影響を受けて起草された。そうした基準を含んで，労基法の労働条件の基準を定める規定は，それぞれ「労働の保護法」または「労働の基準法」として性質づけることが可能な規定に区分できる。その性質はそれぞれ特徴のあるものであって，このような区分は後にのべるように労働時間法制の在り方および将来に残されている政策的，法理論的課題を明らかにするうえで有益と考えられる。

　「労働の保護法 (protective labor law)」とは，「自由契約に放任しておいては，労働者側というものは弱くなって不利な条件に追ひこまれていくものである。それを人道上放置しがたいとか，社会制度上放置しがたいとか，その他公益上の観念から放置しがたい一線があるから，……それを保護するために一線を引くという意味の法律」（労基法の起草途上の昭和21年7月第1回労務法制審議会総会での厚生省労政局労働保護課長の発言）をいい，主として女性，妊産婦，年少者，坑内夫，労災被災者といった不利な条件に追い込まれやすい特定の労働者を保護するための規定をいう。

　これに対して「労働の基準法 (standard labor law)」は，全産業の労働者を対象に，労働条件を国際的な水準に引き上げ，労働条件に関する「普遍的かつ合理的なスタンダード」として最低基準を確立し，また封建的拘束の根絶，労働者の人権尊重，自由で対等な労働関係の実現といった観点に立って立法される法規定をいう[注5]。

　ところで，このように労基法の労働条件基準規定の性質を区分する発想は，故有泉亨教授が早い時期からのべておられたものである。いまここにそ

（注5）　労働の保護法との理論的区分に関しては，日本労働法学会誌95号〔2000年5月〕掲載の諸論文を参照。本文の区分は中窪裕也「労働保護法から労働基準法へ」（同誌132～134頁）によって説明されている。

の学恩を偲んで同教授の見解をかい摘んで紹介しておきたいと思うのである(注6)。

有泉亨教授は,「わが労基法は一種のオムニバス」であるといわれる。すなわち,そこには「本来労働契約の内容になるもの（労働条件基準）」と,「労働契約の内容になりにくいもの（客観的保護基準）」とがあって,労基法の労働条件規定はこのふたつに大別される。前者の基準はその遵守について労働者または労働組合の監視にたよるところが大きく,後者の基準は主として監督官の活動にまつべきものである。

「労働条件基準」の「手近な例」には法定労働時間制（労基法32条）,時間外休日労働協定（同36条）,年次有給休暇（同39条）を挙げられる。特に三六協定に関して,「一般の労働者については野放しである。労働者たちの自覚によって出来るだけ短時間に制限するほかない。この点に関しては,これまでのところ,労働組合も概してしゃんとした態度を示していない。」,「要するに,労働時間規制の大部分のものが,労働者側がきちんとしないかぎり,実質的な効果を挙げることはむずかしい。特に,労働者の代表者との協定による例外を認めるいわゆる団体交渉による許容原則 permissive rule in collective agreement (Kahn-Freund in The Changing Patterns of Industrial Relations, 1950, p. 250) が存する場合はそうである。」「労働者たちが安易に三六協定をしたりすれば,自ら労働時間を長くしてしまうもので,かえって監督官は手の出しようがなくなるのである。」

「客観的保護基準」は,まず安全・衛生基準である。「安全・衛生基準を使用者に守らせるためには積極的に施設をさせなければならない場合が多い。」その故に,基準の実現は「主として監督官の活動に負わなければならない点で,労働条件の基準と異なる。それには専門的知識を必要とする場合が多く,各国とも監督官の養成に努力している。」女性や年少者の保護に関する規定も同様である。「その責任は主として監督行政が負わなければならないと考えられる。」これら保護基準は労働者が就労拒否で対抗することも不可能ではないが,実行上難点がある。「そのような意味でこの分野におけ

(注6) 以下は有泉亨「労働基準法の理想と現実」季労68号〔1968年6月〕12頁～16頁の要約である。

る監督官の責任は重い」。

以上に要約した有泉亨教授の見解は，労働条件規定をその実現に主としてだれが責任を負うべきかとの観点で区分しておられ，本稿の区分の視点と若干異なるのであるが含蓄に富み，深い思考の跡が鮮やかなご主張である。

2. 労働時間規定の性質区分

(1) 労基法の規定

労基法の労働時間規定のうち，法定労働時間の原則に関する規定を含む同法第4章「労働時間，休憩，休日及び年次有給休暇」(労基法32条〜41条) の規定群および年次有給休暇の日数等に関する附則 (同134〜136条) の諸規定は，「労働の基準法」の性質を有する。

これに対し，年少者の労働時間，深夜業の規制 (同60条・61条)，妊産婦の労働時間，時間外・休日労働および深夜業の規制 (同66条)，一定範囲の女性労働者に対し男性労働者と異なる時間外労働の上限基準を適用することを定めている附則 (同133条) 等の規定は，「労働の保護法」の性質を有する[注7]。

(2) その他の雇用関係法における労働時間規定

今日，労基法以外にも労働時間の規制に関連する規定が多く定められるようになっており，その重要性が高まっている。これら諸規定はその全部が新しいものというわけでは決してないが，性質は不利な条件に追い込まれやすい状況にある特定の労働者を対象にする「労働の保護法」である。次節以下と関連するので，労基法以外の法律に規定されている労働時間規制に関連する事業主の法的義務について概略を整理しておくとつぎのとおりである。

(a) **労安衛法** ①中高年齢者その他労働災害の防止上その就業に当たって特に配慮を必要とする者について，心身の条件に応じた適正な配置を行う

(注7) 労基則および労働大臣告示等で労働時間の法的規制に関連するものの数はすこぶる多いが，ここでは省略する。なお，使用者の労働者に対する労働条件明示義務 (労基法15条)，使用者の就業規則作成変更 (同89条・90条)，就業規則・各種の労使協定・労働委員会の決議等の労働者に対する周知義務 (同106条)，賃金台帳の調整・保存義務 (同108条・109条，労基則54条1項4号〜6号・2項・5項。労基則55条も参照) も重要な労働時間法の一部である。これらの規定は，個々の労働契約で労働時間制度が具体的にどのように定められているかの公示方法や監督行政を実効的に行うための手段として規定されている。

よう努めること（労安衛法62条），②潜水業務および高圧室内業務に関し命令で定める作業時間の制限を守ること（同65条の4），および③健康診断実施後労働者の実情を考慮し労働時間の短縮その他の適切な措置（就業上の措置という）を講ずべきこと（同66条の3）(注8)。

 (b) **雇用機会均等法** ①妊娠中・出産後の女性労働者の健康管理に関し，母子保健法の規定による保健指導または健康診査を受けることができるために必要な時間を確保すること（雇用機会均等法22条），②女性労働者がその保健指導または健康診査を守ることができるようにするため，勤務時間の変更，勤務の軽減等の「必要な措置」を講ずべきこと（同23条1項）(注9)。

 (c) **育児・介護休業法** ①満1歳に満たない子を養育する労働者で育児休業をとらない労働者に対しその申出に基づいて労働者が就業しつつその子を養育することを容易にするために，例えば勤務時間の短縮等の措置を講じなければならないこと（育児・介護休業法19条1項），②要介護家族を有する労働者に対し，その申出に基づいて労働者が就業しつつ要介護家族を介護することを容易にするために，例えば連続する3か月の期間（介護休業した期間を除いた期間）以上の期間における勤務時間の短縮等の措置を講じなければな

(注8) 中高年齢者以外に「特に配慮を必要とする者」には，身体障害者および出稼ぎ労働者があげられている（昭和47・9・18基発602号参照）。「適正な配置」は主として業務内容のことをいうのであろうが，使用者には就業時間・就業時刻，休憩時間の配分その他労働時間面を考慮した「配置」も求められるであろう。
　健康診断後の労働者の「適切な措置」に関しては，「健康診断結果に基づき事業者が講ずべき措置に関する指針」（平成8・10・1公示1号）が公表されている（労安衛法66条の5第2項・3項，労安衛則51条の3）。それによれば事業者は，健康診断に異常所見があると判断された労働者に就業上の措置を講ずるにあたって，医師の意見を聴くことが適当とされており，医師は，①「勤務に制限を加える必要」があるか，②「勤務を休む必要」があるかを判断し，①に該当すると判断した労働者については，勤務による負荷を軽減するための「労働時間の短縮」および「時間外労働の制限」を具体的措置の内容として考慮し，事業者に意見をのべることとされている。
(注9)「必要な措置」は労働大臣が指針に定めることとされ（雇用機会均等法23条2項），「妊娠中及び出産後の女性労働者が保健指導又は健康診査に基づく指導事項を守ることができるようにするために事業主が講ずべき措置に関する指針」（平成9・9・25労働省告示105号）が出されている。指針は「母性健康管理上の措置」として，①妊娠中の女性労働者に対する時差通勤，勤務時間の短縮，休憩時間の延長・回数の増加等の措置があげられている。このほか，②「深夜業に従事する女性労働者の就業環境等の整備に関する指針」（平成10・3・13労働省告示21号）が出されている。

らないこと（同条2項）。③1歳から小学校就学の始期に達するまでの子を養育する労働者に対し，前条（同19条）に定める措置に準じて，「必要な措置」を講ずること（同20条1項）。

III 労働時間法制の規制緩和および弾力化

1．規制緩和および弾力化の意義

(1) 規制緩和(注10)

労働時間法制における「規制緩和」は，直接的には，女性労働者保護規定の廃止または縮小を狙いとした論議である。しかしながら，他面その論議の過程で従来から存在する労働時間の保護的規制に一層重要な意味を付与したり，あるいは新たな制度を産み出すというかたちで保護的思想に一種のコンヴァージョン（内的転換とでもいおうか）が行われた。その法政策的価値の転換

(注10) 弾力化を含めた規制緩和論の展開に絡んだ労基法改正の推移の概略は，土田浩史「平成10年労働基準法改正に至るまでの過程」日本労働研究雑誌475号〔2000年1月〕29頁に要領よくまとめられている。

いわゆる"規制緩和"の流れに棹さす労基法の改正の必要を説く法律学者の論文があり，そのなかで「ローリスク・ローリターンの働き方を望む者もいれば，ハイリスク・ハイリターンの働き方を好しとする者もいる。リスキーな仕事とわかっていて，なおかつリスクをとりたい者にはそうさせればよい。国家が個人のワーク・スタイルにまで干渉する時代はもう終わったのだ。」とのべるものがある（小嶌典明「働き方の変化と労基法改正」ジュリ1153号〔1999年4月〕31頁）。「リターン」や「リスク」の概念規定なしにこのように議論されても応接のしようがない。「リターン」は所得（報酬）のこと，つまり個人レベルの経済的対価くらいの意味でしかないであろうことは推測できるが，「リスク」とはなにを指しているのであろうか。労働者（たち）が労働によって過度に時間を失うことによる個人的・人間的・家庭的リスク，日本の経済および社会の面でのリスクについてわれわれは検討を重ねる必要があるのであり，それと合わせて国家の役割を多面的に考究する必要がある。「国家（の）……干渉」にも法的側面でいえば刑罰づきの強行規定による場合，私法的強行規定による場合，行政的取締規定による場合がある。任意規定による場合であってすら当事者の意思が明確を欠くときは解釈の基準となる司法規範として，私的自治に「干渉」するのである。本当に，そうすることの国家のどの役割も「もう終わった」といえるのであろうか。もう少し精密に法律論に取り組むべきであろう。

は規制緩和の潮流の副産物ではなく，前言した労基法，労安衛法，雇用機会均等法および育児・介護休業法に規定されるにいたった一連の規定の底流をなすものであり（Ⅱ2(2)(a)～(c)の労働時間関連規定），それらはいくつもの法律の中に分散して置かれているのであるが，ある統一した理念を基礎に創出されたものといえよう。それら規定の基本的性格をあらかじめ要約すれば，〈女性労働者の保護〉から〈労働者の家庭生活の保護〉へ，また性別を問わない〈労働者の年齢・健康等個別的事情に対応する保護〉へと，労働法における保護的政策の軸心を移動させることでもたらされた労働者の保護的権利であるということができる(注11)。

(2) 弾力化

労働時間法制における「弾力化」は，規制の〈多様化〉および〈再編〉という結果をもたらした。そして多様化も再編も，労働時間法制の枠のなかで部分的に従来の規制を廃止し，または規制の程度の引き下げを含んで進められた。しかし，労働時間法制の弾力化のなかで行われたあれこれの規制緩和は主要な狙いではなく，弾力化という法政策の主たる狙いは法的規制の〈多様化〉と〈再編〉であった。日本の労働時間法制は，こうした弾力化をとおして一定の特徴ある性格をもつにいたっている。

以上の趣旨を規制緩和および弾力化の順でさらに具体的にみていくことにしよう。

2．労働時間法制における規制緩和の含意

労働時間法制における労働者保護規定の廃止または縮小の直接の狙いは，前言したように労基法が従来温存してきた女性労働者の時間外休日労働および深夜労働の制限・禁止規定（労基法64条の2・64条の3）の廃止にあり，その狙いは実現した。しかし，女性労働者の時間外休日労働の制限を廃止するこ

(注11)　雇用機会均等法，育児・介護休業法における家族的責任を有する労働者に対する労働時間面での諸々の措置規定に関しては，大脇雅子「均等法等改正と基準法改正法案をめぐる法的問題」季労186号〔1998年9月〕15頁～16頁，20頁～22頁が法制定時の国会審議状況をヴィヴィッドに伝えており，安枝英訷「女性労働者の保護緩和と労働契約」季労186号〔1998年9月〕33頁以下に詳細な法解釈論がのべられている。

III 労働時間法制の規制緩和および弾力化

とによって，特に家族的責任を有する者の家庭生活に及ぼす影響が懸念されたため，これを緩和するために，対象者を限定した上で，一定の期間にかぎり，時間外労働に関して従来の保護の水準と同等の水準を維持する経過的措置がとられている（この意味で規制緩和は暫定的であるが旧保護基準の縮小という面をもった）。休日労働の旧保護規定の制限，禁止は完全に撤廃された。その経過措置は「激変緩和措置」と呼ばれている（労基法133条。対象者の範囲および同措置の存続期間に関し労基則69条参照）(注12)。

労働時間法制の以上のような〈女性労働者の保護〉にかかわる規制緩和（旧規制の廃止）は，しかしこれに代わる法制度を労働法のなかに新しくビルト・インする過程でもあり，それはつぎのような状況をいう。

第1に，先にのべた激変緩和措置については存続期間経過後も，「家族的責任を有する労働者が一定水準を超える時間外労働の免除を請求できる制度を検討し，その水準について激変緩和措置との連続性に十分留意すること。」との国会付帯決議が行われている（平成10年9月24日参議院労働・社会政策委員会決議第5項，同趣旨9月3日衆議院労働委員会決議第1項）(注13)。「家族的責任を有する労働者」の範囲に関しては，現在，激変緩和措置の対象となる女性労働者について労基則（69条）に定められているが，同措置の終了後にこの

(注12) いずれも平成9年法律92号（平成11年4月1日施行）。激変緩和措置の具体的内容は「特定労働者に係る労働基準法第36条第1項の規定で定める労働時間の延長の限度等に関する基準」（平成10・12・28労働省告示155号）に定められている。

深夜業の規制の解消に関しては，当分の間，深夜業に従事する女性の「職業生活の充実を図る」趣旨で，事業者は安全確保措置を講ずるよう努めることとされ（雇用機会均等法施行規則17条），具体的措置は「深夜業に従事する女性労働者の就業環境等の整備に関する指針」（平成10・3・13労働省告示21号）に定められるところとなった（なお，平成10年労基法改正附則12条は深夜業の就業条件に関し労使その他関係者が自主的努力を促進すべきものと定めているが，本規定は本則に移行させるべき性質の規定であろう）。思うに，安全確保の措置については，急迫不正な身体的攻撃に対する女性の防禦能力の低さと保護法益の性質とからみて，全体を努力義務とすることは問題である。具体的措置の内容によって努力義務（自主的改善の促進）にとどめて良い措置と，他方かならず講ずべき措置（例えば，深夜における女性の単独作業の回避措置等）を分ける考え方が要請されるように思われる。

(注13) この国会付帯決議を指して，家族的責任を有する男女労働者に対する免除請求権の保障制度を設けることは「21世紀を展望する必須の制度」だとするものに，渡寛基・労働法の基礎〔1999年，創成社〕80頁がある。

付帯決議の趣旨にしたがって時間外労働の免除請求をめぐる検討が始まるであろう。その際，労使の権利義務の構成は，もはや労働者の男女の区別ではなく，家族的責任を有するか否かの区別にしたがって行われる。こうして1980年代後半から始まった労働時間法制のいくたびかの改正の折りにも，改革の手の付けられなかった時間外労働の法的枠組みに，制度的にも理論的にも，新たな局面から将来像が描かれた。

　第2に，先にとりあげた労基法（66条），労安衛法（62条・66条の3），雇用機会均等法（22条・23条）および育児・介護休業法（19条・20条）等の種々の労働時間面での新規制度のうちには，①妊産婦たる労働者に関係するもの，②労働者の年齢等特別事情に関するもの，および③労働者の家族的責任と職業生活との両立を図る趣旨にでたものがあり，特に②，③は従来日本のいわゆる雇用関係法の規制対象のなかではまったくというわけではなかったにせよ，確たる位置を占めるような問題としては取り扱われてこなかった[注14]。このようにして日本の労働保護にかかわる法的規制は，保護の対象，テーマを女性から労働者の年齢・健康状況や家庭生活に焦点を移して将来的課題の所在を新たにしたものと解することができるのである[注15]。

3．労働時間法制における弾力化の内容

(1) 法的規制の多様化の現状

　労働時間法制における弾力化は，一面，労働時間の法的規制の〈多様化〉

(注14)　本文③の点に関しては，両角道代「職業生活と家庭生活の調和」日本労働研究雑誌460号〔1998年9月〕40頁，川口美貴「職業生活と家庭生活の調和と労基法改正」ジュリ1153号〔1999年4月〕49頁，浅倉むつ子・均等法の新世界——二重基準から共通基準へ〔1999年，有斐閣〕125～169頁が有益である。

(注15)　変形労働時間制を適用する場合に一定範囲の労働者に対し，使用者の「配慮」義務を定めている労基則（12条の6）は，対象に，本文③に当たる労働者（育児，老人等の介護を行う者）をあげて，必要な時間の確保が可能になるようにすること求めている。これは家族的責任を有する労働者を男女の区別なく対象にする趣旨であり，労働時間法制における保護思想の将来方向の一端を示すものといってよいだろう。このほか「職業訓練又は教育を受ける者」も配慮対象に加えられているが，この点も考え方としては社会的に重要な意味を有する。さらに同条は，「その他特別の配慮を必要とする者」をあげている。行政通達はその趣旨にしたがい変形労働時間制の適用を受けている妊産婦（労基法66条参照）に対し，育児時間（同67条）を十分に（法定以上に）付与するように求めている（平成11・1・29基発45号）。

を結果した。旧来の労働時間制の法的形態は1週間40時間・1日8時間制（労基法32条）と1か月単位の変形労働時間制（同32条の2，前身は4週間単位のそれ）の2種類にとどまった。1987年労基法改正（昭和62年法律13号）以来，労基法の労働時間規定は，労働条件の実質を定める施行規則の改正を含めると今日までめまぐるしい改正を重ね，結果としてすこぶる複雑化した。複雑化は望ましいことではないが，ある程度までは多様化の必然ともいえる。

多様化によって，①労働時間を1週間・1日を超える中・長期の一定の期間を単位にその上限を規制する方法と，②労働時間の計算・決定の方法とが整えられた。

①の弾力化は，中・長期の期間の労働時間の「総量」を当該期間を平均して1週間40時間・1日8時間の枠内で定めた上で，各日・各週に割当てることを認めるもの（総量規制方式）である。旧来の1か月変形制とは別個に設けられた1か月を超え1年以内の期間を単位にする変形制（期間の上限をとって1年変形制という）および1週間単位の2種の変形労働時間制（労基法32条の4および同32条の5）と，フレックスタイム制（同32条の3）がそれにあたる。

変形労働時間制とフレックスタイム制とは，一定の期間（変形制では「対象期間」，フレックスタイム制では1か月以内の「清算期間」）の各労働日・労働週の労働時間をあらかじめ就業規則，労使協定で定めることが必要とされているか（変形制），それとも労働者が清算期間内の総労働時間の範囲内で自主的に決定できるか（フレックスタイム制），の点に根本的違いがある[注16]。

②の弾力化は，労働時間の算定が困難な事業場外労働の場合のみなし制度（労基法38条の2），一定範囲の専門業務に従事する労働者に適用可能な裁量労働制（同38条の3。「専門業務型裁量労働制」という），および事業運営上の重要な決定が行われる事業場において企画，立案，調査および分析の業務に従事する労働者に適用可能な裁量労働（同38条の4。「企画業務型裁量労働制」という）の3種の制度を設けた。

(2) 法的規制の再編の現状

労働時間制度は多様化の過程で，部分的に，旧規制を緩和し，あるいはい

(注16) 菅野286頁は，フレックスタイム制を「主体的で柔軟な労働時間制度」との表題の下にこの面で裁量労働制と同性質の労働時間制度に位置づけている。

ままでなかった基準を新規に設けることによる規制の厳格化が行われた。このことを労基法改正論議のなかでもっとも関心をひいたと思われる1年変形制および専門業務型裁量労働制について簡単に例をあげてのべておこう。

1年変形制では，たとえば変形制の対象期間をさらにいくつかの期間に分割して管理できる最小単位（区分期間）が，3か月から1か月に短縮され，1週間当たりの所定時間の割当量の上限も従来48時間とされた部分を廃して52時間に統一された。これにより使用者は，事業経営の変化に機敏に対応しやすくなっており，この点で規制が緩和された。他方，対象期間内の労働日数を一定の限度を超えて決められないことや，対象期間を3か月を超えて定める場合は以前の変形労働時間制（対象期間が3か月を超えるものにかぎる）より所定労働日数を1日減じなければならないことなど，労働者の利益のために新しい実施要件を導入し，ささやかながら規制を強めている（労基法32条の4第2項・3項，労基則12条の4，労基法32条の4の2も参照）。

専門業務型裁量労働制（労基法38条の3）については，制度を創設した当初（昭和62年法律99号）の業務例示方式を変更して命令列挙方式とし（平成5年法律79号），法形式上は厳格な運用に改められた。しかし，命令によって専門業務の範囲がかなり大幅に拡大されるようになっており，実質的には規制が緩められた（労基則24条の2の2第1項6号に基づき専門業務の範囲が追加指定されている。平成9年2月労働省告示7号）。

以上のべたように，近年の労働時間法制の弾力化に付随した規制緩和を含む制度改革は，規制の単純な〈緩和〉ではなく，実際はその〈再編〉であったというべきである。

4．労働時間法制における弾力化政策の含意

では，労働時間法規制の弾力化，すなわち法的規制の〈多様化〉と〈再編〉をとおして労働時間法制にどのような変化がもたらされたのだろうか。その変化のなかには制度改革の積極的狙いであった一面も，結果として評価される一面もある。それらの区別自体はあまり生産的作業とは思えないので，以下では弾力化の含意を両面あわせてのべることにする。

(1) 法定労働時間制の原則と〈多様化〉

III 労働時間法制の規制緩和および弾力化

　法定労働時間制はいうまでもなく法律により1週間・1日の単位で（国によっては1週間単位のみの）労働時間の上限を規制することをいう。ところで，労働時間法制の多様化のもとで労基法の法定労働時間制（労基法32条・40条・35条）は，今日，いかなる意味で「原則」というべきなのであろうか。

　変形労働時間制等の多様な労働時間制のタイプは，例外なく，使用者が事業場の労働者の過半数代表との間に労使協定を締結（または労使委員会の委員の全員一致の決議）することを条件にしている。使用者は当該労使協定の定め（または労使委員会の委員の全員一致の決議）にしたがっていれば労働者を特定の日に8時間を超え，または特定の週に40時間を超えて労働させても，法定労働時間制の定め（労基法32条・40条）に違反するとの理由で罰則（同119条）を受けることはない。このように，労使協定は労基法の刑罰規定としての規制力を緩和する法的効果を有する。法定労働時間制の主原則の1週間40時間・1日8時間労働制（同32条）の定めは，以上のような意味において各種のタイプの弾力的労働時間制の背骨ともいえる重要な「原則」である。

　しかしながら，各種のタイプの労働時間制の具体的内容は労使協定（または労使委員会の委員の全員一致の決議）によって定められるのであり，単に法定労働時間の「例外」が定められるというものではない。現実に，労使協定は労働条件形成機能をもつにいたっており，公法的規制（労基法119条の罰則）の適用を免れる要件を獲得するためだけのものだと機能を単純化してしまうことは，もはや妥当な態度とはいえない。

　このようにして，1週間40時間・1日8時間労働制（労基法32条）は，使用者が労働者を労働させることができる労働時間の上限を画する〈数量的側面〉において労働時間法制の中核たる地位を依然失わないが，他面具体的な労働時間制の〈形態的側面〉においては，1週間・1日という期間の単位で労働時間を規制する伝統的類型のひとつ（定型型）に相対化されたというべきであろう。すなわち，弾力的労働時間制は，実質的には法定労働時間制の多様化した段階の，それぞれ独立1個の制度であり，その内容決定を労使自治に委ね，その自治の在り方として労使協定（または労使委員会の委員の全員一致の決議）の方式がとりいれられている。日本の労働時間法制はそういう労働時間制度の多様な方式による決定の段階に入ったといえそうである。し

がって，今後の労働時間法制の法的，政策的課題ははっきりしている。

それは，このように〈多様化〉の重責を担う労働者の過半数代表の法制度を整備し，充実させることである(注17)。

(2) 変形労働時間制と〈多様化〉

変形制は，労働時間制のなかでももっとも多様化の進んだ，同時に複雑化した制度といってよいだろう。そこで，労基法が3種のタイプの変形制を規定している意味を改めて考えてみる必要がある。3種のタイプのうち1週間変形制は，制度設計の背景が比較的単純明快で，適用対象事業も30人未満の小売業，旅館，料理店および飲食店に限定されているため（労基法32条の5，労基則12条の5），ここでは検討対象から省く。

私は，1か月変形制と1か月を超え1年以内の期間を対象期間とする1年変形制とが労基法に併存していることについて，その積極的意味は何かという点に問題を感ずる。結論を先にいえば，2つの変形制を現在の法状態でならべて規定しておく意味はほとんどないと考える。そのわけはつぎのとおりである。

1か月変形制（労基法32条の2）は労基法制定当初から存在する変形制で，最初4週間の期間の単位を賃金の支払期間と整合させる趣旨で1か月に変更し（昭和62年法律99号），ついでその実施方法に関して就業規則のほか労使協定方式が導入された（平成10年法律112号）。現行規定では使用者はどちらでも任意に選択できる。

まず，1か月変形制の他の変形制にない特徴は，使用者が就業規則で実施要件を定めることができることである。しかし，就業規則も作成変更に事業場の労働者の過半数代表の意見を聴取する義務があり（労基法90条），意見聴

(注17) それでは弾力的労働時間の具体的内容を定める労使協定に労働契約，就業規則，労働協約と同様の，労使間に直接法的権利義務関係を設定する効力を認めるべきであろうか。この点については，労使協定の本文にのべたような「実質的な」労働条件形成機能はそれとして，その労働者側の締結主体（特に，労働者の過半数代表者）にかかる法的整備がゼロに等しい状態であることを考えると，結論的にはなお否定の結論にいたらざるをえないことを残念に思うとだけのべておきたい（詳しくは本書第2編第11章で触れられる。なお，渡辺章「労働者の過半数代表制と労働条件」日本労働法学会編・21世紀の労働法第3巻・労働条件の決定と変更〔2000年，有斐閣〕146頁，150頁以下を参照）。

取手続は実質的協議を尽くすべき義務と考えられるから[注18]、この変形制を実施しようとする使用者にとって、労使協定方式か就業規則かの手間に大差はない。1か月変形制を定める労使協定は行政官庁への届出が義務づけられている（同32条2項）。しかし、使用者は就業規則の作成変更にも同様の義務を負担しているから（同89条）、この点もとりたてて使用者に便宜を提供するものとはいえない。

しかし、就業規則または労使協定のいずれの方式をとるかに関係なく、1か月変形制の場合使用者はその具体的内容に関して1年変形制の定めに必要とされているあらゆる制約を免れることができる。使用者は1か月変形制の勤務割りを、1日・1週間の労働時間の上限および連続して労働させることができる労働日数の限度等の制約（労基法32条の4、労基則12条の4）からまったく自由に決めることができる。対象期間が3か月を超える1年変形制には労働時間の延長限度について、通常の労働時間制の場合より少ない時間が定められているが（労基法36条2項に基づく平成10・12・28労働省告示154号4条、「別表2」参照）、これももちろん1か月変形制には適用されない。

そこで、2つの変形制についてそのように区別しなければならない積極的根拠を改めて考えてみると、一般的には、存在しないように思える。立法政策としても用途の区分が明確でない類似の制度を併存させておく理由はないであろう。それ故、変形制はタイプによって機能をはっきり分けるべきであろう。1か月変形制は交替制をとる場合に限定し、他は1年変形制に統合すべきであるという見解があるが、私もこれに賛同したい[注19]。

そうして1年変形制も、対象期間が1か月を超え3か月以内の変形制は事業の繁忙に対応して法定労働時間の効率化を図る（中期的観点で労働時間の総量を抑制する）趣旨に純化し、他方3か月を超える変形制は休日の増加を図る

(注18)　小西＝渡辺＝中嶋103頁～104頁。

(注19)　盛誠吾「変形労働時間制・裁量労働制」季労183号〔1997年〕28頁。旧くは、ＩＬＯ１号条約（1919年）も同様の立場を採用している。同条約は、労働者を交替制により使用する場合について使用者に3週間を限度にした変形制を認め（同条約2条Ｃ号）、他方交替制以外の場合は労使の団体間の協定で一層長い期間について変形労働制（数週にわたりその1週間の労働時間の平均が48時間を超えない時間制）を採用することを認めて、両者の活用の場を区別する立場をとっている（同条約5条）。立法政策として明快かつ妥当というべきである。

（長期的視点で労働日数の総量を抑制する）ことを主たる狙いとするものだということを明確にうちだすべきである。そのうえで制度の趣旨にしたがった所要の法的規制を整えるべきものと考える（詳細は省略する）。変形労働時間制の法的整備はまだ終わっていないことを強調したいのである。

(3)　裁量労働制と〈再編〉

専門業務型および企画業務型の裁量労働制は、労働時間の法的規制の〈再編〉の過程でもっとも論議を呼んだものであり、今後も制度の意義および具体的運用の局面に関して、種々つめなければならない課題が残されている。しかし本稿では裁量労働制に関して今後の議論にとって重要と考える基本問題だけに触れておきたい。つぎの発言から問題点をひき出してみたい。

> A「長時間仕事をすることで成果を出すということは、ものの考え方としては良くない。長時間労働は必ずしも成果に結びつかない……つまり自分の時間を持ってリフレッシュすることによって発想が豊かになり、成果に結びつく、基本的にはそう考えているわけです。ですからみなし労働時間の基準は所定労働時間としています。」「ただし、実体を見て、一定のアローアンスが必要な場合は、それを認定しようという考え方で、ケース・バイ・ケースで対応することとしています。」
>
> B「裁量労働制を導入するときに協定時間をどうするか随分議論がありまして、結論は所定労働時間で協定しました。その趣旨は、労働時間の短縮とか残業のカットとかそういう意味ではなくて、就業規則上必要な労働時間を働いたものとみなすことによって、それ以後、実働時間が長いか、短いかの議論はもう一切止めましょうという趣旨です。」「実働時間の見合いという意識がある限り、結局、裁量労働というのは中途半端だと思うのです。ですから、労働時間の問題を就業規則上クリアするという意味で所定時間協定であって、そこから先は、報酬制度の仕組みとして、組合とよく協議していくべきだろうということです。」[注20]

(注20)　安枝英訷＝平田泰稔＝三宅龍哉「労基法改正と企業の人事」ジュリ1153号〔1999年4月〕12頁Ⅲ～13頁Ⅰ～Ⅱにおけるそれぞれ製造業（A）および情報通信関連企業（B）の人事担当部長の発言。

これは専門業務型裁量労働制の意義および運用に関して，今日の多数の企業の実情を率直に披瀝したものといってよいだろう。A，Bの発言とも①裁量労働協定における協定時間を「所定労働時間」としており，②その理由が，仕事の成果は労働時間と結びつかないとの「基本的……考え」(A) あるいは「労働時間の問題を就業規則上クリアするという意味」(B) にあり，当該協定の対象である裁量業務に従事する労働者の労働時間の実情に基づいてそのように協定したのではない点で，共通している。

第1に，裁量労働のみなし時間は専門業務型，企画業務型ともに対象業務に従事する労働者の「労働時間として算定される時間」，すなわち当該業務に従事する労働者グループの労働時間の実情を基礎にして労使が協議決定する時間のことをいうのであって（企画業務型に関する労基法38条の4第1項3号参照。専門業務型に関する同法38条の3第1項も「労働時間の算定については」と規定しておりまったく同趣旨である），上記発言のように「基本的な……考え」や，「労働時間の問題を就業規則上クリアする」（要するに，就業規則の労働時間規定と辻褄を合わせる）といった観点で観念的，抽象的に決めてはならないものである。

このことは，行政通達も「(裁量労働協定に協定された時間は) 一般的に，時とともに変化することが考えられるものであり，一定の期間ごとに協定内容を見直すことが適当である」（昭和63・1・1基発1号）としており，明らかなことのように思える。

A，B発言とも裁量労働制における労働時間制度の〈弾力化〉の趣旨を誤認しており，法定労働時間制の適用免除制度と同質の制度のように運用をしようとする構えが窺える。

第2に，裁量労働協定のみなし時間を「所定労働時間」で協定することは，当該裁量業務に従事する労働者については三六協定が存在しない（別に存在するであろう三六協定の「業務の種類」のなかに裁量業務は含まれない）ことを意味するものでもあるから（労基則16条参照），「一定のアローアンスが必要な場合は，それを認定しようという考え方で，ケース・バイ・ケースで対応する」(A) とは，どのような対応を意味するのか不明であり，適法な「対応」といえるかはなはだ疑問を感ずる。

裁量労働制と同様にみなし時間制を導入している「事業場外労働」の場合

は，労働時間の算定が客観的に困難なために，特別事情のない限り，法律自体で「所定労働時間労働したものとみなす」ことを原則にしている（労基法38条の２）。これに対して裁量労働制は労働時間の算定（つまり使用者による時間管理）が可能なことを前提にした制度であり，それゆえ法律は「所定労働時間労働したものとみなす」とせずに，「協定で定める時間労働したものとみな・・す。」こととして，「労働時間の算定」を労使協定に委ねたのである（同38条の３第１項・38条の４第１項３号）。それを，通常の労働者と同様に所定労働時間だけ労働したものとみなすとするのであれば，裁量業務に従事する労働者グループの労働時間をわざわざ労使協定に協定する意味はどこにあるのであろうか。単に，使用者が当該グループの労働者たちに「業務の遂行の手段及び時間配分の決定」に関する指揮命令を自己抑制することで足りるであろう[注21]。

裁量労働制は，専門業務型も企画業務型もともに，法定労働時間原則の量的側面（１週間40時間・１日８時間）の適用を免除する制度としては設計されていない。このことを「中途半端」といい，あるいは「不徹底」というのは立法論であり，現行規定の解釈論をそのことで曲げることは許されない。裁量労働制は，やがて法定労働時間の免除制度に「発展」していくかも知れない。

（注21）　筆者はこの点に関し，すでに裁量労働制の導入を決定した国会での審議資料をもとにつぶさに検討したところであるからこれ以上のべることはしない（参照，渡辺章「40時間労働法制の推進について」日本労働研究雑誌448号〔1997年９月〕11頁〜13頁）。菅野294頁は，裁量労働制の「所定労働時間みなし制は所定外労働について割増賃金支払を不必要とするものなので，賃金面で労働者の不利益となる可能性がある」とし，そのようなみなし制の適法要件の１つにそれら労働者グループが「割増賃金不払いを補ってあまりある経済的待遇を与えられること」をあげておられる（同第５版〔1999年〕も同頁）。これは，従来「対象労働者が十分な待遇を受けること」（同第４版〔1995年〕262頁）とされていたのに対し，「経済的待遇」を具体的に時間外労働の対価（割増賃金）に引きなおした場合との権衡を勘案して妥当性を検証しようとするものということができよう。

盛誠吾「人事処遇の変化と労働法」民商法雑誌119巻４・５号48頁は，裁量労働のみなし時間制と割増賃金との関係に関して，法定労働時間を超えるみなし時間数が協定されたときは定額割増賃金を支払い，８時間以下のみなし時間数が協定されたときは支払う必要がなくなる（いずれの場合も深夜業，休日労働については実労働時間数に応じた割増賃金を支払うことが必要）とだけのべておられるが，やや残念な感じがする。

それを予測している有力な見解も存在する(注22)。しかし，その主張は現行規定がそこまでは認めていないことを前提にして（法的論議のけじめをつけた上で）されているものである。

さらに，賃金を労働の時間によってではなく成果によって計算・決定する方式は，裁量労働制にのみ固有の方式ではないことはここに改めて多言を要しない。piece rate wage（出来高給），「職能（資格）給」の普及以前に日本の大企業でとられていた生産割当制下の「工場・事業場別請負賃金システム」と結合した能率給，証券・保険事業等で典型的であった個人別「請負給」，あるいは一般的な「純粋能率給」（刺激給）等は，いずれも賃金を具体的労働成果によって決定・計算するシステムであり，同時にこれら旧システムは労働者の働く時間が長ければ長いほど（もちろん，生理的限界内で），出来高がほぼ比例的に増大するような種類・性質の労働に関して適用されていた決定システムである。その故に，このような賃金決定システムがとられているところでこそ，「下から」は長時間化の圧力が働くために，労働時間を法律や労働協約で「上から」強制的に規制する必要性が高く，使用者のみならず労働者も含めて過剰な収利行動を抑制しなければならなかった。こうした労働時間法制の歴史の一断面に法定労働時間制度も時間外労働協定制度も割増賃金制度も位置づけることができる(注23)。

今日いわれている成果主義賃金はこのような旧来の「成果主義賃金」とどこが，どのように異なるのか。少なくとも，対象となりうる業務は労働成果が労働時間の投入量に関係ない（関係のきわめて乏しい）種類・性質のものと客観的に認められる業務ということになろう(注24)。こうした業務であっては

(注22) 下井隆史「1998年労基法改正の意義と問題点」ジュリ1153号〔1999年4月〕28頁～29頁）。山川隆一「裁量労働制の将来」ジュリ1066号〔1995年5月〕194頁～195頁は，裁量労働は労働者の人事上の評価制度と結合した労働時間規制の特例という意味であるなら，労基法41条2号のような適用除外制度の一種として設計する方が理論上は素直であるとのべており，ひとつの立法構想として傾聴に価する。

(注23) 「出来高その他請負制によって定められた賃金」について，労基則が明確な割増賃金の計算方法を定めているのも（労基則19条1項6号），こうした事情を背景にしているということができる。

(注24) 盛・前掲（注21）54頁は，「高度の研究開発業務など，一部に限られ，ホワイトカラー労働の多くがそのような性格を有しているとは思われない。」とされている。

じめて裁量労働(専門業務型,企画業務型)のみなし時間制と成果主義賃金とのリンクした処遇を受けるにふさわしいものになる。この場は具体的法解釈論をのべるところではないので,これ以上の言及は避けるが,使用者が指揮命令権を自己抑制するといったことは,業務のいわば主観的な側面であって,対象となりうる業務の差別化の客観的基準とはなりえないことを指摘するにとどめておきたいと思う。

5. 労働時間法制の展開の政策的特徴

いわゆる規制緩和,弾力化の政策は日本の労働時間法制にどのような特徴を与えたであろうか,またどのような課題をわれわれに提起しているであろうか。

(1) 労働時間基準の決定における〈手続的規定化〉

周知のように,弾力化(法的規制の〈多様化〉と〈再編〉)は労使協定法制と不可分離の関係で進められた。今,労働時間法制の中心になる労基法第4章の諸規定(労基法32条~41条)をみても,弾力化に関連する労働時間制度で,使用者が労働者の過半数代表と労使協定を結ぶことなしに実現できるものは,労基法の制定当初からある1か月変形制(同32条の2),変形休日制(同35条2項)の2つのほかは,事業場外労働のうち労働時間の算定が困難な場合のみなし時間制度があるに過ぎない(同38条の2。本条は昭和62年法律99号による追加規定であるが,実際は労基則旧22条にもともとあった定めを整備し法律の規定に格上げしたものである)。

したがって,1987年以降の(昭和62年法律99号に始まる)一連の労基法改正によって新設された弾力的労働時間制度で,実施上,労使協定の締結を免れるものは存在しない(企画業務型裁量労働制の場合は労使委員会の委員の全員一致の決議)。そして労基法は,弾力的労働時間制度については直接実体的基準を定めることよりも,労使協定に協定すべき最少限度の事項を定め,当該事項に関して協定に許容される基準枠を規定する点に重きを置く手法をとっている。こうした近年の労働時間法制の基本的方向を本稿では〈手続的規定化〉というが,このような労働時間法制の実体規定から手続的規定化への傾斜は今後

も強まっていくであろう(注25)。〈手続的規定化〉は、労働時間の労働条件としての重要性にかんがみてその重要で基本的な基準について社会的合理性を確保すると同時に、他方で労働時間制度を個々の事業運営の多様な実情に合わせ、一律の基準ではなく、労使がある幅のなかで自治的に具体的基準や運営方法を協議決定することを可能にする体制ということができ、妥当な方向であろう(注26)。有泉亨教授が言われたように、「労働者もしくは労働組合がしゃんとした態度」を示さなければ政府も監督のしようがないし、かえって適正な内容を確保しがたい労働条件の基準が飛躍的に増加したわけである。

その意味で、労働者の過半数代表法制の整備はもはや現状のままにしておくことはできない、21世紀の日本の労働法の最重要課題のひとつである。このことをここに繰り返し強調しておきたい(注27)。

(2) 労働時間基準の適用における〈個別化〉

労働時間法制は、元来の性質上、個々の労働者の意思を問題にせず強制的公序として適用されるべき一面を有している(注28)。しかし、近年の規制緩和、女性の保護から職業・家庭生活の両立、および労働者の年齢・健康状態等個別事情に対応する保護への法思想の変化、法的規制の多様化と再編による弾力化といった一連の過程には、労働時間基準の適用における〈個別化〉と特徴づけてよい法政策的意図がみられる。それをかいつまんでいえばつぎのようである(注29)。

(注25) 端的に〈手続規定〉とせず〈手続的規定〉としているのは、労使協定に許容される労働条件基準の枠が同時に規定されているからである。

(注26) 同旨、荒木尚志「裁量労働制の展開とホワイトカラーの法規制」社会科学研究50巻3号33頁〔1999年2月〕。

(注27) 労使委員会に関する好論文として荒木・前掲（注26）20頁以下、労働者の過半数代表も合わせて検討した毛塚勝利「職場の労働者代表と労使委員会」ジュリ1153号〔1999年4月〕57頁以下がある。なお、渡辺・前掲（注17）は152頁以下に労使協定の適法な締結の要件を検討している。

(注28) 労基法では法定労働時間制（32条）、休憩時間（34条）、休日（35条）、有害業務の時間外労働の制限（36条1項但書）、割増賃金支払（37条）、年次有給休暇（39条）等がそれであるが、労安衛法に規定する健康障害を生ずるおそれのある一定の業務の作業時間の制限（65条の4）、健康診断実施後の措置として行う「労働時間の短縮等の措置」（66条の3）等も同様の性質を有するものといえよう。

(注29) 以下の点は、渡辺章「雇用紛争における法の実現について」駒井洋編著・日本的社会知の死と再生〔2000年、ミネルヴァ書房〕316頁。

第1は，労働時間にかかわる労働条件の具体的基準の形成は，先にのべたように労使協定（または労使委員会の委員の全員一致の決議）により集団的に決定されるようになっているが，他方その基準の個々の労働者への適用に際しては，適用を受けようとする労働者の同意を必要とされるものがある。本稿では，このように労働条件の決定における集団主義と適用における個人主義との調整原理に立脚する労働条件を，便宜上「個別的同意要件の労働条件」ということにする。

　個別的同意要件の労働条件であることが法律に明記されているものに企画業務型裁量労働制（労基法38条の4）がある。明記されていないが個別の同意が必要とされているものに専門業務型裁量労働制（同38条の3）がある。フレックスタイム制（同32条の3）は制度の適用自体は個別的同意を必要とされていないが，その運用が対象労働者の出退勤の自主的調整に委ねられている結果，制度の趣旨の実現は事実上本人の意思が支配する。また，使用者が多様なタイプの変形労働時間制を活用できる法体制が整備された今日では，三六協定にもとづく休日労働（同36条）の実施要件もこの種の労働条件に含めて良いであろう[注30]。

　第2は，広い意味の労働時間にかかわる労働条件の具体的基準について，個々の労働者の「申出」を適用要件とするものがある。本稿では，便宜上これら労働条件を先の個別的同意要件の労働条件の場合と同様の観点から，「個別的請求（申出）要件の労働条件」ということにする。労働時間制に関連するものとして，旧来から存在する年次有給休暇（労基法39条），育児時間（同67条）のほかにつぎのものが近年新しく付け加えられた。

　すなわち，変形労働時間制を適用される妊産婦の1週間40時間・1日8時間を超える就労禁止および時間外・休日・深夜労働の禁止（労基法66条），激変緩和措置の対象になる女性に対する時間外労働の特例上限基準の適用（同133条）等である[注31]。

(注30)　労働時間関連の基準以外では，例えば賃金，退職金の金融機関への振込等による支払（労基則7条の2第1項・第2項），派遣労働者として雇用した労働者以外のものを新たに労働者派遣の対象にする場合（派遣法32条2項）等がある。
(注31)　母性保護規定の産前休業（労基法65条1項），産後の強制休業期間経過後の就労（同条2

III 労働時間法制の規制緩和および弾力化

　労基法以外の労働時間関連の規定のなかにも，特にその適用に関して「個別的請求（申出）要件の労働条件」といえるものが多い。これらは，①法律の規定に明記されているものと，②当該労働条件の性質上個々の労働者の請求（申出）がなければ使用者として義務を履行しようのないものとがある。

　①には育児介護休業法の定める深夜業の制限（育児・介護休業法16条の2・16条の3），勤務時間の短縮等の措置（同19条）があり，②には雇用機会均等法の定める妊娠中および出産後の健康管理に関する措置（同22条・23条）がある(注32)。

　こうした，「個別的同意要件の労働条件」や「個別的請求（申出）要件の労働条件」を定める規定の法的性質が問題になるが，これら規定は使用者がその規定の定める労働条件の基準を適用する場合に労働者の同意をえなければならないこと，または労働者の請求（申出）があった場合には，原則として，その規定の定める労働条件の基準を適用し，または適用しない義務を負う旨を定めたもので（適用しない義務は，妊産婦の労働時間制に関する労基法66条がその例），いわば労働者の意思が（または労働者の意思に）留保された強行規定といえよう(注33)。

項），妊産婦の軽易作業への転換（同条3項）も同様であり，また生理休暇（同68条），育児休業（育児・介護休業法5条），介護休業（同11条）の権利もこれに加えることができる。
(注32) 「妊娠中及び出産後の女性労働者が保健指導又は健康診査に基づく指導事項を守ることができるようにするために事業主が構ずべき措置に関する指針」（平成9・9・25労働省告示105号）は，各種の措置をすべて労働者からの申出のある場合に行うべきものとしている。
(注33) 西谷敏「労働者保護法における自己決定とその限界」松本博之＝西谷敏編・現代社会と自己決定権〔1997年，信山社〕233頁は，本稿でいう「個別的同意要件の労働条件」や「個別的請求（申出）要件の労働条件」を定める規定を包括して，「自己決定」という法的概念で統一的に把握し，その意義を解明しておられるが，いわゆる自己決定の法理に関しては別の機会に検討したい。なお，小嶌典明「労働基準法制と規制のあり方」ジュリ1066号〔1995年5月〕179頁は，使用者は深夜業に従事することを申し出た女性労働者を深夜業に就かせることができることを定めた労基法の旧規定（平成9年法律92号により削除された労基法64条の3第5項）があったことをとりあげて，これを「強行規定の任意規定化」の一例といい，そうした方向を「時代のトレンド」だとしている。しかし，「任意規定」の法的概念をどのように理解しておられるのか解せないものがあり，その注（同180頁）ではそれを「もう少しダイナミックに表現すれば諏訪教授のいわれる『社会法の私法化』」だとしている。しかし，引用されている諏訪康雄教授も「私法化」という場合の「私法」を直ちに任意規定だとしているわけではなく，さらに同教授が同じ箇所で主張される雇用関係法分野に「私的自治の範囲」を拡げるといった提案の趣旨も，小嶌教授のいわれるように任意規定を増やせという趣旨ではまったくない。よって筆者には「ダイナミックに表現」の意味が不可解である。

労働者の個別的同意や請求（申出）をまって適用可能になる労働条件の基準に関しては，同意や申出が実質的に自由に行われることが重要であり，そのために早急に法的整備が必要と思われる政策的課題は，企業内苦情処理システムを整備し活性化させることと，迅速・簡易・公正・無償原則の個別的雇用紛争の解決システムを構築することでなければならない。

　前者は企画業務型裁量労働制に関して定められた労使委員会がその一端を担うようになっているが（労基法38条の4第1項5号），もっと一般性をもった機関でなければ働きようがない(注34)。後者の体制整備が必要なのは，労働者が裁判所へ訴訟を提起する以外にこれら権利の実現する途がないとか，失われた権利を回復できないということでは，ここまで進めてきた法律の目的は到底達成できないと考えられるからである。

（注34）　労使委員会は「事業運営上重要な決定が行われる事業場」にだけ設置されるものである（労基法38条の4第1項）。いわゆる重要事業場に設置された労使委員会のブランチをその他の事業場に設けるといった法解釈学的処理もまったく不可能ではないかもしれないが，きちんとした立法措置を講ずることが肝心であろう。

第2編　労働時間の実務

(執筆)

筑波大学労働判例研究会

第1章

労働時間の原則と労働時間の概念

I 労働時間規制の原則

1. 法規制の概要

　使用者が労働者を労働させうる時間は，休憩時間を除き，原則として，1週40時間，かつ，1日8時間が上限である（労基法32条）。本条に違反した場合には，刑事罰による制裁があり（同119条），また，本条違反の合意は無効となる（同13条）。さらに，使用者が本条の基準を超えて労働者に時間外労働をさせた場合には，それが労基法36条等に従い適法になされたときでも，割増賃金を支払わなければならない（同37条）。

　労働時間が40時間を超えたか否かを判断する単位となる1週間は，就業規則等に特段の定めがなければ，日曜日から土曜日までの暦週をいう（昭和63・1・1基発1号）。8時間を超えたか否かを判断する単位となる1日とは，原則として午前0時から午後12時までの暦日をいうが，午後12時前に始まった勤務が翌日に及んだ場合の労働時間は，翌日が休日でないかぎり，前日の勤務と一体のものとして判断される（同）。

　労基法は，当初1日8時間・1週48時間制を定めていたが，1987年の労基法改正において1週の上限は40時間に改められた。この週40時間制は，三度の経過措置を経て，1997年4月1日から完全に実施されている（小規模事業場

については下記のように特例がある）。こうした労働時間の上限規制は、元来は長時間労働による労働者の健康悪化を防ぐことに本旨があったが、現代においては、「ゆとり」の実現やワークシェアリングによる雇用の創出という意味をももちうるものである。なお、労働時間と労働者の健康の関係につき、最高裁は、長時間労働を続けた労働者がうつ病に陥って自殺した事案において、使用者は、業務に伴う疲労や心理的負荷等が過度に蓄積して労働者の心身の健康を損なうことのないように注意する義務を負うと判示している（電通事件・最二小判平成12・3・24労判779号13頁）。

以上のような法定労働時間の原則に対し、商業（労基法別表第1第8号）、興行（同10号。ただし映画製作を除く）、保健衛生（同13号）、接客・娯楽（同14号）の事業であって常時使用する労働者が10人未満のものについては、週の法定労働時間は1週46時間とされている（労基法40条、労基則25条の2第1項。2001年4月1日からは44時間となる）。零細規模の商業やサービス業においては法定労働時間を実現することが実際上困難なことによる特例である。

2．労働時間の計算

労基法上の労働時間の計算は、現実に労働がなされた時間としての実労働時間により計算するのが原則である（例外としてのみなし制については、第5・6章参照。坑内労働の場合には労基法38条2項に特例がある）。労働者が複数の異なる事業場で就労する場合には、各事業場での労働時間を通算する（同条1項）。事業主が異なるため事業場が異なる場合においても同様に解されている（昭和23・5・14基発769号）。使用者は、賃金や割増賃金の支払などの関係で、事業場における労働者の労働時間を管理する義務があり、また、賃金台帳には労働時間数を記載しなければならない（労基則54条1項5号参照）。

裁判例においては、いかなる証拠により労働時間数を認定しうるかが問題となることがあるが、この点は、問題となった資料が労働時間の実態をどの程度正確に反映しているかにかかっている。すなわち、一方では、外勤を主とする労働者について、タイムカードは出社・退社時刻を明らかにするためのものにすぎず、労働時間の算定には用いえないとされた例があるが（北陽

電機事件・大阪地判平成元・4・20労判539号44頁)，他方で，タイムカードへの打刻がルーズではなく，かつ継続的に行われていたと認定された事案において，タイムカードの記載に従って労働時間を推認しうるとされた例がある（日本コンベンション・サービス事件・大阪地判平成8・12・25労判712号32頁［**判例1**］)。また，使用者が時間管理を怠っていた場合には，労働者のメモなどにより概括的な労働時間数が認定されるケースもある（東久商事事件・大阪地判平成10・12・25労経速1702号6頁)。

II 労働時間の概念

1. 労働時間概念の整理

「労働時間」という用語は多義的である。まず，広義の「労働時間」は，契約により労働義務があるものと定められた「契約上の労働時間」(そのうち，就業規則などにより通常の労働時間として定められたものを「所定労働時間」という）と，現実に労働がなされた時間としての「実労働時間」に分かれる。他方，「実労働時間」という用語は，休憩時間を除いた時間という意味で用いられることもある（休憩時間を含めた時間は「拘束時間」と呼ばれる)。労基法上の労働時間は，契約上の労働時間ではなく，現実になされた労働に着目した実労働時間（休憩時間を除く）をいうのが原則であるが，労基法13条により無効となるのは，契約上の労働時間である。

2. 労基法上の労働時間概念

(1) 一般的基準

労基法上の労働時間概念に関しては，見解の対立がある。まず，労働時間該当性を当事者の合意により左右しうるかという点からは，労基法の強行法規的性格に照らしてこれを否定する客観説（通説）と，労働時間の中核的部分については客観説により，準備や後始末時間など周辺的部分については当

事者の合意によることを認める二分説（萩澤清彦・八時間労働制69頁以下〔有斐閣，1966年〕などがこの説に位置づけられる）とに分かれる。裁判例の中には二分説をとったものもあるが（日野自動車工業事件・東京高判昭和56・7・16労民集32巻3＝4号437頁），最高裁は最近，客観説を採用することを明言した（三菱重工業長崎造船所（労働者側上告）事件・最一小判平成12・3・9労判778号8頁，同（使用者側上告）事件・最一小判平成12・3・9労判778号11頁［**判例2**］）。

　そこで次に問題となるのが，客観説を前提とした労働時間の定義であるが，ここでも，①労働時間とは労働者が使用者の指揮命令の下に置かれている時間であるとする指揮命令下説（有泉279頁など），②使用者の作業上の指揮監督下にある時間，および使用者の明示黙示の指示により業務に従事する時間をいうとする限定指揮命令下説（菅野258頁），③使用者が労務を受領したときから履行の終了までを労働時間とする労務受領説（渡辺章「労働時間の法律概念」石井照久先生追悼・労働法の諸問題377頁〔勁草書房，1974年〕。ただし，小西＝渡辺＝中嶋288頁［渡辺］では②説に近い見解をとる），④労働時間とは，(ｱ)使用者の関与のもとで，(ｲ)労働者が客観的に職務を遂行している状態にある時間をいうとし，以上の二要件があわせて相当程度に達している必要があるとする相補的二要件説（荒木尚志・労働時間の法的構造260頁〔有斐閣，1991年〕）など，様々な見解がみられる。

　裁判例は，一般論としては指揮命令下説をとるものが多く，最高裁もこの見解を採用している（前掲・三菱重工業長崎造船所事件［**判例2**］）。ただし，「指揮命令下にあること」という観念はなお抽象的であるので，より具体的な判断要素を抽出する必要がある。最高裁は，更衣等の作業準備行為に関して，そうした行為を事業所内において行うことを使用者から義務づけられ，またはこれを行うことを余儀なくされた場合には，当該行為は原則として使用者の指揮命令下に置かれたものと評価でき，当該行為に要する時間は社会通念上必要な限りで労働時間に当たるとしており（前掲・三菱重工業長崎造船所事件［**判例2**］），そこでは，問題の行為に関する使用者の義務づけ（またはそれと同視される状況）が重視されている（このような場合，当該行為は，労働契約上の労働義務の履行の一環と評価されるので，労基法32条の「労働させ」という文言にも調和するといえよう）。

もっとも，当該行為が使用者により義務づけられたか否か，またはそれを余儀なくされたか否かの判断は微妙な場合も多いであろうから，その際には，相補的二要件説のいうように，使用者の関与ないし労働者の拘束の程度と，問題となる行動がどの程度職務としての性格をもつかを判断の資料とすることになろう。

(2) **具体的事例**

(a) **手待時間** 小売店等の店員が顧客を待っている間の手待時間は，一般に労基法上の労働時間と解されている（すし処「杉」事件・大阪地判昭和56・3・24労経速1091号3頁）。観光バス運転手の出庫前後や目的地における駐停車時間についても同様である（大阪淡路交通事件・大阪地判昭和57・3・24労判386号16頁）。ビル管理会社が行う管理・警備業務における夜間の仮眠時間に関しても，仮眠場所が制約されることや，仮眠中も突発事態への対応を義務づけられていることを理由に，労働時間に当たるとする裁判例が多い（大星ビル管理事件・東京高判平成8・12・5労判706号26頁［**判例3**］，学校法人桐朋学園事件・東京地八王子支判平成10・9・17労判752号37頁など。ただし，JR貨物事件・東京地判平成10・6・12労判745号16頁は，複数の労働者が交替で警備を行っていた場合につき，仮眠時間中は職務上の義務を課していなかったとして労働時間性を否定した）。なお，こうした業務は，労基法41条2項の定める監視断続労働の許可を得れば，労働時間規制の適用が除外される場合がある（平成5・2・24基発110号）。

(b) **更衣時間等** 実作業に入る前の更衣時間や，作業終了後の更衣および後片づけの時間については，二分説により，就業規則等における取扱いを基準として労働時間該当性を判断する裁判例もみられた（前掲・日野自動車工業事件）。しかし，客観説を採用した三菱重工業長崎造船所（使用者側上告）事件の最高裁判決［**判例2**］は，使用者が労働者に事業所内で作業服等の着装を義務づけていた事案において，就業規則等の定めにかかわらず，当該着装時間は労働時間に当たると判断している。

また，始業前の更衣などが労働時間に当たる場合には，既に労働義務の履行が開始したといえるから，それに引き続き実作業を行う場所まで移動する時間も，特段の事情のないかぎり労働時間に当たると解される（前掲・三菱重工業長崎造船所（使用者側上告）事件の最高裁判決［**判例2**］では，作業服等の着装を終

えて準備体操場まで移動する時間、および実作業後の作業服等の脱衣時間も労働時間に当たるとしたが、労働者側上告事件の判決は、入門後の更衣所までの移動や、作業服脱衣後の入浴およびその後の移動は労働時間に当たらないとした。後者は、労働義務の履行開始前または終了後の行為と評価できよう)。もっとも、バスで作業場に赴く途中で資材置場に立ち寄って作業をしたとしても、その後の乗車時間が労働時間となるわけではないとされた例もある(高栄建設事件・東京地判平成10・11・16労判758号63頁。こうした事案では、いったん開始された労働が、別の事業場への移動により中断されたものとみられる場合もあろう)。

(c) **一定時刻の入構・タイムカード打刻の義務づけ**　労働者に対して、実作業の開始前の一定時刻までに入構することやタイムカードを打刻することが義務づけられることがある。指揮命令下説によれば、入構等の時点を基準として遅刻の有無が判断される場合には、そのときから使用者の指揮命令下に入ったものとして労働時間となる(この点に着目して、遅刻認定時説という名称が用いられることもある)。他方、限定指揮命令下説や相補的二要件説では、このような行為は(契約上の義務ではあるにせよ)業務性ないし職務性が弱く、原則として労働時間ではないと解することになろう。裁判例にも、入構が義務づけられた時刻から労働時間が開始されるわけではないとしたものがある(住友電工大阪製作所事件・大阪地判昭和56・8・25労判371号35頁[**判例4**])。

(d) **研修・小集団活動・持帰り残業**　研修や小集団活動(QCサークルなど)、あるいは運動会などが所定労働時間外に行われることがあるが、指揮命令下説では、これらの活動が強制されたものかどうかが判断基準となる(限定指揮命令下説や相補的二要件説では、強制されたとまではいえない場合でも、職務関連性の程度に応じ労働時間となりうる。八尾自動車興産事件・大阪地判昭和58・2・14労判405号64頁参照)。なお、自発的な時間外労働やいわゆる持帰り残業は、使用者の黙認や許容があった場合には労働時間となると解されている(自発的な時間外労働の事案として、三栄珈琲事件・大阪地判平成3・2・26労判586号80頁[**判例5**])。

[判例１] タイムカードによる労働時間の算定
日本コンベンションサービス事件・大阪地判平成8・12・25労判712号32頁

[事 実]

Xらは，国際会議や学会等の企画・運営を主たる業務とするY会社に雇用され，同社関西支社の総務課，会議課，通訳翻訳課，地域プロジェクト室において勤務していたが，法定内・法定外時間外労働を行ったとして，労基法および給与規定に基づく割増賃金（下記の勤務手当を超える金額）を請求した。なお，Y会社は，時間外勤務手当に代えて定額の勤務手当を支払っていたが，一定の役職者を除き，タイムカードによる出退勤の管理（遅刻の判定など）を行っていた。本判決は，Xらの請求を一部認容したが，労働時間の算定に関しては次のように述べている。

[判 旨]

Yの関西支社においては，支社長の指示により，タイムカードによる勤務時間の管理を厳密に行い，Xらは，一部の者を除き，タイムカードへの打刻を継続的に行い，打刻漏れや直行直帰などにより打刻できない場合には，後に自ら手書きしたり，管理課が記入したりするなどしていたこと，契約社員はタイムカードの記載に基づいて時間外手当の支給を受けていたこと，タイムカードに記載されている時刻をみても，Xらの労働実態に合致し，何ら不自然なものではないことからすると，本件においては，タイムカードに基づいてXらの時間外労働を算出することができる。このように，タイムカードの記載が，Xらの労働実態に合致し，時間外労働を算定する基礎となる以上，実際の労働時間はそれと異なることにつき特段の立証がない限り，タイムカードの記載に従って労働時間を算定すべきである。

[判決の位置づけ]

本章の解説で述べたように，労基法上の労働時間の算定は実労働時間によるのが原則であるが，使用者が時間管理を怠り，労働時間の正確な記録を残していない場合などには，それに代わる算定方法としていかなるものが認められるかが争

われることがある。しばしば問題になるのがタイムカードの記載であるが、そこでは、タイムカードは実際の労働時間を正確に反映するものではなく（特に、出社・退社時にタイムカードへの打刻を行うものとされ、これらの時刻と始業・終業時刻との間に差がある場合）、単に遅刻の認定などに用いられるにすぎないとの主張がなされる。

この点については個々の事案に即した判断がなされており、解説でも述べたように、外勤が多い業務では、タイムカードの記載は労働時間の実態を反映しないものと判断される場合がある。これに対し本件では、タイムカードへの打刻が継続的にかつ厳密になされていたことから、実際の労働時間は記載内容と異なることを使用者が立証しない限り、タイムカードの記載により労働時間を算定できると判断している（Yは、Xらは事業場外での労働が多かったと主張したが、判決はこの主張を認めなかった）。

なお、本判決と同様に、タイムカードの記載に基づいて実労働時間を推定しうると判断した事例としては、三晃印刷事件（東京高判平成10・9・16労判749号22頁）がある。同事件では、使用者が従業員の労働時間をタイムカードにより把握し、固定残業給制度の適用されない従業員の割増賃金等の計算はタイムカードの記載に基づいて行っていたこと、出社時刻と始業時刻、終業時刻と退社時刻の間には誤差がありうるが、会社は時間外労働の計算を15分単位で行っていたためそうした誤差の相当部分は解消されることなどを根拠に、タイムカードの記載による実労働時間の推定を認めている。

［実務上の留意点］

タイムカードへの打刻が出退勤管理のために行われていると主張される場合でも、それが厳密に運用されており、かつ、職務の性格上、労働の実態が相当程度正確に反映されているときには、現実の労働時間がそれとは異なることを使用者が立証しない限り、タイムカードの記載により労働時間を算定することができる。

[判例2] 作業服の着脱時間等の労働時間性

三菱重工業長崎造船所事件・最一小判平成12・3・9労判778号8頁，同11頁

[事 実]

　Xらは，Y会社に雇用され，同社の造船所において勤務していた。本件当時，同造船所の就業規則は，Xらの労働時間を，午前8時から正午までおよび午後1時から午後5時まで，休憩時間を正午から午後1時までと定めるとともに，始終業基準として，始業に間に合うよう更衣等を完了して作業場に到着し，午前8時に作業場で実作業を開始すること，午前の終業については正午に実作業を中止し，午後1時の始業に間に合うよう作業場に到着すること，午後5時に実作業を終了し，終業後に更衣等を行うことを定めていた。

　本件当時，Xらは，Yから，実作業に当たり，作業服のほか所定の保護具等の装着を所定の更衣所等において行うことを義務づけられており，これを怠ると，懲戒処分を受けたり就業を拒否されたりし，また，成績考課に反映されて賃金の減収にもつながる場合があった，

　Xらは，午前の始業時刻前に，①入退場門から事業所内に入って更衣所等まで移動し，②更衣所等で作業服等を装着したうえ，③準備体操場まで移動して（副資材の受け出し等を命じられていた者もあった），午前の終業時刻後には，④作業場等から食堂等まで移動し，⑤現場控所等において作業服等の一部を脱離するなどし，午後の始業時刻前には，⑥食堂等から作業場または準備体操場まで移動し，また，⑦脱離した作業服等を再び装着し，午後の終業時刻後には，⑧作業場等から更衣所等まで移動して，⑨作業服等を脱離し，⑩手洗い，洗面，洗身，入浴を行ったのち，⑪通勤服を着用し，⑫更衣所等から入退場門まで移動して事業所外に退出した。

　Xらは，前記①から⑫に要した時間はいずれも労働時間に当たり，これらは1日8時間の所定労働時間を超えてなされているとして，時間外労働による割増賃金を請求した。一審判決は，作業服等の着衣（②），準備体操場までの移動（③），終業後の更衣所までの移動（⑧），および更衣所での脱衣（⑨）は労働時間に当たるとする一方，それ以外は労働時間に当たらないとして，請求を一部認容し（長崎

地判平成元・2・10労判534号10頁)、二審判決は、XらおよびY双方の控訴を棄却した（福岡高判平成7・4・20労判681号75頁）。これに対して双方が上告したが、いずれも棄却された（Xら上告事件（平成7年(オ)第2030号・労判778号8頁）とY上告事件（平成7年(オ)第2029号・同11頁）ではおおむね同一の一般論が示されているので、以下の判旨では両者のいずれかを適宜引用している）。

[判　旨]

　労基法上の労働時間とは、労働者が使用者の指揮命令下に置かれている時間をいい、この労働時間に該当するか否かは、労働者の行為が使用者の指揮命令下に置かれたものと評価することができるか否かにより客観的に定まるものであり、労働契約、就業規則、労働協約等の定めのいかんにより決定されるべきものではない（両事件共通）。

　そして、労働者が、就業を命じられた業務の準備行為等を事業所内において行うことを使用者から義務づけられ、またはこれを余儀なくされたときは、当該行為を所定労働時間外に行うものとされている場合であっても、当該行為は、特段の事情のない限り、使用者の指揮命令下に置かれたものと評価することができ、当該行為に要した時間は、社会通念上必要と認められるものである限り、労基法上の労働時間に該当する（Y上告事件）。

　Xらは、Yから、実作業にあたり作業服および保護具等の装着を義務づけられ、また、それを事業所内の所定の更衣所等において行うものとされていたのであるから、それらの装着および更衣所等から準備体操場までの移動は、Yの指揮命令下に置かれたものと評価することができ、副資材等の受出し等も同様である。さらに、Xらは、実作業の終了後も、更衣所等において作業服および保護具等の脱離等を終えるまでは、いまだYの指揮命令下に置かれているものと評価することができる。そして、Xらがこれら各行為に要した時間が社会通念上必要と認められるとして労基法上の労働時間に該当するとした原審の判断は、正当として是認することができる（Y上告事件）。

　始業時の入退場門から更衣所まで、および終業後の更衣所から入退場門までの各移動は、Yの指揮命令下に置かれたものと評価することができないから、各移動に要した時間は、いずれも労基法上の労働時間に該当しない。また、Xらは、

Yから，実作業の終了後に事業所内の施設において洗身等を行うことを義務づけられてはおらず，特に洗身等をしなければ通勤が著しく困難であるとまではいえなかったのであるから，Xらの洗身等は，これに引き続いてされた通勤服の着用を含めて，Yの指揮命令下に置かれたものと評価することができず，これらに要した時間も労働時間には該当しない（Xら上告事件）。

Xらが作業服等の着脱等に要する時間は，労基法上の労働時間に該当するが，休憩時間中における作業服および保護具等の一部の着脱等については，使用者は，休憩時間中，労働者を就業を命じた業務から解放して社会通念上休憩時間を自由に利用できる状態に置けば足りるから，その着脱等に要する時間は，特段の事情のない限り，労基法上の労働時間に該当するとはいえない（Xら上告事件）。

[判決の位置づけ]

1．労働時間の概念

本章の解説で述べたように，労基法上の労働時間の概念に関しては，①客観的に判断されるべきものか（当事者の約定等により左右することができるか），また，②客観的に判断する場合にはどのような基準によるのかにつき，様々な見解が主張されてきた。本判決は，こうした中で，①につき客観説を採用し，②については，通説である指揮命令下説を基本的に採用したものと位置づけることができる。

2．実作業前後の諸行為の労働時間性

本件では，実作業の前後における，①入退場門と更衣所等の間の移動時間，②作業服・保護具等の装着および脱離時間，③作業服等の脱離後の後の洗身・更衣時間などの労働時間該当性が争われた。本判決は，これらのうち，①および③について労働時間性を否定し，②については肯定しているが，その判断においては，指揮命令下説を前提に，(a)作業準備行為等を事業所内で行うことを義務づけられ，またはこれを余儀なくされた場合には，(b)特段の事情がない限り，それらの行為は使用者の指揮命令下で行われたものといえるとして，(c)それらに要する時間が社会通念上必要と認められるものである限り，労働時間に当たるとしている。

これらの判断のうち，(a)からは，①問題の行為が作業準備行為等であること，②事業所内において，③それを行うことを義務づけられ，または余儀なくされていること，という要素を読みとることができる。そして，作業服等の脱離後の洗

身・更衣については、③の要素の欠如ゆえに労働時間性を否定されている。また、入退場門と更衣所等の間の移動については、判旨は、詳細な理由をあげずに使用者の指揮命令下に置かれているとはいえないとしているが、①にいう作業準備行為等としての性格をもたないことが理由となるであろうか。さらに、始業前と終業前の作業服等の装着・脱離については、これらの要素をすべてみたしているが、休憩時間中のこれらの行為については、休憩をとるためにそれらを行うことを義務づけられ、または余儀なくされているとはいえないため、労働時間性が否定されることになる。

3．本判決の射程距離

本判決の射程距離についてはなお明らかでない部分も残されている。上記の判断基準の中では、問題となっている行為を行うことを「義務づけられ、または余儀なくされている」かどうかが重要な要素となると思われるが、「余儀なくされる」とはどのような場合まで含むのか、作業準備行為とはいかなる範囲のものを含むか、事業所外での準備行為を義務づけた場合には労働時間性は否定されるのか、判旨の一般論にいう「特段の事情」や「社会通念上必要」な範囲とはいかなるものか、などの点である。これらについては、今後の事例の蓄積により明らかにされてゆくことになろう。

［実務上の留意点］

❶ 労基法上の労働時間の該当性は客観的に判断されるので、就業規則などの定めによりこれを左右することはできない。

❷ 労働者が使用者の指揮命令下に置かれて行った行為は労基法上の労働時間に当たる。

❸ 実作業開始前の作業服等の着用（その後の作業場への移動を含む）、および実作業終了後の作業服等の脱離（その前の更衣室等への移動を含む）は、事業所内で行うことが義務づけられ、またはそれを余儀なくされている場合には、社会通念上必要と認められる限りで労働時間に当たるが、休憩時間前後の作業服等の着用・脱離、入退場門と作業場等の間の移動、および終業後の洗身・入浴等は労働時間には当たらない。

[判例3]　仮眠時間の労働時間性
大星ビル管理事件・東京高判平成8・12・5労判706号26頁

[事　実]

　Xらは、ビル管理等を業とするY会社に雇用され、同社が管理の委託を受けたビルに派遣されて、ビル内の設備の保守・点検、および巡回監視等を行っていた。Xらは、毎月数回、原則として午前9時から翌朝午前9時まで24時間連続の勤務を行っており、その途中で、合計2時間の休憩時間、および連続8時間の仮眠時間を与えられていた。この仮眠時間中、Xらは、ビルの仮眠室に待機し、警報が鳴るなどした場合には直ちに対応するものとされていたが、そのような事態が生じない限り仮眠をとることが認められていた。

　Yにおいては、1週間の平均労働時間を38時間とする4週間単位（のちに1か月単位）の変形労働時間制がとられていた。また、賃金規定上、所定労働時間を超える時間外勤務をした場合には時間外勤務手当を支払う旨の定め、および午後10時から翌朝午前5時までの時間帯に勤務した場合には深夜就業手当を支払う旨の定めがあったが、仮眠時間は所定労働時間に含まれておらず、時間外勤務手当や深夜就業手当は、仮眠時間中に突発作業等が発生した場合にのみ支払われていた。他方、賃金規定には、24時間勤務についた場合には2,300円の泊まり勤務手当を支給する旨の定めが置かれている。

　XらはYに対し、上記仮眠時間は労働時間に当たると主張して、時間外勤務手当と深夜就業手当の支払を請求した。一審判決は、この請求を全部認容したが（東京地判平成5・6・17労判629号10頁）、本判決は、下記のように判示して、労働契約に基づく時間外勤務手当と深夜就業手当の請求は認めず、法定労働時間を超える部分についての労基法上の時間外労働および深夜労働を理由とする割増賃金請求のみを認容した。

[判　旨]

　Xらが本件仮眠時間中にビルの仮眠室で待機していることはYのビル管理業務の一環をなすものであって、そのことからXらは警報や電話等に対して相当の対

応をなすことを職務として義務づけられており，仮眠時間中の労働からの解放は保障されていない。また，Xらは仮眠時間中ビル外への外出を原則として禁止され，仮眠の場所も特定されており，警報等への対処のために警報機等から離れることもできないことからすると，Xらへの場所的な制約も相当に強度のものである。さらに，Xらが勤務していたビルでは，実際上も，仮眠時間中に突発的な事情により作業に従事する必要が生じることがあった。以上によれば，本件仮眠時間は労働からの解放が保障された時間とはいえず，Yの指揮命令下に置かれた時間として労働時間に当たる。

本件賃金規定等によれば，YとXらとの間では，24時間勤務についた場合，仮眠時間については，実作業がない限り，基準外賃金としては泊まり勤務手当を支給するのみで，時間外勤務手当や深夜就業手当は支給しないことが契約内容になっていたと認められ，また，こうした合意が公序良俗に違反するとはいえないから，契約に基づく両手当の請求を認めることはできない。ただし，労基法上の法定時間外労働または深夜労働に当たる部分については，同法に従って割増賃金を請求することができる。

[判決の位置づけ]

1．仮眠時間の労働時間性

本判決は，ビル管理業務に従事する労働者の仮眠時間が労働時間に当たるとしたものである。本件では，契約（賃金規定）上の時間外勤務手当および深夜勤務手当が主たる請求となっているが，判決は，労基法上の労働時間概念と契約上の労働時間概念を特に区別していないようである（ただし，後記のように，契約上は仮眠時間についての時間外勤務手当等は発生しないと判断した）。そのうえで本判決は，最高裁によっても支持された（[判例1]参照）指揮命令下説に立ちつつ，労働からの解放の保障の有無に焦点を当てて，本件仮眠時間中は，Xらは警報等に対応することを義務づけられており，かつ仮眠場所も限定されているなど場所的な制約も大きいことから，労働からの解放は保障されていないとして，労働時間該当性を肯定している。

以上のことから，仮眠時間の労働時間該当性については，その間における緊急事態への対応の義務づけや場所的な制約などが判断要素となるといいうる（解説 II

2(2)(a)で言及したJR貨物事件では，複数の労働者が交替で警備業務に当たっていたビルについて，仮眠時間中は職務上の義務を課していなかったとして，労働時間該当性が否定されている）。

2．労働契約上の割増賃金と労基法上の割増賃金

本判決は，賃金規定などにおいて，24時間勤務についた場合の仮眠時間に対しては泊まり勤務のみを支給することとなっていたとして，労働契約上の時間外勤務手当等の請求を否定している。労基法上の時間外割増賃金や深夜割増賃金については，当事者の合意によりその支払義務を左右することはできないが，労基法上の時間外労働等には当たらない所定外労働に対する契約上の割増賃金については，公序良俗に違反しない限り，当事者が契約でその内容を定めることができることに基づく判断である。

以上の判断により，本判決は労基法上の時間外労働等に基づく割増賃金請求のみを認容しているが，時間外労働となる部分の判断に当たっては，変形労働時間制が採用されていたことを前提としている。しかし，本件において，所定労働時間の特定などの変形制の要件（第4章II参照）がみたされていたかどうかには疑問の余地がある。

―――――――――――――――――――――――――――――
［実務上の留意点］

❶　仮眠時間であっても，その間に生じた事態への対応を義務づけ，そのために場所的な制約を課している場合には，労働時間に当たりうる。

❷　労基法上の時間外労働等については，契約の定めによっても労基法所定の割増賃金請求権を否定したり削減したりすることはできないが，それを上回る契約上の時間外手当等の請求権は，契約によりその存否や内容が定まるものである。
―――――――――――――――――――――――――――――

[判例4] 入門・出門時のタイムレコーダー打刻と労働時間該当性
住友電工大阪製作所事件・大阪地判昭和56・8・25労判371号35頁

[事　実]

　Xらは，Y会社に雇用され，同社の大阪製作所において勤務していた。同製作所においては，Xらの始業時刻は午前8時30分，終業時刻は午後5時15分であったが，8時20分までには入門してタイムレコーダーに打刻するものとされ，また，出門は午後5時20分以降にタイムレコーダーを打刻して行うものとされていた。そして，午前8時20分より遅れて入門したが8時30分までに作業を開始した場合，および午後5時15分以降に作業を終了したが同20分より早く出門した場合には，賃金カットはなされないが，遅刻または早退として人事考課上不利益な取扱いがなされ，また，遅刻・早退が3回に及んだ場合には欠勤1日に換算され，一時金の査定の際に考慮対象となっていた。

　Xらは，以上の定めのもとで，午前8時20分の入門から同30分の作業開始までの時間，および午後5時15分の作業終了から同20分の出門までの時間は労働時間に当たるなどとして，賃金規則等に基づく時間外手当を請求した。本判決は以下のように述べて，この点に関するXの請求を棄却している。

[判　旨]

　本件において，入門時刻に遅れた場合および出門時刻に先立って出門した場合の考課および一時金支給における不利益な取扱いは，単に入門時刻および出門時刻を遵守しなかったことに対する不利益な取扱い以上のものであることを認めるに足りる証拠はないから，かりにその不利益が昇給および昇格にまで影響を及ぼすとしても，それは，賃金カット等労働を提供しなかったことそのものについての不利益な取扱いを含むものとはいえず，かつ，入門時刻から始業時刻まで，および終業時刻から出門時刻までの時間が実質的に労働時間に該当するとは認められない。しかも，上記入門時刻および出門時刻の設定は合理的かつ妥当なものといいうるから，入門時刻から始業時刻までの時間，および終業時刻から出門時刻までの時間を労働時間と認めることはできない。

［判決の位置づけ］

1．入退場時刻の規制と労働時間

　入退場門と作業場とが離れている場合，あるいは作業開始前や終了後に準備や後片づけが必要な場合には，始業時刻や終業時刻に加えて，入門・出門時刻を遵守するように労働者に義務づけることがあるが，これに違反したときには不利益を課することとされた場合には，入門時から作業開始時まで，また，作業終了時から出門時までの時間も，それ自体として労働時間に該当するのではないかが問題となる。本判決は，本件において，入門時刻・出門時刻を遵守する義務に違反した場合の不利益措置は，いわば集合時刻または解散時刻を遵守しなかったことに対するものにすぎず，労務を提供しなかったことに対する不利益ではないとして，上記時間の労働時間該当性を否定したものである。

2．労働時間に該当しうる場合

　本判決によれば，労働者への不利益が労務の不提供そのものに対するものと評価できる場合には，上記のような時間も労働時間に該当しうることになる。その理由は，労務の不提供そのものに対して不利益取扱いを行う場合には，その時間帯について労働者に労務の提供を義務づけ，使用者の指揮命令下においたものといいうるからであろう。問題は，いかなる場合に「労務の不提供そのものに対して不利益取扱いを行う」といいうるかであるが，入門時刻に遅れた時間，あるいは出門時刻より早く退場した時間の長さに応じて賃金カットを行うような場合などがこれに当たるといえよう。

　なお，入門後の作業開始前や作業終了後の出門前に，作業場への移動，作業衣等の着脱，準備・後片づけ作業などが行われる場合，それらの作業に要する時間がそれ自体として労働時間に当たるか否かは本件とは別の問題である（［判例2］参照）。

［実務上の留意点］

　入門時刻や出門時刻を設け，その遵守を労働者に義務づけたとしても，義務違反に対する不利益取扱いが労務不提供そのものに対するものと認められる場合でない限りは，入門後作業開始前までの時間，および作業終了後出門

までの時間は労働時間には当たらない。

[判例5] 使用者が黙認した業務遂行と労働時間
三栄珈琲事件・大阪地判平成3・2・26労判586号80頁

[事　実]

　Xは，Y会社に雇用され，同社が経営する喫茶店において，自ら採用したパート従業員一人を補助者として，調理，金銭の管理，掃除などの職務に従事していた。喫茶店の営業時間は，午前7時40分（のちに午前7時）から午後5時30分（土曜日は午後3時30分まで）であり，その間に1時間の休憩時間があったが，開店準備には30分ほどの労働が必要であった（以上の営業時間はXが自ら決定したものであった）。Xは，Yに対し，上記のような喫茶店の営業に関して1日8時間を超えて労働したとして，時間外労働による割増賃金を請求したが，本判決は以下のように述べて，Xの平日の労働時間を1日9時間（開店時間を早めてからは10時間）と認定し，請求を一部認容した。

[判　旨]

　労働者が，全く使用者の関与なしに，労働者の独自の判断で使用者の業務に従事した場合には，労基法上の労働時間には当たらない。しかし，本件では，喫茶店の営業時間はXが自ら決定したものであるとはいえ，喫茶店の営業という職務の性格からしてその裁量の幅は大きくない上，Xが営業時間を決定するについては，Yの代表者から店の収支を赤字にしないように，また，前任者からは営業成績を向上させるようにとの指示を受けており，その指示を実行しようとすれば営業時間はおのずと長時間にならざるをえないこと，YはXから開店時間を何時にするかの報告を受け，Xがこれを午前7時に繰り上げた際にもこれを了承していること，および，当該時間に行われたのがXの本務たる活動であることからすると，それらはYの黙示の指示，あるいは少なくとも黙認のもとに行われたものと

して，労基法上の労働時間に当たる。

[判決の位置づけ]

1．自発的残業等の労働時間性

最高裁によると，労基法上の労働時間とは労働者が使用者の指揮命令下に置かれた時間を意味するが（[判例1]），労働者が自発的に残業を行ったり，いわゆる持帰り残業を行った場合には，それが労働時間に当たるかが問題になる。この点については，従来から，それらの活動が使用者の黙示の指示ないし黙認のもとでなされた場合には労働時間に当たると解されている（滲透工業事件・大阪高判昭和45・1・27判時603号104頁）。自発的な休日出勤についても同旨の判決がある（ほるぷ事件・東京地判平成9・8・1労判722号62頁）。

2．本件の判断

本判決は，全く労働者の独自の判断で行われた行動は労働時間には当たらないとしつつ，本件では，Yらの指示を実行しようとすると喫茶店の営業時間は長くならざるをえないこと，YはXから営業時間の報告を受け，その変更も了承していること，および喫茶店の営業がXの本務たる活動であることを理由に，営業に要する時間は，Yの黙示の指示ないし黙認のもとに行われたものとして，労働時間に当たると判示している。従来の裁判例等に沿った判断といいうるが，黙示の指示を認定する根拠として，使用者による利益向上の指示や，労働者からの労働時間の報告の了承，および当該活動の性格（労働者の本務であること）をあげている点は注目される。

[実務上の留意点]

❶ 労働者の自発的な残業でも，使用者の黙示の指示ないし黙認のもとに行われた場合には労働時間に当たりうる。

❷ 自発的残業に関する黙示の指示を認定する際には，使用者による労働内容や目標に関する指示，当該残業の実態の了承，および当該残業の本務該当性などが判断資料となる。

第2章 休憩時間・休日

I 休憩時間

1. 制度趣旨

　労基法34条は，使用者の労働者に対する休憩時間付与義務を定める。この規定は，「労働時間の中途に適当な休憩を入れることは，労働者の健康や疲労の緩和のために必要でもあり，また有益である」(有泉274頁)ことから設けられたものである。また，作業能率の向上という見地からは，「適当な休憩は使用者にとっても有益である」(同)という側面もある。しかし，休憩時間を，単に「静かに動かないで疲れをとる」だけの消極的な時間ととらえるのは誤りである(小西＝渡辺＝中嶋259～260頁[渡辺])。労働者の生活にゆとりとうるおいを与え，ひいては労働者の「健康で文化的な」(憲法25条参照)生活を実現するための，より積極的な意義を有することを忘れてはならない。行政解釈が，休憩時間は，「単に作業に従事しない手待時間を含まず労働者が権利として労働から離れることを保障されている時間」であるとしている(昭和22・9・13発基17号)のも，この趣旨を含むものと解される。

2. 付与義務

(1) 使用者の義務の内容

使用者が労働者に与えるべきものとされる休憩時間の長さは，①労働時間が6時間を超え8時間以下のときは少なくとも45分，②労働時間が8時間を超えるときは少なくとも1時間である（労基法34条1項）。

休憩時間は，「労働時間の途中に」与えなければならない（同条同項）。労働時間の途中であれば，与えるのはどの時点でもよく，また分割して与えることも許される。しかし，始業時刻の繰り下げや終業時刻の繰り上げでは，休憩時間を与えたことにはならない。

(2) 休憩時間の概念（「労働時間」との区別）

労働時間と休憩時間はともに使用者の拘束下にある時間であり，両者を合わせて拘束時間と呼ぶことがある。この拘束時間のうち，労働時間と休憩時間をいかに区別すべきかが問題となる。休憩時間は一般に「労働者が権利として労働から離れることを保障されている時間」（昭和22・9・13発基17号）と定義され，他方で，労働時間は「労働者が使用者の指揮監督のもとにある時間」と定義されているので（第1章Ⅱ参照），一応，使用者の指揮監督から解放されているかどうかが両者の区別の基準ということになるが，実際上，その区別は困難な場合が少なくない（後述3(2)）。

3. 休憩時間に関する諸原則

(1) 一斉付与の原則

休憩時間は，事業場ごとに，一斉に与えなければならない（労基法34条2項本文）。労働者ごとに区々に与えられたのでは，休憩の実をあげられないからである。ただし，労使協定（第11章参照）を締結することで，交替休憩も許容される（労基法34条2項但書，労基則15条）。また，運送・販売その他一定のサービス業および坑内労働については，この原則は適用されない（労基法40条，労基則31条，労基法38条）。

(2) 自由利用の原則

(a) 内　容　　休憩時間は，労働者に自由に利用させなければならない（労基法34条3項。ただし，坑内労働等について例外規定がある。労基法38条・40条および労基則33条）。これは，労働者が労働から解放されることはもちろん，労働時間の利用方法について，使用者から不合理な制約を受けないことを意味する。

事業場からの外出も自由でなければならない。ただし，「事業場の規律保持上必要な制限を加えることは，休憩の目的を損なわない限り差支えない」（昭和22・9・13発基17号）から，例えば外出の際の届出制など，必要最小限の規制を設けることは許される。外出許可制も事業場内で自由に休息できるなら必ずしも違法でないとの行政解釈（昭和23・10・30基発1575号）があるが，原則として届出制を規制の限度と解すべきである。

休憩時間の利用方法に対する規制が，実質的に労働の義務づけにあたれば当該「休憩時間」は労働時間と見るべきであるが，利用方法の規制がその限度を超えたに留まるときは，自由利用の妨害として，損害賠償により処理される（住友化学工業事件・最三小判昭和54・11・13判タ402号64頁 [判例1] は，賃金相当額の損害の発生を否定し，慰謝料のみを認容した原判決を支持した）。

(b) 施設管理・職場規律との関係　　休憩時間が自由に利用されるべきものとしても，労働者が事業場内で休憩をとる場合，使用者の有する施設管理や職場規律（企業秩序）維持の権能との関係が問題となる。判例は，休憩時間中であっても，原則として使用者の施設管理・職場規律維持の見地からの規制が及ぶとしたうえ，規制の根拠としての企業秩序侵害の危険を抽象的に捉えて，休憩時間における事業場内でのビラ配布等についての許可制を有効としている（目黒電報電話局事件・最三小判昭52・12・13民集31巻7号974頁 [判例2]）。ただし，こうしたビラ配布等が職場規律を定めた就業規則の規定に形式的に違反する場合でも，「企業秩序を乱すおそれのない特段の事情」があるときは，例外として当該規制は及ばないものとし，企業秩序侵害の危険を具体的に検討する余地を残している（このような特段の事情を認めた事例として，明治乳業事件・最三小判昭58・11・1労判417号21頁 [判例3]）。

このような規制の効力が争われるのは，休憩時間中の政治活動・組合活動

の場合が多い。政治活動については、従業員の間に政治的対立を生じさせ企業秩序を乱す危険や、他の労働者の休憩を妨げ、ひいては作業能率の低下をもたらす危険があると論じられることがあるが、このような抽象的な危険を理由に労働者の精神的自由権に制約を加える解釈は問題であろう。また、このような危険は政治活動に限って問題となることではなく（小西＝渡辺＝中嶋262頁［渡辺］）、基本的には自立した個人たる労働者相互間の問題として解決されるべき問題である。また、作業能率の低下を強調するのは、休憩時間の意義を使用者の便宜からのみとらえるものであり妥当でない。組合活動については、休憩時間に各種連絡などを行う必要性が高いから、施設管理権に基づく合理的な制約（集会室の使用許可制など）の範囲を超えて規制すれば、不当労働行為（労組法7条1号3号）との評価を受けることがありうる。

II 休　日

1. 制度趣旨・休日の意義

わが国では、従来から、「休日が疲労の回復に使われている」（有泉294頁）実状が指摘されているが、「休日が設けられる本来の目的は、通常の活動時間を使用者に提供してしまっている労働者に市民としての生活に当てられる日を与えるという点にある」（同）ことも忘れてはならない。

休日とは、労働者が労働義務を負わないものとして労働契約上予め定められた日である。労基法35条では最低週1日の休日を与えることを使用者に義務づけており（この休日を法定休日という）、労働者を法定休日に労働させる場合、労基法36条の労使協定を締結しておく必要があるほか、35パーセント以上の割増賃金を支払うことを要する（労基法37条・割増賃金令）。なお、企業において各種の「休暇」制度が設けられていることがあるが、これが労働日に就労を免除するものであれば「休業日」の性質をもつものであり、ここにいう「休日」ではない。

2. 週休制の原則

労基法は使用者に,「労働者に対して,毎週少なくとも1回の休日」を与えることを義務づけている(労基法35条1項)。ただし,「4週間を通じ4日以上の休日を与える使用者については」この週休制の原則は適用されない(同条2項 ただし,変形休日制をとる場合は後述するように労基則12条の2に従う必要がある)。そのため,結局,わが国の週休制原則は,「実のところ訓示規定にすぎない」と指摘されている(小西＝渡辺＝中嶋264頁[渡辺]および鹿屋市立小学校事件・鹿児島地判昭和48・2・8判時718号104頁[**判例4**])。

3. 週休制の内容

(1) 暦日週休制

労基法35条1項は「1回の休日」という表現を用いているが,一般に,休日は暦日とすることが原則と解されている。ILO14号条約では「継続24時間」の休日の保障を求めるのみであるが,わが国の行政解釈は,工場法以来の伝統を踏まえ,休日を暦日すなわち「午前零時から午後12時まで」と解している(昭和23・4・5基発535号)。

ただし,2暦日にまたがる労働について,行政解釈ではこの暦日週休制に一定の例外を認めている(番方編成による交代制について,昭和63・3・14基発150号。旅館業について昭和57・6・30基発446号など)。

(2) 休日の特定

労基法35条1項の趣旨からは,休日は週の特定の曜日に固定されていることが望ましいとは言えるが,同条項は休日を特定すべきことまでは要求していない。ただし,行政監督の方針としては,休日を特定する方向で指導がなされることになっている(昭和23・5・5基発682号,昭和63・3・14基発150号)。

どの日を休日とするかについても,とくに法の規制はない。日曜日や国民の祝日を必ず休日にしなければならないということもない。

4．変形週休制

　労基法35条1項の週休制の原則に対し，同条2項は「4週間を通じ4日の休日を与える」という例外的取扱い（変形週休制）を許容している。この変形週休制については，「特定の4週間に4日の休日があればよく，どの4週間を区切っても4日の休日が与えられなければならない趣旨ではない」（昭和23・9・20基発1384号）と解されている。労基則12条の2は，就業規則等で単位となる4週間の起算日を定めることを要求するが，労基法35条2項の解釈としては，「どの週に何日の休日を与え，どの週に休日を与えないか，などについては事前の特定が必要とされていない」（菅野253頁）とする説もある。しかし，変形週休制による休日付与の要件を満たす場合でも，1週間の法定労働時間の上限を超えることがありうるから，結局，使用者は「就業規則で全期間の各日の労働時間をあらかじめ特定し，休日とする日を事前に定めなければならない」（小西＝渡辺＝中嶋264頁［渡辺］）と解される。

5．休日振替・代休

(1) 休日振替の意義・要件

　わが国では，使用者が，労働契約で定められた休日を労働日に変更し，他の労働日を休日に指定すること（休日の振替）が頻繁に行われる。休日の振替は，労働契約所定の休日を変更することであるから，労働契約上の根拠が必要である。すなわち，使用者が一方的に休日振替を行うには「労働協約や就業規則上，就業規則で定める休日を他の日に振り替えうること，およびその事由・方法を定める規定が存在し，それに従って行われて初めて有効である……。このような規定が存在しない場合には，休日振替えは，労働者の個別的同意を得て初めて行うことが許される」（菅野253〜254頁）。裁判例でも，労働者の同意を根拠に休日振替を適法と認めたものがある（前掲・鹿屋市立小学校事件［判例4］）が，週休制の趣旨を没却しないためには，黙示の同意を認定することには十分慎重でなければならない。また，労働契約上の根拠とし

ては，具体的には就業規則の規定があげられるが，そうした規定についても，その解釈とあてはめが問題になる（三菱重工業横浜造船所事件・横浜地判昭和55・3・28労判339号20頁［**判例5**］）。なお，休日振替の結果が，労基法35条の要件を満たしていなければならないことは当然である。

(2) 休日振替の効果

休日振替が事前に適法になされれば，すなわち，上記のような労働契約上の根拠に基づいて，予め振替休日を示して休日を変更すれば，本来休日であった日の労働は休日労働ではなくなるから，この労働について労基法36条の協定や割増賃金の支払は必要ない。ただし，振替の結果，1週間の労働時間が法定労働時間を超えるときは，超過部分につき時間外労働が成立する（昭和63・3・14基発150号など）。

(3) 事後の振替・代休

振替が事後に行われた場合，すなわち，法定休日に予め振替休日を示さずに労働を行わせ，その後に代休を付与した場合，その日がさかのぼって休日でなかったことになるわけではないから，その労働した日について労基法所定の休日労働の要件と割増賃金の支払（33条1項・36条・37条）を満たす必要がある。このように，休日振替によることなく休日に労働を行わせた後に，その代償としてその後の特定の労働日の労働義務を免除するいわゆる代休は，それを与えることによって先の休日出勤が適法化される（休日出勤でなかったことになる）わけではない（昭和23・4・19基収1397号）。事実上代休を与える扱いとなっているからといって，休日振替の適法要件を免脱することは許されない（ブルーハウス事件・札幌地判平成10・3・31労判740号45頁［**判例6**］）。他方，労基法は，休日労働を行わせた場合に，代休を与えることは要求しておらず，これを与える場合でも，必ずしも労基法35条の要件を満たす必要はない（菅野254頁）。

6．法定外休日

以上の休日に関する規制は，すべて労基法35条が要求する原則として週1日の「休日」についてのものである。例えば，日曜日が同条所定の休日であ

るとされれば，それ以外の法定外休日に関しては，使用者は休日の振替や休日出勤命令について上記のような厳格な規制を受けない。ただ，法定外休日も，労基法35条の精神に照らし十分尊重することが望ましい（この見地から，法定外休日労働の拒否に対する使用者の懲戒権の行使を抑制した裁判例として，東洋鋼板事件・広島高判昭和48・9・25判タ301号199頁［**判例7**］参照）。また，法定休日の労働については割増賃金の割増率は35パーセント以上となるから，週休2日制の場合，使用者はどの休日が法定休日になるかを明示しておくことが望ましい（平成6・1・4基発1号）。

[判例1] 使用者の休憩時間付与義務と債務不履行
住友化学工業事件・最三小判昭54・11・13判タ402号64頁

[事　実]

　XはY会社に雇用されてアルミニウム電解炉の操炉作業に従事していたが、Xら操炉班員は不定期に発生するフンケン現象（電解炉の電圧が一時的に急上昇する現象）に速やかに対応するため、食事時間を除いて作業現場を離れることができず、労働協約・就業規則で定められた休憩時間中にもフンケンを覚知できる範囲内に留まっていなければならないものとされていた。そこで、Xは、Yに休憩時間を与える債務の不履行があったとして、Yに対し、休憩時間に対応する賃金相当額の損害賠償と慰謝料等の支払を求めた。

　一審判決（名古屋地判昭50・12・5労判242号25頁）は、「休憩時間は使用者の指揮命令から解放されたまったく自由な時間であり、この時間をいかに利用するかは使用者の施設管理権等による合理的制限を受けるほかは労働者の自由な意思に委ねられているのである。……この自由利用を担保するためには、休憩時間の始期、終期が定まっていなければならず、特に終期が定かになっていなければ、労働者は到底安心して自由な休息をとりえない」との一般論を述べた上で、Xら操炉班員に対し「常にフンケンを覚知しうる範囲内に留まっていなければならないとすることは、到底休憩時間の利用につき労働者に課せられる合理的制限と見ることはできず、操炉班員は食事時間を除いて終期が定まったうえ労働から解放され使用者の指揮命令から離脱できる時間を与えられていなかった」と認定して、Yに賃金相当額の損害賠償と慰謝料20万円の支払を命じた。

　これに対し、二審判決（名古屋高判昭53・3・30労判299号17頁）は、下記のように判示して、賃金相当額の損害の発生を否定し、慰謝料請求のみ認めた（ただし、慰謝料額は一審判決より増額して30万円とした）。X、Y双方が上告したが、最高裁はいずれの上告も棄却した。最高裁判決は特に理由を付していないので、以下では二審判決の理由を紹介する。

[判　旨]

　本件においては、操炉班員に対する休憩時間は、その時間の指定が明確を欠いていたうえ、実質それに相当する時間帯においても、Y会社の労務指揮のもとに身体・自由を半ば拘束された状態にあったものであるから、この意味においてY会社が操炉班員に与えたとする休憩時間は不完全であり、休憩を与える債務の不完全履行があったものと解するのが相当である。

　上記のように、本件操炉班員は、休憩時間中半ば拘束状態にあったとしても、その時間帯に完全にYの労働に服したというものでもないのであるから、Xの身体上・精神上の不利益は、勤務一時間あたりの労働の対価相当額に換算あるいは見積もることはできないから、Xの賃金相当額の損害賠償請求は失当である。しかしながら、慰謝料請求については、使用者の労務指揮権から離れ、自由にその時間を過ごすことにより肉体的・精神的疲労の回復を図るべく設けられた休憩時間の付与が債務の本旨に従ってなされず、身体・自由といった法益についての侵害があったと認められる以上、Xはこれにより精神的損害を被ったものと認めることができる。

［本判決の位置づけ］

1．休憩時間の不完全付与と債務不履行

　本件では、使用者の休憩時間付与義務について、全く履行がなかったと見るべきか、あるいは不完全にせよ履行されたと見るべきかの点で、一審と二審の判断が分かれた。一審判決は、およそ拘束がある以上休憩時間を与えたことにならないとして「自由利用の原則」を貫徹したが、二審判決は、Xに対する拘束は違法ではあるが賃金相当額の損害を発生させるほどのものではないとし、最高裁は二審判決を支持した。休憩時間付与義務の「全部不履行」か「不完全履行」かはともかく、いずれにせよ使用者が債務不履行責任を負うべきことは同じであり、結論として最高裁が使用者の責任を認めた点は重要である。

2．休憩時間の不完全付与と損害の認定

　問題は損害額の算定方法であるが、本件におけるYの休憩時間の付与の態様が不完全履行であるとの認定に立てば、当然に賃金全額に相当する損害が発生した

と言えないことは二審判決の指摘するとおりである（他方，中嶋士元也〔本件一審判批〕ジュリ630号156頁〔1977年〕は，Xが休憩時間中に労務を提供していたのであれば，損害賠償請求権ではなく賃金請求権そのものが発生する—ただし本件では時効により消滅している—と指摘する）。しかし，すべて慰謝料（精神的苦痛に対する損害賠償）として構成することには，金額の算定が事案ごとに区々になる危険があり，問題が残る。拘束の度合いに応じた割合的な賃金相当の損害額（例えば賃金額の50パーセント相当など）を認定するという方向もありえたかも知れない。

［実務上の留意点］

❶ 自由に利用できる休憩時間を与えない場合，使用者には債務不履行責任が発生する。

❷ 発生頻度が不確定とはいえ，工程上必須の作業を休憩時間に行わせるために労働者に待機させることは，休憩付与義務に違反する。そのため，交代制で人員配置したり機械化するなど何らかの工夫が必要である。

［判例 2］　　　休憩時間中のビラ配布と懲戒処分(1)
目黒電報電話局事件・最三小判昭和52・12・13民集31巻 7 号974頁

[事　実]

Xは，Y公社の職員としてA電報電話局に勤務していたが，作業衣の胸に「ベトナム侵略反対，米軍立川基地拡張阻止」と記載したプレートを着用して勤務したところ，A局管理職からプレートを取り外すよう注意を受けた。そこでXは，この取り外し命令は不当であるとして，休憩時間中に「職場のみなさんへの訴え」と題するビラ（内容は，上司の命令への抗議，局所内での政治活動・プレート着用の慫慂を含む）を，休憩室・食堂で職員に手渡し，また机の上に置くという方法で配布した。Yは，Xのこのビラ配布行為が，局所内でのビラ配布には事前に管理者の許可を必要とする就業規則の規定に違反するとし，また，プレート着用・命令違背

も併せてXを戒告処分に付した。これに対して，Xは，本件ビラ配布は正午の休憩時間を利用して行ったものであるのに，これを懲戒処分の対象とすることは労基法34条3項に違反するとして，処分の無効確認を求めて提訴した。一審判決（東京地判昭和45・4・13労民集21巻2号574頁）・二審判決（東京高判昭和47・5・10労判153号44頁）ともXの請求を認容したので，Yが上告したところ，最高裁は下記のように述べて原判決を破棄し，Xの請求を棄却した。

[判 旨]

　一般に，雇用契約に基づき使用者の指揮命令，監督のもとに労務を提供する従業員は，休憩時間中は，労基法34条3項により，使用者の指揮命令権の拘束を離れ，この時間を自由に利用することができ，もとよりこの時間をビラ配布等のために利用することも自由であって，使用者が従業員の休憩時間の自由利用を妨げれば労基法34条3項違反の問題を生じ，休憩時間の自由利用として許される行為をとらえて懲戒処分をすることも許されない。

　しかし，その時間の自由な利用が企業施設内において行われる場合には，使用者の企業施設に対する管理権の合理的な行使として是認される範囲内の適法な規制による制約を免れることはできない。また，従業員は労働契約上企業秩序を維持するための規律に従うべき義務があり，労務提供とそれに直接付随する職場規律に基づく制約以外にも企業秩序維持の要請に基づく制約を免れない。しかも，就業規則の規定は休憩時間中における行為についても適用されるものと解されるが，局所内において演説，集会，貼紙，掲示，ビラ配布等を行うことは，休憩時間中であっても，局所内の施設の管理を妨げるおそれがあり，更に，他の職員の休憩時間の自由利用を妨げ，ひいてはその後の作業能率を低下させるおそれがあって，その内容いかんによっては企業の運営に支障をきたし企業秩序を乱すおそれがあるのであるから，これを局所管理者の許可にかからせることは，合理的な制約ということができる。ただし，形式的に政治活動禁止を定めた就業規則の規定に違反するように見える場合であっても，実質的に局所内の秩序風紀を乱すおそれのない特別の事情が認められるときには，かかる規定の違反になるとはいえない。

　本件ビラの配布は，その態様において直接施設の管理に支障を及ぼすものでな

かったとしても、その目的およびビラの内容において上司の適法な命令に対し抗議するものであり、また、違法な行為をあおり、そそのかすようなものであった以上、休憩時間中であっても、企業の運営に支障を及ぼし企業秩序を乱すおそれがあり、許可を得ないでその配布をすることは就業規則に反し許されるべきものではないから、これをとらえて懲戒処分の対象としても、労基法34条3項に違反するものではない。

[本判決の位置づけ]

判決は、一方で、休憩時間自由利用の原則から、休憩時間中のビラ配布も原則として自由であることを認めたが、他方で、労働者は休憩時間中も企業施設管理権に基づく合理的な制約や、企業秩序維持のための規律には服するとし、結局、後者の側面から懲戒処分を適法とした。とくに本件では、施設管理の側面では現実の支障がなかったため、ビラの内容から企業秩序維持の側面を強調し、懲戒処分の対象とするには企業秩序を乱す「おそれ」があれば足りるとしたが、労働者の精神的自由権との関係で疑問も残る。なお、本判決は、傍論として、形式的に政治活動禁止を定めた就業規則の規定に違反するように見える場合であっても、実質的に局所内の秩序風紀を乱すおそれのない特別の事情が認められるときには、かかる規定の違反になるとはいえない、と判示しているが、次にみる [判例3] は、この「特別の事情」を認定して、ビラ配布を許容する判断を示した。

なお、本判決は労働者の行為が他の労働者の休憩を妨げるおそれを、休憩時間自由利用の原則に対する制約の根拠としてあげている。このような事態は、原則として労働者相互間で解決されるべき問題であろうが、使用者があえてこれを黙認・放置するようなときは、例外的に使用者の責任が生じることも考えられる（休憩時間付与義務の債務不履行ないし民法715条の使用者責任）。

[実務上の留意点]

就業規則等により休憩時間中における従業員のビラ配布等の政治活動を許可制の下におくことは、当該政治活動が実質的に企業秩序を犯すおそれのない特別な事情のある場合をのぞき、原則として労基法34条に違反しない。

[判例3] 休憩時間中のビラ配布と懲戒処分(2)

明治乳業事件・最三小判昭和58・11・1労判417号21頁

[事　実]

　Y会社に雇用されている労働者Xは、休憩時間中に食堂でA政党の機関紙号外や同党の選挙用ビラをYの許可を受けずに配布したところ、ビラ配布には事前のYの許可が必要とする就業規則・労働協約に違反するとして、Yから戒告処分を受けた。そこで、Xが処分の無効確認を求めて提訴したところ、一審判決（福岡地判昭和51・12・7労判265号36頁）はXの請求を認容した。Yが控訴したが、二審判決（福岡高判昭和55・3・28労判343号58頁）は控訴を棄却し、最高裁も、下記のように判示して、Yの上告を棄却した。

[判　旨]

　Xの無許可でのビラ配布行為は形式的には就業規則・労働協約の規定に違反するが、右各規定は工場内の秩序の維持を目的としたものであるから、形式的に右各規定に違反するようにみえる場合でも、ビラの配布が工場内の秩序を乱すおそれのない特別の事情が認められるときは、右各規定の違反になるとはいえない。食事中の従業員数人に1枚ずつ平穏に手渡し、他は食卓上に静かに置いて、受け取るかどうかは各人の自由とされ、また配布時間は数分間であったという本件ビラ配布の態様、配布の経緯および目的、ならびにY労組の幹部として、上部団体が支持決定した政党・候補者への支援を訴えるという本件ビラの内容に徴すれば、本件ビラの配布は、工場内の秩序を乱すおそれのない特別の事情が認められる場合に当たり、右各規定に違反するものではない。よって、YのXに対する本件戒告処分は無効である。

[本判決の位置づけ]

　本判決は、[判例2]の目黒電報電話局事件判決を先例として引用しながら、本件には「特別の事情」が認められるとして、類似の事案について逆の結論を導いている。本判決は、とくに判例変更の手続はとっていないが、具体的な「ビラ配

布の態様，経緯および目的」から企業秩序の侵害の有無を論じている点で，抽象的に企業秩序侵害の「おそれ」があればよいとする［判例2］の立場とは実質的な差異がある。ただ，［判例2］の事案ではビラの内容が使用者の適法な命令に対する抗議や違法行為のそそのかしを含むのに対し，本件では会社と全く無関係な組合の政党支援活動であって，これは「企業秩序を乱すかどうか」の判断に当然影響を及ぼすべき差異であるから，やはり両事件は事案が異なることは確かである。なお，本件と同旨を宣明するものとして，倉田学園事件（最三小判平成6・12・20労判669号13頁）がある（ただし，事案は就業時間前のビラ配布に関するもの）。

［実務上の留意点］

休憩時間中のビラ配布等が形式的に就業規則違反となる場合でも，実質的に企業秩序を乱すおそれがない「特別の事情」が主張立証されたときには，懲戒処分を行うことはできない。その場合，配布態様においてとくに他の労働者の休憩を妨げないことなどの配慮が必要とされるほか，ビラの記載内容が重視される場合がある（小西＝渡辺＝中嶋402頁）。

［判例4］　　休日振替の可否・要件
鹿屋市立小学校事件・鹿児島地判昭和48・2・8判時718号104頁

［ 事　実 ］

XらはY市立A小学校に勤務する教職員であるが，校長の指示により児童とともに日曜日に開催された市の体育行事に参加した。そこで，XはYに対し，休日労働の割増賃金と付加金の支払を求めて訴えを提起したが，Yは，翌月曜日に休日振替を行ったので，当該日曜日の勤務は休日労働にあたらないと反論した。判決は次のように述べて請求を棄却している。

[判　旨]

　Y市条例の「日曜日は勤務を要しない日とする」との規定は，労基法35条1項の週休制の原則を定めた規定の趣旨に従ったもので，労働者としての教職員の利益保護を目的とした規定であるが，労基法には，休日を予め特定すべきことを定めた規定，休日の振替を禁止した規定はいずれもなく，同法35条2項によって，週休制の原則を定めた同条1項の規定は訓示規定と解されることからすれば，予め特定曜日を毎週休日とするという休日特定の利益は，労働者の同意を得た場合においてもなお失わせることができない利益であるとはいえないから，前記条例には休日振替についての明文の規定がないけれども，少なくとも個々の教職員の同意を得た場合においては，労基法35条2項の制限の範囲内で休日の振替を行うことができる。Xらはいずれも前記休日の振替に対して予め明示もしくは黙示の同意をしたから，Xらについてなされた休日振替は適法になされたものと言える。したがって，当該日曜日はXらにとって労基法上の休日にあたらず，Yは休日労働の割増賃金（および付加金）の支払義務を負わない。

［本判決の位置づけ］

　休日振替の根拠は，私企業であれば，労働契約（労働協約や就業規則の定めが内容となったもの）に求められる（菅野253〜254頁）。本件は地方公務員の事案であるので振替の根拠は条例に求められることになるが，判決は条例上休日振替を認めた規定はないと認定した。また，Yは，条例中の規定に学校長に休日振替の権限を認めた趣旨のものがあると主張したが，判決はその規定を「勤務を要する日の割振の権限を学校長に認めたに過ぎないもの」ととらえ，学校長の休日振替の権限を否定した。ただし，判決は，結論としては，労働者の個別的同意があったことを理由に振替を適法と認めている。

［実務上の留意点］

❶　使用者側としては，就業規則上休日振替の根拠規定を作成するに際しては，振替の要件・手続等を具体的に定めるとともに（恣意的な振替を許容する内容であってはならない。[判例5] 参照），文面上当該規定が休日振替の根

拠規定であることにつき疑義が生じないような表現にする必要がある。

❷ 就業規則上の根拠規定がない場合の休日振替は，労働者の個別的同意を得ることによって行うことができる。労働者側としては，休日振替につき「黙示の同意」があったと認定されないためには，態度をあいまいにせず，書面で明確に異議をとどめておくなど工夫が必要であろう。

[判例5]　　　　休日振替の適法性
三菱重工業横浜造船所事件・横浜地判昭和55・3・28労判339号20頁

[事　実]

XらはY会社に雇用される労働者であるが，昭和49年4月11日(木)・12日(金)の両日に，鉄道・バスなど当該地域のほとんどの公共交通機関が途絶する「交通ゼネスト」が計画されており，Xらを含むY従業員がスト当日（本来出勤日であった）に出勤することには多大な時間・労力・費用の損失が予想された。そこで，Yはスト当日を休日とし，代わりに本来休日だった同月13日(土)・14日(日)を出勤日とする休日振替措置を行った。しかし，Xらは13日・14日に出勤しなかったので，Yは，Xの賃金について，この2日分を控除して支払った。XらはYに対し，本件休日振替措置は無効であり賃金カットは許されないとして，控除分の支払を求めて訴えを提起した。本判決は，次のように述べて請求を棄却している。

[判　旨]

Yの就業規則には業務上必要がある場合には休日を他の日に振替えることができる旨の規定があるところ，本件においては，「空前の交通麻痺」が予想され，代替輸送・宿泊所の確保も困難で，「工程の円滑な推進」・「安全面の確保」に必要な出勤率が確保できないなどの事情により，Yは，就業規則所定の業務上の必要があったため本件措置をとったもので，その手続も適正に行われた。Xらは，使用者が一方的に休日振替をなしうる旨の就業規則の定めは，労基法の精神に反して

無効であると主張するが，前記就業規則の定めは，使用者に無条件かつ恣意的な休日振替を許容するものではなく，「業務上必要」あるときにのみ振替を行いうることを定めたものであり，企業の運営上，休日を変更して他に振替える必要の生ずる場合のあることは容易に理解しうるところであるから，この内容の就業規則の定め自体が無効であるものとは到底解しえない。

本件においては，4月13日・14日の両日は就業規則所定の特定された休日であるが，就業規則によれば，一定の条件のもとに就業規則所定の休日を他に振り替えることができることになっているのであるから，所定の休日は振替のありうることが予定されたうえで特定されているものというべきである。また，この定めは就業規則によるものであることから，その性質上，労働契約の内容をなしているものと解されるので，使用者は，前記の条件が満たされるかぎり，特定された休日を振り替えることができるものというべく，たとえ，個々の振替の際に労働者の同意，了解がなくても，そのことのゆえに直ちに休日振替が違法，無効となるいわれはない。

[本判決の位置づけ]

本判決は，個々の労働者の同意がなくても，労働契約の内容となっている就業規則の規定を根拠に，使用者が休日振替をなしうることを認めたものである。Xらは，労働者の同意なしに振替が許されるために4つの条件（①就業規則に具体的事由の明示があること，②一定期間（最短1週間）以前の予告，③予告の際に振替休日が特定されていること，④合理的理由の存在）が必要であると主張したが，裁判所はこれを採用しなかった（ただし，本件ではこの4要件も満たすとした）。就業規則の文言としては「業務上必要」という比較的ゆるやかな表現であったが，判決は，振替の根拠規定として適法・有効なものと認めている。

本件では，大規模な交通ストという客観的・合理的な理由があったこと，Y側で事前に周知徹底を図っていたこと，労組の分会は反対の態度を表明したものの，支部は了承していたこと等の事情からは，判決の結論自体は妥当と考えられる。しかし，就業規則の規定が抽象的・概括的であったことは否めず，紛争回避のためには要件・手続をより詳細に定めておいたほうが望ましかったと考えられる。また，X側が主張した「4要件」も，厳密には「要件」ではないにせよ，振替を

行う際に念頭に置くのが相当な事項と思われる（とくに予告期間が十分かどうか）。

[実務上の留意点]

業務上必要な場合に休日振替を行うことができるとの根拠規定が就業規則に存在すれば、これに従って行われた休日の振替措置は、個々の労働者の同意を得なくとも有効である。

[判例6]　　　休日労働と割増賃金支払義務
ブルーハウス事件・札幌地判平成10・3・31労判740号45頁

[事　実]

Y会社は、従業員が休日に出勤した場合に、代休の取得を認める代わりに休日出勤手当を支給しない扱いであったが、現実には、年中無休営業等により休日出勤が常態化しており、代休の取得もままならない状態であった。その後、Yは破産し、Xら従業員は解雇されたので、相当日数の代休が未消化のまま残ってしまった。そこで、Xらは、未消化の代休日数分の休日出勤手当の支払請求権を有するとして、Yの破産管財人を相手どり、優先破産債権（未払賃金債権）としての確定を求める訴えを提起した。判旨は以下のように述べて請求を一部認容している。

[判　旨]

使用者が、労働契約または従業員との個別的同意に基づいて休日と定められた特定の日を労働日に変更し、代わりに本来は労働日である特定の日を休日に変更する措置（休日振替措置）を執ることも可能であり、このような措置を執った場合には、もともと休日と定められた特定の日が労働日となり、従業員に労務提供義務が生じることから、使用者としては通常の賃金を支払えば足り、割増賃金を支払う義務はない。しかし、このように使用者が労働者に休日労働をさせながら割増賃金支払義務が免除されるのは、現実に、事前または事後の特定の労働日を休日

に振り替えた場合に限られる。

　Yは従業員に休日出勤をさせた場合，事後的な休日として代休の取得を認めていたものの，現実に特定の労働日を休日に振り替えていたわけではないから，前記のような休日振替措置と同視することはできない。Yにおけるこのような休日出勤および代休取得の扱いは，労基法35条の規定の趣旨にそぐわず，その相当性に問題があるというべきであるが，それはともかく，Xらが休日出勤をしながら特定の労働日が休日に振り替えられなかった分，すなわち，Xらにおいて現実に代休を取得しえなくなった分については，同法37条1項が定める原則どおり，使用者に割増賃金支払義務がある。

［本判決の位置づけ］

　本判決は，休日振替は現実に特定の日を指定して行わなければならず，事後に事実上代休を取得できる扱いであっただけでは，使用者は労働者に休日出勤をさせたものとして，割増賃金の支払義務を免れないとしたものである。しかし判旨が予め振替休日を指定することを求めず，事後の振替を適法とする点は問題であろう。また，判旨は，Xらが現実に代休を取得できた場合には割増賃金請求は認められないとするようであるが，適法な振替がなされていなければ，仮に代休が取得できた場合であっても休日出勤したという事実は変わらないから，現実に代休を取得したか否かを基準とする判断には疑問が示されている（山川隆一〔本件判批〕ジュリ1152号182頁〔1999年〕）。

　ただし，Xらは消化できなかった代休日数分について休日出勤手当が支払われるべきであるという主張をしており，しかも本件は実際上代休もとれなかった事案であるから，この点は判旨の結論に必ずしも差をもたらすものではない。

　なお，判旨は，法定休日と法定外休日とを区別して論じていないが，法定外休日に限って言えば，本件のような事後の事実上の代休取得で処理する取扱いも必ずしも労基法違反にならないことに注意すべきである（山川・前掲〔判批〕182頁）。

［実務上の留意点］

　休日振替を行う場合，予め振替休日を指定する必要があり，事後に代休をとりうるものとするのみでは足りない。

[判例7] 法定外休日の出勤命令違背と懲戒処分の効力
東洋鋼板事件・最二小判昭和53・11・20判タ373号53頁

[事 実]

　Y会社の就業規則・労働協約は日曜日と国民の祝日を休日と定めており，また，労働協約には「会社は業務の都合上やむをえない場合には組合の同意を得て組合員を休日出勤させ又は休日振替を行うことができる」旨の規定があった。同社は，組合の同意を得て敬老の日にあたる1967年9月15日について翌16日への休日振替を行ったうえ，従業員であるXらに対し振替休日である9月16日に就労するよう命じた。しかし，Xが就労を拒否したので，YはXらについて懲戒処分として給与の減額を行った。そこで，Xがこの減給処分の無効確認を求めて訴えを提起した。一審判決（山口地徳山支判昭和44・8・27労経速688号3頁）は，Yの減給処分を適法とした。Xが控訴したところ，広島高裁は次のように述べて原判決を取り消し，Xの請求を認容した（広島高判昭和48・9・25判タ301号199頁）。なお，本件では，Yが懲戒権濫用に関する判断を争い上告したが，最高裁は高裁判決の結論のみを支持し，上告を棄却した。以下では，高裁判決の理由を紹介する。

[判 旨]

　本件規定は法定外休日（日曜日以外の休日）に関する部分につき有効であるから，Yはその従業員に対し本件敬老の日またはその振替休日に労働を命じることができる。しかし，業務命令により法定外休日労働を命じられた労働者は，休日を突然奪われる結果になるが，労働者にとっては，法定外休日であっても，休日について重要な社会的個人的生活利益を有することは充分考慮されなければならない。

　この見地から本件規定を解釈すると，特定休日の出勤命令を受けた労働者は，その休日に出勤しないことについてやむをえない事情があるときには，休日出勤義務を免れる旨定めたものであり，労働者のその旨の意思表示によりはじめて休日労働義務が消滅すると解すべきである。そして，休日労働義務の存否の早期確定のためには，その労働者が自らやむをえない事情を告知することが公平の観念に合致するし，無用の摩擦を避けられるから，当該労働者は，休日労働拒否の意

思表示に際し，このやむをえない事情を告知しなければならないものと解すべきである。

本件出勤命令には業務の都合上やむをえないものがあり，Yは労働組合との協議と合意を経ているから，結局，本件出勤命令は適法かつ有効であり，Xに対し休日労働義務を負担させるに足るものであるところ，Xは休日労働拒否にあたり出勤できない事由を告げなかったから，休日出勤義務を消滅させることはできない。Xには，理由を告げず，同僚とも協議せず出勤しなかった点で職務上の指示違反があるが，欠勤を予告した点で全くの無断欠勤よりは情状が軽く，就業規則上は7日を超える無断欠勤でも譴責にとどまることとの均衡から，本件について減給処分にしたのは，Xの前示行動の有する反規範性の程度に比べ，著しく重きに失し，企業主に許された裁量の範囲を超え懲戒権を濫用したものであって，無効である。

[本判決の位置づけ]

本件高裁判決は，休日振替と休日出勤命令を認めた規定が法定外休日に関する限りで有効との限定解釈を行い，法定外休日について振替・出勤命令をゆるやかな要件で許容した。その上で，休日出勤義務を免れる要件を抽出し，振替休日における出勤命令違背の制裁を抑制することで，全体のバランスをとった。特に労働者はやむをえない事由がある場合にそれを使用者に告げることにより，（法定外）休日労働義務を免れることができるとした点は注目される。この意味で，本件は労働契約の解釈を通じて，公平の見地から労使双方の利益調節をはかった事例として参考になる。ただし，本件高裁判決の示したルールは，あくまでも本件事案限りのものであることに注意すべきである。

本件では，Yの休日出勤命令は有効であり，これを拒否したXの行為は職務命令違背と評価されたが，Xの行為に対して減給処分は均衡を欠く（重すぎる）として，懲戒処分が無効とされた。一般に労働者の行為と懲戒処分とは均衡していなければならないが，本件の処分（1日の給与の3分の1を減額）が重すぎるかどうかは疑問の余地もありえよう。Xの行為が単なる（消極的な）出勤拒否のみだったこともひとつの要素であるが，就業規則の懲戒関係規定を比較して処分に整合性がとれているかも注意を要する点である。

[実務上の留意点]
　使用者が休日出勤を命ずることができる場合でも，労働者側にやむをえない事由があるときには，休日労働義務を免れうることがあり，また，命令に違反した労働者に対する懲戒処分は，事案と処分内容の均衡に照らして，懲戒権の濫用とされることがありうる。

第3章

時間外労働・休日労働

I 時間外・休日労働の許容

　時間外・休日労働とは，1週間に40時間以内，1日に8時間以内と定められている法定労働時間（労基法32条・40条）を超えて，または週1回以上と定められている法定休日（労基法35条）に労働者を労働させることである（これに対し，就業規則所定の労働時間を超える法定労働時間内における時間外労働を「法内超勤」という）。

　労基法は，①非常事由による場合（労基法33条1項），②公務による場合（労基法33条3項），③労使協定による場合（労基法36条1項）を例外として，時間外・休日労働を許容している。これらの詳細については以下で述べることとする。

　なお，1998年労基法改正では，労働契約の締結の際に明示すべき事項が拡充され，すべての労働者について，所定労働時間を超える労働の有無を書面の交付により明示することが義務づけられた（労基法15条1項，労基則5条1項2号）。特に所定労働時間外の労働の有無を雇入れの際に明確にすることが望まれる。

II　非常事由等による時間外・休日労働

1．非常災害時の時間外・休日労働

　労働時間，休日等の原則（第1章・第2章参照）に対する例外措置として第1に上げられるのが，「災害その他避けることのできない事由によって臨時の必要がある場合」等に，労基法上の禁止を解除する制度である。このような非常事由等が生じた場合に，後述IIIの三六協定による場合のように労働組合等との労使協定を条件とすることは実際的でなく，他方でこのような場合にあたるか否かを使用者の恣意的判断のみに委ねることは妥当ではない。そこで労基法は，行政官庁の許可を受けて，その必要の限度において法定の労働時間を延長し，または法定の休日に労働させることができるとした（労基33条1項本文）。ただし，事態緊迫のために行政官庁の許可を受ける暇がない場合においては，事後の遅滞ない届出で足りる（労基法33条1項但書）。

　上記の「許可」は，本制度が災害，緊急，不可抗力その他の客観的に避けることのできない場合を想定したものであることから，厳格に運用される（昭和22・9・13発基17号，昭和26・10・11基発696号参照）。また，事後の届出があった場合に，行政官庁が，その労働時間の延長または休日の労働を不適当と認めるときには，その後にその時間に相当する休憩または休日を与えるべきことを命ずることができる（代休附与命令・労基法33条2項）。

2．公務のための時間外・休日労働

　官公署の事業（労基法別表第1に該当する事業を除く）に従事する公務員については，「公務のために臨時の必要がある場合」に，法定の労働時間を延長し，法定の休日に労働させることができる（労基法33条3項）。労基法は，非現業国家公務員には適用されず（国公法附則16条），現業公務員の従事する事業は一般に別表第1所定の事業に該当するので，この規定は実際上，非現業の地方公務員に適用されるにとどまる。本条による時間外休日労働について

は，行政官庁の許可や労使協定の締結は条件とされない。その必要性の認定は，使用者たる当該行政官庁に委ねられており，広く公務のための必要を含む（昭和23・9・20基収3352号）。なお，公立学校の教職員については，「国立及び公立の義務教育諸学校等の教職員の給与等に関する特別措置法」（昭和46年法律77号）により，例外的取扱いがなされている。

III 三六協定による時間外・休日労働

1. 趣　旨

　労基法36条は，使用者に対して，事業場の過半数労働者を組織する労働組合があればその組合，かかる組合がなければ過半数の労働者を代表する者との協定（いわゆる三六協定）の締結と届出を条件として，時間外・休日労働を許容している。本来は，事業場の労使の自主的な合意を条件として時間外休日労働の禁止を解除するものであるが，これらを無制限に認める趣旨ではなく，本来臨時的なものとして必要最小限にとどめられるべきものであると解されている（昭和63・3・14基発150号など）。

　しかしながら，三六協定による時間外・休日労働が長時間にわたる実態がみられたことから，1978年以降，行政により所定外労働時間の削減の動きが進められ，そのための手段として，三六協定の適正化が図られてきた。特に，時間外労働の延長時間については，これまでは労働省指針によって延長限度の目安が設定されていたのみであったが，1998年労基法改正により，労働大臣が労働時間延長の限度等に関する基準を定めることができることとされ，延長限度の基準につき法的根拠が設定された。また，使用者および過半数労働組合または労働者の過半数を代表する者（労使当事者）が，その基準を遵守すべき努力義務を負う旨の条項等が新設された（労基法36条2項〜4項）。

2. 適用対象

　三六協定の対象となる労働は，法定労働時間を越える労働および法定休日の労働である。法定内の時間外・休日労働（法内超勤・法定外休日労働）は適用対象とならない（法内超勤につき，昭和23・4・28基収1497号など，法定外休日労働につき，昭和23・12・18基収3970号）。労基法が規制の対象とする労働時間は，実労働時間によって計算されるので，1日の労働時間の繰上げや繰下げが行われた場合にも，実労働時間の範囲内である限り，労基法36条の時間外労働の問題は生じない（昭和29・12・1基収6143号など）。

3. 三六協定

(1) 内　　容

　三六協定は，時間外・休日労働をさせる必要のある具体的事由・業務の種類・労働者の数，1日および1日を超える一定の期間についての延長時間，労働させることができる休日，有効期間について，協定しなければならない（労基則16条）。

　また，その内容は「時間外労働の限度に関する基準」（平成10・12・28労働省告示154号）および「特定労働者についての時間外労働の限度に関する基準」（平成10・12・28労働省告示155号）に適合することが求められる（労基法36条2項）。基準の具体的内容は次のとおりである（ここでいう「限度時間」とは，法定労働時間を超えて延長できる時間数であるが，休日労働分を含まない）。

　　① 業務区分の細分化

　業務の区分を細分化することにより，時間外労働をさせる業務の範囲を明確にしなければならない。

　　② 一定期間の区分

　「1日を超え3か月以内の期間」と「1年間」の双方について，協定しなければならない。そのため，協定の有効期間は最短1年間となるが，有効期間は1年とすることが望ましいとされる（平成11・3・31基発169号）。

③ 延長時間の限度

労基法36条2項に基づく時間外労働の上限は次の表のとおりである。

期　間	一般の労働者の場合	変形労働時間制の場合
1週間	15時間	14時間
2週間	27時間	25時間
4週間	43時間	40時間
1か月	45時間	42時間
2か月	81時間	75時間
3か月	120時間	110時間
1年間	360時間	320時間

（注）変形労働時間制は，対象期間3か月を超える1年単位の場合。

ただし，上記の限度時間は，工作物の建設等の事業，自動車の運転の業務，新技術・新商品等の研究開発の業務，労働基準局長が指定する事業または業務（ただし1年間の限度時間を除く）には適用されない。

④ 特別条項付き協定

臨時的に限度時間を超えた時間外労働を行う特別の事情が予想される場合には，その特別の事情，労使の手続，限度時間を超える一定の時間について，具体的に定めた「特別条項付き協定」を結べば，限度時間を超える時間を延長時間とすることができる。

⑤ 特定労働者についての延長時間の限度

特定労働者（一定の育児または介護を行う女性労働者）のうち，時間外労働を短いものとすることを使用者に申し出た者については，前記③と異なり，次の表の限度時間を超えることはできない。この措置は，1996年男女雇用機会均等法改正をうけて，女性労働者一般に対する時間外労働の特別規制（労基法旧64条の2）が1999年4月1日撤廃されることとなったが，特に育児・介護

	期　間	限度時間
製造業，鉱業，建設業，運輸交通業，貨物取扱業等	1週間	6時間
	1年間	150時間
保健衛生業，接客娯楽業	2週間	12時間
	1年間	150時間
林業，商業，金融・広告業，映画・演劇業，通信業，教育・研究業，と畜業等	4週間	36時間
	1年間	150時間

を行う女性労働者のために，3年間の時限的な激変緩和措置として設けられたものである。

(2) 届　　出

三六協定は，所定の書式（「様式9号」）により労働基準監督署長に届け出る必要がある（労基則17条1項）。したがって，三六協定は様式9号とは別に作成されるものであるが，様式9号に労働者代表の押印等を加えることによって，これを三六協定の協定書とすることは差し支えないとされている。ただし，この場合には，当該協定書の写しを事業場に保存しておく必要がある（昭和53・11・20基発642号など。なお，三六協定の締結単位・当事者，形式，終了等については，第11章参照）。

4．有害業務の労働時間延長の制限

坑内労働その他命令で定める健康上特に有害な業務については，労働時間の延長は1日について2時間を超えてはならない（労基法36条1項但書）。命令で定める有害業務は，多量の高熱物体を取り扱う業務および著しく暑熱な場所における業務等の10業務が指定されている（労基則18条，昭和43・7・24基発472号，昭和46・3・18基発233号など）。

IV　時間外労働義務・休日労働義務

1．義務の発生要件

(1)　労基法上の要件

三六協定による時間外・休日労働が適法になされるためには，三六協定が労基法36条の定めるところに従って締結され，行政官庁に届け出られることが不可欠の要件である。したがって，三六協定の締結・届出がなされない場合に，使用者は適法に時間外・休日労働を行わせることはできず，労働者の時間外・休日労働義務が生じないことは明らかである。このような時間外労

働・休日労働が，当該事業場において慣行としてなされてきた場合や（東京都水道局事件・東京高判昭和43・4・26労民集19巻2号623頁［判例1］），かつて存在した三六協定が失効した場合（京都製作所事件・大阪高判昭和55・2・19労判342号69頁［判例2］）も同様である。

(2) **労働契約上の要件**

適式な三六協定の締結・届出は，時間外労働・休日労働を行わせることに対する労基法上の禁止を解除する効力（いわゆる免罰的効力）を有し（労使協定の効力については，第11章参照），使用者は，法定労働時間を超えて労働をさせ，または休日に労働をさせるための労働契約を締結する法的自由を得ることとなる（小西＝渡辺＝中嶋271頁［渡辺］）。

問題は，使用者の発する「時間外労働命令」ないし「休日労働命令」に従うべき契約上の義務が，いかなる要件の下に個々の労働者に生じるか，である。初期の裁判例・学説は，三六協定の締結・届出自体に，労働者の義務を発生させる効果を認めていた（池貝鉄工事件・東京地決昭和25・6・15労民集1巻5号740頁，西川達雄「労働時間」日本労働法学会編・労働法講座5巻（労働基準法）1242頁〔有斐閣，1958年〕）。しかし，三六協定自体は，使用者・労働者間の私法上の権利義務を規律するものではない（片山工業事件・岡山地判昭和40・5・31労民集16巻3号418頁［判例3］）ことから，昭和40年代以降の裁判例・学説は，時間外・休日労働義務を根拠づけるに足りる労働契約上の合意とはどのようなものであるかを論点として，以下の「包括的同意説」と「個別的同意説」などが対立してきた。

(a) **包括的同意説** 第1の見解は，労働契約，労働協約または就業規則に「業務の必要があるときは，労働者に時間外・休日労働を命ずることがある」旨の一般的規定があり，かつ三六協定が締結・届出されていれば，三六協定に定める限度で労働者に時間外・休日労働義務が生ずる，と解する包括的同意説である（有泉339～340頁，秋田成就「三六協定に伴う諸問題」季労63号30頁〔1967年〕など）。後述する最高裁判例（日立製作所武蔵工場事件・最一小判平成3・11・28民集45巻8号1270頁［判例4］）が示される以前においても下級審裁判例には（事例により根拠規定が異なるものの）この立場に立つものが多くみられた。また，行政解釈もこの立場に立つ（労働省労働基準局編著・改訂新版労働基準法

(上)454頁〔労務行政研究所，2000年〕)。

(b) **個別的同意説**　第2の見解は，労働契約，就業規則または労働協約に時間外・休日労働に関する規定をあらかじめ設けても労基法32条に違反する契約として無効とされるが，時間外労働・休日労働の必要性が生じたその都度，使用者による申込みに労働者が合意した場合には，当該合意のもとに当該労働者に時間外・休日労働義務が生ずる，と解する個別的同意説である（山本吉人・労働時間制の法理論99頁～109頁〔総合労働研究所，1970年〕など。この立場に立つ下級審裁判例として，明治乳業事件・東京地判昭和44・5・31労民集20巻3号477頁などがある)。

(c) **中間説**　包括的同意説と個別的同意説の対立を経て，次のような中間説も唱えられてきた。第3に，包括的同意説を前提として時間外・休日労働の具体的内容や理由の特定が必要であるとする具体的規定説，第4に，包括的同意説を前提として，三六協定で定める時間外・休日労働の内容が抽象的である場合には労働者の義務は生じないとする限定的命令説，第5に，個別的同意説を前提として労働者個人が時間外・休日労働の内容につき具体的に同意していれば事前の同意も有効とする個別的事前合意説，である（以上については，注釈労働時間法449頁～456頁参照)。

また，渡辺章教授は，時間外労働と休日労働につき，法規定のされ方や法政策目的などから，それぞれの合意に求める要件を異にするものと考える。時間外労働については，労使の合意形成の手段としての三六協定締結過程に法規定上の不備・限界（例えば，過半数代表者の選任ルール等の不備など。第11章Ⅱ参照）が存在するとし，労働者に時間外労働をさせる事由等の事前周知を要件する具体的規定説を支持する。休日労働については，労働者にとっての休日確保の重要性と労基法が計画的時間管理のために変形労働時間制の規定を整備している現況から，個別的合意説を支持する（小西＝渡辺＝中嶋272頁～273頁[渡辺])。

(d) **最高裁の立場**　最高裁は，三六協定に時間外労働の事由が記されていた事案において，三六協定により時間外労働をさせることができる旨の就業規則の規定を根拠として，労働者は時間外労働義務を負うと判断している（日立製作所武蔵工場事件・最一小判平成3・11・28民集45巻8号1270頁**[判例4]**)。基

本的には包括的同意説を採用したものとみられ，これにより，実務上はほぼ決着がつけられたことになる。もっとも，時間外・休日労働を命令する業務の必要性に比べ，労働者の生活上の不利益が相当に大きい場合には，権利の濫用として当該命令が無効とされる余地があり，とりわけ休日労働命令に関しては，その有効性を判断する要件としての「業務上の必要性」は厳格に判断されるべきであろう（菅野271頁など）。

2．法定労働時間内における時間外労働義務

労基法の定める労働時間・休日の原則の枠内でなされる法定内時間外労働や法定外休日労働を行わせる場合には，使用者は三六協定の締結・届出を必要としない（昭和23・4・28基収1497号など）。しかし，このような法定時間内の時間外・休日労働も，労働契約において特定された労働時間の長さを変更し，または休日に労働させるものであるから，これらの命令は労働契約の内容の変更を意味する。したがって，労働者にこれらを命ずる場合は，1の場合と同様に労働契約上の根拠を必要とする。現行法の解釈としては，法定労働時間外における解釈と同様，ここでの労働契約上の根拠とは，事前の包括的同意で足りるが，業務上の必要性に比べ労働者の生活上の不利益が相当に大きい場合には，やはり権利の濫用として当該命令が無効とされる余地がありえよう（毎日新聞社事件・東京地決昭和43・3・22労民集19巻2号408頁[**判例5**]および東洋鋼板事件・第2章[**判例7**]参照）。

[判例1] 慣行による時間外労働と三六協定の要否
東京都水道局事件・東京高判昭和43・4・26労民集19巻2号623頁

[事　実]

　地方公営企業であるY水道局と，Yの従業員で組織する労働組合の間では，時間外勤務等に関する労働協約が締結されていたが，その内容は三六協定の当事者資格，時間外勤務についての基準を定めたものであった。この協約の基準に従って，その都度，YまたはYの支所と労働組合または各支部との交渉によって，時間外勤務およびその労働条件が定められることが慣行化されており，水道局各支所から労基法36条に定める正規の協定の届出はなされないままであった。

　1962年4月，Yは水源渇水による制限給水のため，制水弁操作の臨時作業（本件制限給水作業）が必要となり，Yの労働組合に対し時間外労働の協力を要請した。労働組合北一支部は，Yの北一支所との間で取り決めた時間外勤務手当等の条件に基づき，同年4月16日から20日まで時間外勤務を行った。しかし，手当等の条件が，Yと労働組合との団体交渉の結果に拘束されることとなったため，北一支部の組合員は三六協定が成立していないとして，同月21日から26日までの間の時間外就労を拒否した。

　Yは，公務のため臨時に必要があるときは，職員に対し時間外勤務を命じ得ると主張し，北一支部の役員である原告Xら4名が就労拒否を教唆したこと等が争議行為を禁止する地方公営企業労働関係法11条1項に該当するとして，Xらを懲戒解雇した。Xらは，解雇の無効とその間の給与等の支払を求め提訴し，一審（東京地判昭和40・12・27労民集16巻6号1212頁）でXらの請求が認容されたため，Yが控訴したが，本判決は控訴を棄却した。以下は，本判決の引用する一審判決の説示である。

[判　旨]

　本件制限給水作業が労基法上の時間外労働であること，本件時間外就労拒否の当時北一支所に三六協定が存しなかったことは争いがない。Yは時間外労働を命じ得る根拠として，①時間外労働の慣行化，②本件作業に対して労働組合が全面

的協力の約束をしていたこと，③すでに労働協約において三六協定に関する一般的基準が定められていたことの3点を主張するが，①時間外労働慣行化の事実をもって労基法に定める時間外労働の禁止制限を排除する正当な根拠となしえないのは明らかであり，②労基法36条が三六協定を各事業場ごとに締結すべきものと定めたのは，時間外労働については，各事業場に特殊な具体的事情を考慮する必要があり，また当該事業場の労働者またはその結成する労働組合の意思が重視されなければならないとの趣旨であって，仮に労働組合（本部）が全面的協力の意向を表明したとしても，三六協定の締結に関し各支部組合員の意思を拘束し得るものではなく，三六協定の締結と同視し得べき事情に該当しない。また③Y主張の労働協約は，各支所等の事業場ごとに三六協定が締結される場合の一般的基準を定めたにすぎず，これを三六協定と同一視できないことことは②でみた労基法36条の趣旨からも明らかである。

したがって，Y主張の点は三六協定を伴わない時間外労働を正当づける根拠としていずれもその理由がなく，①②③の事実が併存する場合においてもかわりがない。以上により，北一支所の職員は本件時間外就労の義務はなく，時間外勤務を命じ就労を強制することは許されない。

[判決の位置づけ]

時間外・休日労働が適法になされるためには，三六協定が適法に締結され，行政官庁に届け出られることが不可欠の要件である。したがって，三六協定が締結されない場合に労働者に時間外・休日労働の義務が生じないことは明白であるが，本件で問題とされたのは，三六協定なしの時間外労働が慣行化し，労働組合も違法な時間外労働に協力の意向を表明していた場合に，時間外労働を正当化することができるか，という点についてであった。

以上の問題について，本判決は，時間外労働慣行化の事実は労基法上の禁止制限を解除するものでなく，かつ，労基法36条の立法趣旨から，三六協定の締結にあたり，労働組合本部の意思に各事業場の組合員の意思は拘束されないことなどから，いずれかの事情を満たしたとしても，また各事情が同時に存在したとしても，三六協定が締結されたと同視し得べきではない，としている。このように，違法な時間外労働が常態化しているような場合においても，当該違法な時間外労

働を正当化することはできないとしたところに本判決の意義がある。

また本件では，地方公営企業に雇用される職員であっても，時間外・休日労働は民間企業の労働者の場合と同様，労基法に基づき取り扱われることが明らかにされている。

[実務上の留意点]

時間外労働が慣行化していたとしても，労働者に時間外労働の義務を生じさせるためには，各事業場において三六協定が適法に締結され，届け出られていることが前提となる。

[判例2]　　三六協定の失効と時間外労働

京都製作所事件・大阪高判昭和55・2・19労判342号69頁

[事　実]

Yは，自動包装機械などの自動機械の製造販売を業務とする株式会社である。Xは1964年4月Yと労働契約を締結し，同社の工場において自動包装機械の組立，調整に従事してきた。YはXに対し，1973年5月10日，同年5月13日から8月初旬までの予定で，A鮭鱒船団の母船に乗船出張してYの製造した冷凍鮭鱒自動箱詰機（オートケーサー）の保守点検および修理業務を行うように命ずる出張命令を発した。しかし，Xはこれを拒否したため，Yはこれが就業規則上の通常解雇事由に該当するとして，1973年6月20日，Xを解雇した。

本件出張先で処理を命じられた用務は，会社が定めた勤務時間帯と関係なく，漁獲状況によって始業，終業が一定せずに運転されるオートケーサーを保守，点検，修理し，その円滑な稼動を確保することにあり，本件出張と時間外労働とは不可分の関係にあった。なお，本件出張命令が発せられた当時，従前締結されていた三六協定は失効し，新たな協定は締結されておらず，その間，従前の慣行により時間外労働を行うとの了解が労働組合との間に成立していたが，新しい三六

協定が締結され，労働基準監督署長に届け出られたのは本件解雇後のことであった。

Xは本件解雇の効力を争って本件訴えを提起した。一審（京都地判昭51・11・25労判269号69頁）は，本件出張命令がXの「労働環境を著しく劣悪にするもの」であり，このような命令は労働者の同意がない場合には人事権の濫用にあたるとして効力を生じないとし，本件解雇をも無効とした。Yがこれを不服として控訴したが，本判決は控訴を棄却した。

[判 旨]

時間外労働を不可分とする出張命令を発した場合，出張先での労働時間につき明示の指示がなくても出張業務を処理する時間だけ働くべき旨，即ち労基法上の時間外労働をなすべき旨の黙示の指示があったものと解すべきであるが，三六協定がなければ，労働者の同意があったとしてもそのような命令は違法無効であり，使用者は労基法32条1項違反の責任を免れず，労働者がこれを拒否したとしてもなんの責任も生じない。

労基法36条によれば，使用者は協定書が行政官庁に届け出られた後，初めて時間外労働を適法に命じ得るものであるから，たとえ組合との間で時間外労働は従前の慣行によることとの了解が成立し，強行法規違反の時間外労働が労働者側の反抗なく慣行的に行われていたとしても，かかる慣行が「事実たる慣習」として労働契約の内容に入りこみ，労働者の義務となりうる余地は全くなく，これを拒否しても労働者側にはなんらの責任も生じない。

本件出張命令は無効であり，したがってこれを唯一の理由とする本件解雇は，就業規則に定める根拠を欠き，無効である。

［判決の位置づけ］

使用者が労働者に対して，三六協定による時間外労働を適法に命じるためには，三六協定が労基法36条の定めるところに従って締結され，行政官庁に届け出られなければならない（本章Ⅳ1(1)参照）。したがって，三六協定が締結されず，または締結されていても行政官庁への届出がなされない場合に，労働者の時間外労働義務が発生しないことは明らかであり，そのような時間外労働が当該事業場におい

て慣行としてなされてきた場合であっても同様である（宝製鋼所事件・東京地決昭和25・10・10労民集1巻5号766頁，東京都水道局事件［**判例1**］）。

本件では，Xに対する出張命令の当時，三六協定は失効していた。したがって，新たな三六協定の締結・届出までの間，使用者であるYはXに対し時間外労働を適法に命じることはできず，これを不可欠とする出張業務に就かせる本件出張命令は違法・無効であるとする本判決の結論は，上記のような理解からすれば当然といえよう。

ところで本件においては，事後に新たな三六協定の締結・届出がなされているが，仮に新たな協定において，締結年月日を従前の三六協定の失効日に遡及して定めた場合，従前の三六協定の失効日から新たな三六協定の締結・届出が有効になされていたと認めることも可能であろうか。裁判例にはこれを肯定するような判示もみられるが（西日本鉄道事件・福岡高判昭和37・10・4労民集13巻5号1036頁），三六協定が事前の締結・届出を有効要件とすることからすれば，同協定の締結年月日を実際の締結年月日よりも遡及させて締結することは許されないと解すべきである。

［実務上の留意点］

❶ 労働者を出張させる場合であっても，用務先で時間外労働を行わせる必要があれば，事前に三六協定を締結・届出することが必要である。

❷ 三六協定が失効した後，時間外労働について「従前の慣行により行う」旨の合意が労働組合との間でなされていたとしても，また事後に新たな三六協定を締結したとしても，当該失効期間中に行われた時間外労働は違法・無効なものと評価される。

[判例3] 三六協定の書面化の要否
片山工業事件・岡山地判昭和40・5・31労民集16巻3号418頁

[事　実]

　Xは，サッシュ等の製造会社であるY会社に雇用される工員である。Yは，同社の労働組合との間において，三六協定を口頭により締結し，行政官庁に協定届を提出していた。
　1962年9月1日，Yは，所属長の残業命令に従わなかったことなどを理由としてXを懲戒解雇した。これに対しXが，本件残業命令拒否は法律上解雇の理由にならないなどとして，解雇の無効とその間の賃金の支払を求めて提訴したのが本件である。本判決は以下のように述べて請求を認容した。

[判　旨]

　三六協定は，これが締結されて適法な届出がなされた場合には，使用者は労基法32条・40条および35条違反の責を問われることなく，当該協定の定めるところにより，時間外労働および休日労働をさせることができるという刑事免責にその効力があるのであって，時間外労働・休日労働に服すべき労働者の義務は，三六協定から直接に生ずるものではなく，使用者が労働者の義務として命じうるためには，その権利が労働契約上使用者に与えられていなければならないと解すべきところ，YがXに対して時間外労働を命じうべき労働契約上の権利を有していたことについて，Yは何ら主張立証するところがない。
　労基法36条によれば，時間外労働・休日労働についての協定は，書面をもって締結することを要し，書面によらない協定は無効である（行政官庁への届出のみ行っても同断である）。Yと労働組合との三六協定は文書によらずに口頭で締結されたにすぎないから，当該協定は無効である。したがって，これに基づくYの残業命令は適法な職務命令たりえず，Xがこれに従わなかったとしてもこれだけでは懲戒処分その他責を問われるいわれはない。

［判決の位置づけ］

　本項の解説（Ⅳ1⑵）においてみたように，初期の裁判例・学説には，労基法36条の有する性格・効果，すなわち労基法上の労働時間・休日に関する禁止制限を解除するためのものにすぎないという点を意識することなく，三六協定自体に時間外・休日労働義務を根拠づける当事者間の合意としての効力を認めるものがあった。本判決は，三六協定のこのような私法的効果を明確に否定し，三六協定は刑事免責の効力（免罰的効果）のみを有するものであって，使用者が時間外労働を命じ得るためには，その権利が労働契約上使用者に与えられていなければならない旨を明らかにしたところに意義がある。

　本判決以降，学説・裁判例において，いかなる場合に労働者は時間外・休日労働義務を負うかが問題とされてきたが，最高裁は，三六協定に時間外労働の事由が記されていた事案において，三六協定により時間外労働をさせることができる旨の就業規則の規定を根拠として，労働者は時間外労働義務を負うと判断している（日立製作所武蔵工場事件［判例4］参照）。

　また，本判決は，三六協定は書面により締結する必要があるとし，口頭によるものは無効であるとしている（労使協定の成立要件に関しては，第11章Ⅱ参照）。労基法36条が「書面による協定」と規定していることからみても明らかなことである。なお，解説（Ⅲ3⑵）でみたように，行政官庁への協定届出書と三六協定は必ずしも同じではないことに注意を要する。

［実務上の留意点］

❶　労働者に時間外労働を私法上義務づけるためには，三六協定の締結・届出に加え，労働契約上の根拠が必要である。

❷　三六協定は，書面で締結する必要があり，行政官庁への届出を書面で行うのみでは足りない。

[判例4] 時間外労働義務の発生要件

日立製作所武蔵工場事件・最一小判平成3・11・28民集45巻8号1270頁

[事　実]

　Xは、Y会社に雇用されてその武蔵工場に勤務し、トランジスターの品質及び歩留りの向上を所管する部署に属していたが、男子便所個室への落書や同僚の作業妨害などを理由に、1965年〜1967年にかけて3回の懲戒処分を受けていた。

　Yの武蔵工場とその労働者の過半数で組織するA労働組合（Xの加入するもの。以下「組合」という）の上部団体との間で締結された労働協約および武蔵工場の就業規則には、Yは、業務上の都合によりやむをえない場合には、同組合との三六協定により1日8時間の実働時間を延長することがある旨定められていた。そして、武蔵工場と同組合との間において、次の内容を含む三六協定が締結され、届け出られていた。

　「会社は、①納期に完納しないと重大な支障を起すおそれのある場合、②賃金締切日の切迫による賃金計算又は棚卸し、検収・支払等に関する業務ならびにこれに関する業務、③配管、配線工事等のため所定時間内に作業することが困難な場合、④設備機械類の移動、設置、修理等のため作業を急ぐ場合、⑤生産目標達成のため必要ある場合、⑥業務の内容によりやむをえない場合、⑦その他前各号に準ずる理由のある場合は、実働時間を延長することがある。前項により実働時間を延長する場合においても月40時間を超えないものとする。（略）」

　1967年9月、Xは上司から同月に生産するトランジスターの歩留りを推定するよう指示されたが、単に一部の歩留りと手もとのデータのみに基づいてこれを算出し、報告した。上司は、Xに、残業して歩留推定をやり直すよう命じた（本件残業命令）が、Xはこれを拒否した。Yは、Xに対し、Xの行為が業務怠慢、指示不服従に該当するとして出勤停止14日の懲戒処分をし、併せて再び出勤する際に始末書を提出するよう命じた。

　Xは、同月19日出勤した際、始末書の提出を求められたが、残業は労働者の権利であるなどと主張して、これに応じなかった。翌20日、Xは、始末書を提出したが、その際も、「就業規則に違反しているとは思わないし、残業は労働者の権利

だという考えも変わらない」旨申し添えた。また，同月23日にも同様のいさかいが生じた。Yは，組合の意向を聴取したところ，組合から「処分もやむをえない。」という回答があったので，就業規則上の「しばしば懲戒，訓戒を受けたにもかかわらず，なお悔悟の見込みのないとき」という懲戒事由に当たるとして，Xに対し懲戒解雇の意思表示をした。

そこでXは，上記懲戒解雇が無効であると主張し，Yを相手方として，その雇用契約上の地位確認，1967年11月以降の賃金およびこれに対する遅延損害金の支払を求めて本訴を提起した。一審（東京地八王子支判昭和53・5・22判時906号93頁）は，Xの残業義務を否定し，本件懲戒解雇は無効であると判断した。これに対して，原審（東京高判昭和61・3・27判時1185号153頁）は，Xの残業義務を肯定し懲戒解雇は有効であると判断した。Xが上告したが，最高裁は以下のように判示して上告を棄却した。

[判　旨]

労基法32条の労働時間を延長して労働させることにつき，使用者が，三六協定を締結し，これを所轄労働基準監督署長に届け出た場合において，使用者が当該事業場に適用される就業規則において，一定の業務上の事由があれば，当該三六協定の範囲内で労働契約に定める労働時間を延長して労働者を労働させることができる旨定めているときは，その就業規則の規定の内容が合理的なものである限り，それが具体的労働契約の内容をなすから，その就業規則の規定の適用を受ける労働者は，その定めるところに従い，労働契約に定める労働時間を超えて労働をする義務を負う。

本件の場合，時間外労働の具体的な内容は本件三六協定によって定められているが，本件三六協定は，Xら労働者に時間外労働を命ずるについて，その時間を限定し，かつ [**事実**] 欄掲記の①ないし⑦所定の事由を必要としているのであるから，本件就業規則の規定は合理的なものというべきである。前記事由のうち⑤ないし⑦は，いささか概括的，網羅的であることは否定できないが，企業が需給関係に即応した生産計画を適正かつ円滑に実施する必要性は同法36条の予定するところと解される上，Yの武蔵工場の事業の内容，Xら労働者の担当する業務，具体的な作業の手順ないし経過等にかんがみると相当性を欠くということはでき

ない。

　そうすると，本件残業命令は，本件三六協定の⑤ないし⑦所定の事由に該当するから，これによってXは，前記の時間外労働をする義務を負うにいたったということができる。そして，本件残業命令がXの手抜作業を追完・補正するためであったこと，その他本件における一切の事実関係をあわせ考えると，本件残業命令に従わなかったXに対する懲戒解雇が権利の濫用に該当するということもできない。

[判決の位置づけ]

1．時間外労働義務の発生根拠

　本件では，YがXに対してした懲戒解雇の有効性が争われたが，その前提として，労働者がどのような場合に時間外労働義務を負うかが問題とされた。この点については，本章の解説（Ⅳ1⑵）で述べた通り，従来から包括的同意説，個別的同意説ほか5説が唱えられてきた。そのような中，本判決は，私企業の労働者の時間外労働義務の要件・根拠を明らかにした初めての最高裁判決である。なお，最高裁はすでに静内郵便局事件（最三小判昭和59・3・27労判430号69頁）において，郵政省職員の時間外労働義務を判断しているが，同事件では，国公法98条の職務命令により時間外労働を命じ得るかどうかが争点とされており，その射程は私企業労働者の時間外労働に及ばないと解される。

　本判決の特色は，就業規則の法的性格論に関する2つの先例（秋北バス事件・最大判昭和43・12・25民集22巻13号3459頁，帯広電報電話局事件・最一小判昭和61・3・13労判470号6頁）を引用し，労働者がどのような場合に時間外労働の義務を負うかという問題を，使用者が労働者に不利益な就業規則を作成し，または変更した場合の拘束力の問題として把握したところにある。具体的には，(a)三六協定の締結・届出があり，(b)当該三六協定の範囲内で労働者の時間外労働の義務を定めた就業規則があるときは，(c)当該就業規則の規定の内容が合理的なものである限り，それが具体的労働契約の内容をなすから，(d)労働者は時間外労働の義務を負う，とする。そして本件において，就業規則の規定内容は，「三六協定の定めるところに従い」とされていることから，同協定の内容の合理性につき検討した結果，その時間を限定し，かつ，[**事実**]に掲げた①ないし⑦の事由を必要としているところから，そ

の定めは合理的であると判断している。したがって本判決の射程は，労働者の時間外労働義務について，合理的な内容の規定が就業規則に定められている場合，あるいは就業規則の規定内容が三六協定の合理的な定めにより補充ないし具体化されている場合に限定されるが，基本的には，包括的同意説に立つものといえよう。

2．時間外労働命令権の濫用

本判決は，労働者が労働契約上の労働時間を超えて時間外労働義務を負うことにつき，上記(a)ないし(c)の要件を満たせば，常に(d)の効果が生じると説示しているため，労働者の私生活上の自由が奪われるなど実際上不都合な結果が生じることになりはしないか，との問題が生ずる。しかし，ここでは，(c)にいうように「規定内容の合理性」が前提とされており，その内容には，当該規定の適用の合理性も含まれると解されることから，当該具体的な事実関係において，使用者が時間外労働を命ずる必要性と，労働者が時間外労働に応じられない事情の比較考量の結果，後者の不利益が相当に大きいような場合（例えば，当該労働者が子の養育や家族の介護等の理由で時間外労働に応じられない場合であって，使用者が代替労働者を容易に確保できるような場合など）は，時間外労働命令権の濫用と評価され，労働者の時間外労働義務の不履行による懲戒処分等も無効とされることになろう。

―――――――――――――――――――――――――――
［実務上の留意点］
❶ (a)三六協定の締結・届出があり，(b)時間外労働義務の根拠を定めた就業規則が存在し，(c)当該就業規則の規定内容に合理性があれば，労働者は時間外労働義務を負う。
❷ 時間外労働の必要性に比べ，労働者が時間外労働に応じることで被る不利益が相当に大きいような場合は，時間外労働義務の不履行による懲戒処分等が権利の濫用として排斥される余地がある。
―――――――――――――――――――――――――――

[判例5] 法内超勤義務の発生根拠
毎日新聞社事件・東京地判昭和43・3・22労民集19巻2号408頁

[事　実]

　Yは新聞の発行等を業とする会社であり、Xは、Yに学生アルバイトとして雇用され、新聞発送の仕事に従事する大学生である。Xの勤務時間は、午後10時30分から翌日午後4時30分までの6時間であるが、1967年6月10日、中東動乱のニュースが殺到し、朝刊の作業が遅れていたため、YはXに対し超過勤務を命令した。Xがこれを拒否したため、Yは、アルバイト学生の就業規則である「学生アルバイト規定」に基づき、所属長の指示命令に従わず職場の秩序を乱したものとして、同月12日、Xを即時解雇した。そこで、XがY会社に対し、労働契約上の権利を有すること等の仮処分を申請したのが本件である。本判決は下記のとおり述べて申請を認容した。

　なお、学生アルバイト規定には残業を命じ得る根拠条項はなく、Yと学生アルバイトの労働組合との間に残業に関する協定も成立していなかった。

[判　旨]

　労基法36条は、1日8時間制のもとで、労働者に対して実働8時間以上の労働をさせる場合にのみ適用があるものであって、1日の所定時間が6時間の労働者に対し、1日実働8時間までの時間外労働をさせる場合には、いわゆる三六協定は必要としない。

　労働者は、使用者に対し、労働契約によって引き受けた時間を超える労働を提供すべき義務はなく、これを超える時間を労働させようとする使用者は、当該労働者と時間外労働に関する契約をする必要がある。この契約は、時間外労働をするその都度約することもできるし、一般的概括的に約することが可能である。しかしながら、後者のような一般的概括的約束の場合には、労働者の行動計画ないし生活設計に被る不利益からして、または労基法15条の規定の趣旨からして、使用者の命令に絶対的な効力を認めることはできず、労働者は当該命令を拒否する自由を有する。ただし、使用者が業務上緊急の必要から時間外労働を命じた場合

であって，労働者が時間外労働による不利益をほとんど受けない場合は，当該命令拒否は権利の濫用として許されない。

本件において，学生アルバイト規定から時間外労働の約束があったと見るのは困難であり，また，書面による雇用契約にも時間外労働に関する文言はない。結局，時間外労働に関する約束は，口頭によってなされたものであるかどうかにかかってくるが，仮に一般的概括的約束があったとしても，権利の濫用とならない限り時間外労働命令を拒否できること，さらにXは学生で終業時刻後当日の学業に備える必要があり，深夜勤務6時間は昼間の8時間勤務に匹敵するものであること，新聞社は常に臨時のニュースに対応し得る執務体制を敷くことが通常であることから，Xの時間外労働拒否が権利の濫用に該当するというには躊躇せざるを得ない。

とすれば，Xが時間外労働を拒否したことが業務命令違反ないし職場の規律紊乱に該当するとしてした本件解雇は，何らの理由を伴わない解雇として，解雇権の濫用である。

[判決の位置づけ]

法定労働時間より短い労働時間の契約がなされている場合，使用者が労働者に対し契約時間を超えて法定労働時間内の時間外労働（いわゆる法内超勤）をさせるには，三六協定の締結・届出は必要とされない。しかし，このような法内超勤であっても，労働契約によって特定された労働時間を延長するものである以上，労働契約上の根拠を必要とする。

問題は，法定時間外における場合と同じく，労働者がどのような場合に法内超勤の義務を負うかという点にある。この点に関して本判決は，使用者は法内超勤を行わせ得る旨の一般的概括的な定めによって法内超勤を命じ得るが，このような定めによる場合に労働者は，一応命令拒否の自由を有し，法内超勤に緊急の必要性があり，労働者がこれによってほとんど不利益を受けないような場合は，命令拒否が権利の濫用とされる，と説示する。

しかしながら，その後，法定時間外における労働義務について判断した最高裁判決（日立製作所武蔵工場事件［判例4］）は，労働者に「労働契約に定める労働時間を超えて労働する義務」を負わせる要件，根拠を明らかにするにあたり，三六協定

の締結・届出を不要とする点を除き、法内超勤である場合を特に排除していない。したがって、(a)労働者に法内超勤をさせることができる旨定めた就業規則が存在し、(b)当該就業規則の規定内容が合理的なものである限り、それが具体的な労働契約の内容をなすから、労働者に法内超勤義務が生ずる、と解するのが相当であろう。ただし、法定時間外における場合と同じく、当該具体的な事実関係において、使用者が法内超勤を命ずる必要性と、労働者が法内超勤に応じたくない事情の比較考量の結果、後者の不利益が相当に大きいような場合は、使用者の法内超勤命令権の濫用と評価される余地があろう。

[実務上の留意点]

❶ いわゆる法内超勤に、三六協定の締結・届出は必要でない。

❷ (a)法内超勤をさせることができる旨定めた就業規則が存在し、(b)当該就業規則の規定内容が合理的なものである限り、労働者に法内超勤義務が生ずるが、法内超勤によって労働者が被る不利益が相当に大きいような場合は、法内超勤命令の濫用とされる余地がある。

第4章

変形労働時間制・フレックスタイム制

I　労働時間規制の弾力化

　労基法は1日および1週間ごとの労働時間を規制する以外に，変形労働時間制やフレックスタイム制，また後述する裁量労働のみなし制（第6章）により，労働時間規制を「弾力化」する措置をとり入れている。こうした労働時間規制の弾力化は，1987年の労基法改正以来拡大してきたものである。これらのうち，変形労働時間制とフレックスタイム制は，一定の期間を単位に，その期間内の週あたりの労働時間の平均を週の法的労働時間の枠内におさめることを条件に，期間内の一部の日または週において，労基法32条（1週40時間および1日8時間）の法定労働時間の限度を超えて労働させることを認める制度である点で共通している。しかし変形労働時間制は所定労働時間を特定する必要があるのに対し，フレックスタイム制は一定期間内の労働日の労働時間を労働者が自主的に決定することができる制度である点に差異がある。

II 変形労働時間制

1. 変形労働時間制の意義

　変形労働時間制は，その変形期間の長さにより1か月単位の変形制（労基法32条の2），1年単位の変形制（同32条の4），1週間単位の変形制（同32条の5）の3種が定められている。この制度の目的は「労使が労働時間の短縮を自ら工夫しつつ進めていくことが容易となるような柔軟な枠組みを設けることにより，労働者の生活設計を損なわない範囲内において労働時間を弾力化し，週休二日制の普及，年間休日日数の増加，業務の繁閑に応じた労働時間の配分等を行うことによって労働時間を短縮すること」（昭和63・1・1基発1号）に置かれる。しかし他方で，変形労働時間制は，労働者の生活設計やリズムが不規則になる弊害をも伴うため，単位期間の長短による弾力化の程度や労働者への影響に応じた要件が定められている。

　こうした変形労働時間制は現在では相当広く復及しており，1998年の調査では，1年単位の変形制を採用している企業は34.3パーセント，1か月単位の変形制を採用している企業は17.5パーセントとなっている（労働省・平成10年賃金労働時間制度等総合調査）。

2. 1か月単位の変形労働時間制

(1) 内容と実施要件

　使用者は，事業場における過半数組合，そうした組合がない場合は過半数代表者（その適格性・選出方法については労基則6条の2および第11章参照）と締結した労使協定により，または就業規則その他これに準ずるものにより，1か月以内の一定期間を平均して，1週間あたりの労働時間が1週40時間を超えない定めをした場合においては，その定めにより，特定された週において1週40時間，または，特定された日において1日8時間を超えて労働させることができる（労基法32条の2）。

この変形労働時間制を実施するには，労使協定または就業規則「その他これに準ずるもの」により，①変形制の単位期間，および②単位期間内の総労働時間を定め，③単位期間における所定労働時間を定めることを要する。労使協定により定めた場合には，労働基準監督署長に届け出ることを要し（同条2項），有効期間（3年以内が望ましい。平成11・3・31基発169号）の定めが必要となる（労基則12条の2の2）。

この変形制の単位期間は1か月以内の一定期間であり，その起算日を明らかにして特定する（労基則12条の2）。総労働時間の限度は単位期間を平均して1週当り40時間を超えないように定めなければならない。具体的には，以下の不等式に示すものとなる。

$$単位期間の総労働時間 \leq 40 \times 単位期間の暦日数 \div 7$$

各週各日の所定労働時間は具体的に特定する必要があり（京都製作所事件・大阪高判昭和55・2・19労判342号69頁 [**判例1**] 参照），また就業規則において始業・終業時刻を特定することが義務づけられている（労基89条1号）。これは労使協定による場合でも同じである。しかし労働者ごとに毎月勤務割を作成するような場合には，就業規則等において各勤務の始業終業時刻，勤務の組合せの考え方，勤務割表の作成手続きおよび周知方法等を定めておき，各日ごとの勤務割は変形期間の開始前までに具体的に特定することで足りる（昭和63・3・14基発150号。国鉄沼津機関区事件・静岡地沼津支判昭和47・7・15判時685号128頁 [**判例2**] も参照）とされている。また，最近，いったん特定した所定労働時間を変更するためには，いかなる場合に変更がなされるのかを予測できるように変更事由を就業規則等において具体的に定める必要があるとの判決が下されている（JR東日本事件・東京地判平成12・4・27労判782号6頁 [**判例3**]）。

(2) 労使協定の効力

労基法32条の2第1項により，労使協定において各日，各週の労働時間を定めた場合であっても，就業規則において同法89条に規定する事項を定める必要がある（平成11・1・29基発45号）。この場合の労使協定の効力は，その協定の定めるところによって労働させても労基法に違反しないという免罰効果をもつに留まるものであり，労働者の民事上の義務については，労働協約，

就業規則等の根拠が必要となる（昭和63・1・1基発1号）。

　1か月単位の変形制は就業規則のみによっても設定できるが，就業規則は合理的な労働条件を定めている場合に労働契約の内容となるため，変形制のもとで労働させる民事上の義務を労働者に負わせるには，就業規則中の変形制の定めも合理性の要件を備えることが必要である。変形労働時間制の趣旨を逸脱した（例えば，労働時間の短縮を伴わない）制度を導入した場合は，就業規則の不利益変更としての合理性を認められない場合もありうる。

(3) **変形労働時間制の効果**
　変形労働時間制のもとでは，上記のように単位期間内の総労働時間が平均して週の法定労働時間を超えなければ，1週1日の労働時間規制は解除される。ただし，その場合でも時間外労働が生ずることはありうる。この点については，1年単位の変形制に関してまとめて述べることとする（3(3)参照）。

3．1年単位の変形労働時間制

(1) **制度の概要**
　(a) **内容と実施要件**　　使用者は，事業場における過半数組合，そうした組合がない場合は過半数代表者と締結した労使協定により，1か月を超え1年以内の一定の対象期間を平均して1週あたりの労働時間が40時間を超えない定めをした場合には，その定めにより，特定された週において1週40時間，または特定された日において1日8時間を超えて労働させることができる（労基法32条の4）。

　この変形労働時間制を実施するには，労使協定を締結し，①対象となる労働者，②対象期間，③対象期間内の労働日及び各日の所定労働時間，④必要がある場合には，特に業務が繁忙な期間（特定期間），および⑤協定の有効期間を定めるものとされている。この労使協定は労働基準監督署長に届け出なければならない（労基則12条の4第6項）。所定労働時間の特定については1か月単位の変形制の場合と同様である。

　対象となる労働者はその範囲を明示して定める。途中転入者や途中転出者も変形制の中に取込むことができる（労基32条の4の2）が，賃金の清算をど

のように行えば適法かについては後述する。対象期間は1か月を超え1年以内であり，起算日を特定する必要がある（労基則12条の2）。この対象期間は，後述のように，さらに1か月以上の期間に区分することができる。各日の所定労働時間は，期間を平均して40時間を超えてはならず，上限は1日10時間，1週52時間である（労基則12条の4第4項）。連続労働日数の限度は6日であるが，対象期間中の特に業務が繁忙な期間（特定期間）を定めることができ，この特定期間については，連続労働日数の限度は，1週につき1日の休日が確保できる日数（12日）となる（労基則12条の4第5項）。有効期間の定め（労基則12条の4第1項）は1年程度が望ましいが，3年以内なら受理される（平成6・1・4基発1号など）。また後述する労働日数・労働時間の制限等が別途省令に定められている。

　(b) **対象期間を区分する場合**　対象期間は1か月以上の期間ごとに区分することができるが，この場合には最初の区分期間の労働日と各労働日の所定労働時間を定めるとともに，残りの区分期間については各期間の総労働日数と総所定労働時間を定めておくだけでもよい（労基法32条の4第1項4号）。最初の区分期間に続く各期間の労働日および各労働日の所定労働時間は，各期間の開始する少なくとも30日前に過半数組合または過半数代表者の同意を得て，書面により定めなければならない（労基法32条の4第2項，労基則12条の4第2項）。同意が得られない場合は，原則に戻り労基法32条が適用される（平成6・5・1基発330号など）。

　(c) **労働日数・労働時間の制限**　1年単位の変形労働時間制は，対象期間が長期にわたり，労働者の健康，生活リズムへの悪影響も考えられる。そこでこの制度には特有の法規制が省令によって定められている。すなわち，対象期間が3か月を超える変形制の場合は，所定労働日数は1年当り280日を限度としなければならない（労基則12条の4第3項。また，上記の1日10時間・1週52時間という労働時間の上限を新たに利用する場合，同項但書により休日増が求められる場合がある）。また，労働時間について1週48時間を超える週は3週間を超えて連続してはならず，かつ，対象期間を初日から3か月ごとに区分した各期間において1週間当り48時間を超える週が3週間以下であることとされている（労基則12条の4第4項）。

(2) 対象期間中の転入者・転出者の扱い

　従来，1年単位の変形労働時間制は，対象期間の一部のみを労働する労働者には適用できないと解されてきた。しかし，1998年改正により途中転入者や途中転出者も変形制の中に取込むことができることとなった。すなわち，このような労働者については，変形制のもとで労働させた期間を平均し，1週あたり40時間を超えて労働させた場合には，その超えた時間（労基法33条または36条第1項の規定により延長し，または休日に労働させた時間を除く）の労働については，労基法37条の規定の例により割増賃金を払わなければならない（労基法32条の4の2）。当該変形制のもとで働いた期間を対象期間とする変形労働時間制と同様の取扱いをするものといいうる。

　こうした扱いのもとでは，毎月支払われる賃金の計算方法が，実労働時間に比例したものとなっていない場合において，割増賃金となるもののほか，実労働時間が少なく使用者側から見て「過払い」となる期間が生じた場合，週平均の所定労働時間を下回った時間数に応じてその過払い賃金の清算をすることができるかが問題となるが，行政解釈は，対象期間中の週平均所定労働時間を超える所定労働時間を特定した月があるようなときには賃金の過少払いとなり，法違反を生じる可能性が極めて高くなるとして消極に解している（平成11・3・31基発169号）。

　本条で支払うべき割増賃金は労基法37条それ自体に基づくものではないが，これを支払わない場合には，労基法24条に違反することになる（平成11・1・29基発45号）。またこの規定は，育児休業や産前産後休暇の取得等により労働せず，実際の労働期間が対象期間よりも短くなった休職中の者などには適用されない（平成11・3・31基発169号）。

(3) 時間外労働の範囲と限界

　1年単位の変形労働時間制においては，変形期間（対象期間）を平均し，1週間の労働時間が40時間を超えない定めをすることが要件とされている。すなわち，対象期間内の労働時間の上限は，下記の不等式で表される。

$$対象期間の総労働時間 \leq 40 \times 単位期間の暦日数 \div 7$$

　こうした変形制のもとでは，時間外労働となる時間は次の3つの場合であ

るとされている。

① 1日について，労使協定により8時間を超える労働時間を定めた日はその時間を超えて，それ以外の日は8時間を超えて労働させた時間。

② 週については，労使協定により40時間を超える労働時間を定めた週はその時間を超えて，それ以外の週は40時間を超えて労働させた時間（①で時間外となる時間を除く）。

③ 変形期間の全期間については，変形期間における法定労働時間の総枠を超えて労働させた時間（①または②で時間外労働となる時間を除く）。

変形期間を通じた法定労働時間の総枠（1年単位の変形制の場合には，40時間×365（うるう年は366）日÷7≒2085.7（2091.4））を超える労働時間に係る割増賃金については，一般に変形期間終了時点で初めて確定するものであり，その部分については，変形期間終了後の賃金支払期日に支払えば足りる。ただし，変形期間の終了を待たずに法定労働時間の総枠を超えた場合（変形期間終了の1か月前にすでに2085.7（2091.4）時間を超えている場合）についてはこの限りではない（平成6・5・31基発330号，平成9・3・25基発195号）。

判例も以上と同様の立場を採用している（国労熊本地本事件・熊本地判昭和48・10・4判時719号21頁[**判例4**]）。他方，学説の中には，このような判断基準は繁雑であるばかりでなく不合理であるとして，当該変形労働時間制において各労働日ごとに特定された所定労働時間を超えて労働した時間を集計し，一賃金支払期ごとに法定労働時間の枠を超える時間を時間外労働にすべきであるとするものがある（小西＝渡辺＝中嶋284頁[渡辺]）。

変形労働時間制は，あらかじめ業務の繁閑を見込んで労働時間を配分するため，突発的なものを除き恒常的な時間外労働はないことを前提としている。しかし突発的な必要が生じる場合もありうるので，変形労働時間を設定しつつ，「時間外・休日労働協定（三六協定）」を結び，労働基準監督署長へ届け出ておくべき場合が多い。この際，対象期間が3か月を超える1年単位の変形労働時間制をとる場合には，時間外労働の限度に関する基準は，次頁の表のとおり，通常の場合よりも短い内容となっている（平成10・12・28労働省告示154号4条）。

期　間	限度時間
1週間	14時間
2週間	25時間
4週間	40時間
1か月	42時間
2か月	75時間
3か月	110時間
1年間	320時間

(4) 休日振替

　1年単位の変形労働時間制は，使用者が業務の都合によって任意に労働時間や休日を変更することがないことを前提とした制度であるが，やむをえず休日振替を行う場合は，下記のように通常とは若干異なった制約を受ける。

　①　就業規則において休日の振替を必要とする場合に休日を振り替えることができる旨の規定を設け，これによって休日を振り替える前にあらかじめ振り替えるべき日を特定して振り替えるものであること。

　②　この場合，就業規則等において，できる限り，休日振替の具体的事由と振り替えるべき日を規定すること。

　③　対象期間（特定期間を除く）においては，連続労働日数が六日以内となること。特定期間においては，1週に1日の休日が確保できる範囲であること。

　また，同一週内であらかじめ8時間を超えて労働を行わせることとして特定していた日について休日と振り替えた場合，当該日（従前の休日）に8時間を超える労働を行わせたときには，その超える時間については時間外労働となる（平成6・5・31基発330号，平成9・3・28基発210号など）。例えば，週40時間で月曜9時間，火曜～木曜8時間，金曜7時間，土・日曜休日の場合，日曜の休日を同じ週の月曜と振り替えるとき，1週40時間に変更はないものの，1日8時間を超える所定労働時間が配分されていない日に9時間の労働をさせることになるため，1時間について25パーセント以上の割増賃金が必要となる。また日曜の休日を前週の金曜と振り替え，日曜に7時間労働させた場合，変形期間全体では所定労働時間に変更はないものの，日曜から始まる当該週については47時間労働となり，7時間分の割増賃金が必要となる。

4. 1週間単位の変形労働時間制

(1) 内　　容

　常時使用する労働者が30人未満の小売業，旅館，料理店，飲食店においては，使用者は労使協定により，1週間単位の非定型的な変形労働時間制をとることができる。この変形制のもとでは，使用者は，1週間の法定労働時間の範囲で1日について10時間まで労働させることができる。他の変形制とは異なり，所定労働時間を予め特定する必要がない点に特色があるが，使用者は当該労働させる1週間の開始する前に，各日の労働時間を，あらかじめ当該労働者に通知しなければならない（以上については，労基法32条の5，労基則12条の5）。

(2) 実施要件

　この変形労働時間制を実施するには，事業場の過半数組合，それがないときは過半数代表者と書面による労使協定を締結し，①1週間単位の非定型的な変形労働時間制をとる旨，②週の所定労働時間数，③1週間の起算日，および④適用労働者の範囲を定める必要がある。また，このような労使協定を所轄労働基準監督署長に届け出なければならない（労基則12条の5第4項）。

　対象事業のうち常時10人未満の労働者を使用する事業には，週法定労働時間につき46時間（2001年4月1日からは44時間）の特例が設定されているが，この変形制を利用する場合には週40時間の原則によらなければならない（労基則25条の2）。1週間の各日の労働時間は書面によって通知しなければならず，またその時間を定めるにあっては，労働者の意思を尊重するように努めなければならないとされている（労基則12条の5第3項・第5項）。

5. 変形労働時間制適用の制限

　変形労働時間制は，業務の繁閑への対応や労働時間の短縮を促進する一方，所定労働時間の不規則的な配分や長時間労働の継続により，労働者にとって生理的・社会的な弊害をともなうことも指摘されている。この点について労

基法は次のような適用制限規定を設けている。

まず，①変形労働時間制を適用する場合においても，妊娠中か産後1年を経過しない女性（妊産婦）が請求した場合には，1週間40時間，1日8時間を超えて労働させてはならない（労基法66条1項）。また，②育児を行う者，老人等の介護を行う者，職業訓練または教育を受ける者，その他特別の配慮を要する者について，これらの者が育児等に必要な時間を確保できるような配慮をしなければならない（労基則12条の6）。さらに，③年少者（満18歳未満の者）を変形労働時間制により働かせることはできない（労基60条1項）。ただし，年少者の弾力的労働時間制として，1週間の法定労働時間を超えない範囲内において，1日の労働時間を4時間以内に短縮すれば，他の日の労働時間を10時間まで延長して労働させることができる（同条3項1号）。また，1週について48時間以下の範囲内で命令で定める時間，1日について8時間を超えない範囲において労基法32条の2または32条の4および32条の4の2の規定の例により労働させることができる（同項2号）。

III　フレックスタイム制

1．フレックスタイム制の意義

フレックスタイム制とは，始業・終業の時刻を全面的にまたは一定限度で個々の労働者の決定に委ねる勤務時間制度であって，それにより，労基法上の労働時間の規制が，1週・1日単位ではなく，労使協定で定める一定の期間（清算期間）を単位としてなされるものである。

フレックスタイム制は，各国に先駆けてドイツ（旧西ドイツ）で導入されたものである。ヨーロッパでは，70年代以降急速に普及し，わが国でもそれに遅れてフレックスタイム制を導入した企業が存在していた。当初は，解釈上フレックスタイム制が4週間単位の変形労働時間制の一種として認められるかどうかが議論されたが，1987年の労基法の改正で，現行の形で明文化された（労基法32条の3）。

III　フレックスタイム制

〈フレックスタイム制の実施例〉

7:00	10:00	12:00	13:00	15:00	21:00
フレキシブルタイム	コアタイム	休憩時間	コアタイム	フレキシブルタイム

　フレックスタイム制を採用する場合，通常は，始業・終業の時刻を労働者が選べるフレキシブルタイムと，その時間帯は必ず勤務しなくてはならないコアタイムを定めるケースが多い。法律上は，フレキシブルタイムやコアタイムを設ける必要はない。しかしながら，時間管理の必要性や，会議等で全員がそろって就業する時間を確保する目的から，フレキシブルタイムやコアタイムの設定は一般的に行われている。

　フレックスタイム制のメリットとしては，①仕事と個人生活の調和がとれ，時間的束縛感から解放される，②時間意識が芽生え仕事の計画性・自主性が高まる，③自主性の尊重により，責任感が強まり労働意欲も高まる，④時間外労働が減少する，等があげられ，他方デメリットとしては，①社内外・職場のコミュニケーション不足が生じやすい，②生活が不規則になりやすい，③時間外労働の管理が不規則になりやすい，等があげられている（安枝英䉵「フレックスタイム制」ジュリ増刊労働法の争点〈新版〉232頁〔1990年，有斐閣〕）。その他のメリットとしては，育児，介護をおこなう者にとって利用価値の高い点があげられる（菅野287頁）。最近は，そのメリットが積極的に評価され，規模間格差は大きいものの，従業員1,000人以上の大企業では3分の1以上で採用されている（労働省・平成10年賃金労働時間制度等総合調査）。もっとも，新たにフレックスタイム制を導入しても，多くの労働者は，それまでの就業パターンを大きく変更することはしない（時差勤務的に利用したり，何かの用事等がある場合に，フレックスタイム制の恩恵にあずかる）のが一般的だともいわれている（谷田部光一「21世紀の働き方と労働時間管理の課題」労務事情950号9頁〔1999年〕）。制度の導入にあたっては，先に記したメリットを十分に生かすように工夫して，制度を運用することが望まれよう。

2. 要　件

　現行法におけるフレックスタイム制の第一の要件は，一定の範囲の労働者について，始業・終業の両方の時刻（一方だけは不可）を，各人の決定に委ねることを就業規則で定めることである。
　第二の要件は，労基法所定の事項を定めた労使協定を締結することである。すなわち，労使協定には，①対象とする労働者の範囲（労基法32条の3第1号），②起算日を定めた清算期間（同2号，労基則12条の2），③清算期間における総労働時間（労基法32条の3第3号），④標準となる1日の労働時間（労基則12条の3第1号），⑤コアタイムを設ける場合には，その開始および終了の時刻（同2号），⑥フレキシブルタイムを設ける場合には，その開始および終了の時刻(同3号）を最低限度定めなくてはならない。以上のうち，②の清算期間は，1か月以内の期間で定めることになっており，また，④の標準労働時間は，年休を取得した際に労働したものとして計算される時間である。なお，労使協定は，労働基準監督署長に届け出る必要はない。
　労使協定は，フレックスタイム制を労基法上適法とする効果をもつにすぎず，フレックスタイム制を実施するには，法定の要件を就業規則に定める必要がある。実務上は，総労働時間を超える時間外勤務の仕方，賃金の計算方法などの具体的な運用方法を詳細に決めたうえで，就業規則等に規定を置いて運用することになる。

3. 効　果

(1) 労働時間規制の解除・労働者の始業終業時刻決定権

　以上の要件を満たすと，使用者は，フレックスタイム制が適用される労働者について，清算期間内で，1週または1日の法定時間を超えて労働させることができる。その反面，労働者は（フレキシブルタイムの範囲内で）始業終業時刻の決定権をもつことになり，使用者の業務命令権は制約される。すなわち，フレックスタイム制では，始業・終業時刻を一人一人が自主的に選択で

きることが原則であるので,フレキシブルタイム内に労働を義務づけたり,強制するような業務命令をすることはできない。この点は,最終的には,フレックスタイム制の適用者の自主性と自覚によることになるが,実際には困難な問題をはらんでいるといえる([**設例1**]参照)。また,このような運用に馴染まない職場(例えば,入出荷作業や顧客との対応で,始業・終業時刻が自ずと固定されるような職場)では,フレックスタイム制の導入は,現行法下では実際上不可能である。

(2) **フレックスタイム制と時間外労働**

フレックスタイム制のもとでは,時間外労働が成立するのは,清算期間における労働時間の合計が清算期間における法定労働時間の枠を超えた場合である。その際には,三六協定の締結と労働基準監督署長への届出,そして割増賃金の支払が必要となる。一方,所定の総労働時間に,実労働時間の合計が満たなかった場合は,賃金規定の定めにより,当該時間分をマイナスしてもよいことになる。また,休日は,通常の労働者と同様に,別に定める必要がある。

ある清算期間中に生じた労働時間の過不足については,他の清算期間の労働時間と相殺して賃金を清算できるかという労働時間の貸借の問題があるが,当該清算期間中の超過労働時間分を繰り越して次の期間で清算すること(貸し時間)は,賃金の全額払いの原則により禁じられている(昭和63・1・1基発1号)。その一方,不足時間分を繰り越すこと(借り時間)は,不足時間分が前払いされたうえ,翌月に過払いとして清算されるだけなので,全額払いには違反しないとされている(同基発1号)。しかしながら,現行労基法上,賃金の額は,法定労働時間の範囲内での労働であるかぎりは,労働時間の長短に応じて定めることは不要であり,労働日の多少にかかわらず定額の月給制とすることなどは契約当事者に委ねられているとして,法定労働時間内ならば,労働時間の貸借はさしつかえないとする有力な見解がある(菅野290頁)。

4. フレックスタイム制を導入するにあたっての実務上の問題点

フレックスタイム制を実施するにあたっての,実務上の代表的な問題とそ

の対応は以下のとおりである。

(1) **遅刻・早退・欠勤の取扱い**

コアタイムを設けた場合には、コアタイムの時間帯に関しては、その間の勤務が欠ける時間は、その内容に応じて遅刻・早退・欠勤扱いとする。

(2) **業務命令の考え方**

始業・終業時刻を各人の責任で決定するのが前提のフレックスタイム制のもとでは、コアタイム時間を超える会議や出張等については、フレックスタイム制の適用者一人一人が自らの責任で自主的に参加の是非を決定することを基本とする。それゆえ、そのような会議や出張を業務命令により強制することはできないが、人事考課の際には微妙な問題が生じる（[設例1] 参照）。

(3) **具体的な時間管理方法**

時間管理については、会社として各労働者の労働時間の把握義務があるのはいうまでもないが、把握する時間の単位を30分単位にする等の目標時間を決め、時間管理の煩雑さを解消することが一般的に行われている。しかし、その結果、端数が生じた部分については、切り捨てることは許されないので、最終的には、労働時間は1分単位まで正確に計算して、労働時間の清算をする必要がある。

(4) **清算期間中の配転**

清算期間の途中で、フレックスタイム制の適用対象職場と適用外職場の間での配転を行う場合には（適用職場どうしならば、それを通算する）、その月の給与計算期間における総労働時間と、その間の標準労働時間の差を時間外労働分として計算する（マイナス時間があれば、通算する）のが一般的である。

(5) **フレックスタイム制の一時的適用除外**

フレックスタイム制においては、労働者が始業・終業時刻の双方を自由に設定できることが要件であるので、清算期間中は、その一時的な除外は許されない。したがって、仮に労使協定により一時的な除外事由を定めても、それは無効であるとされている。しかしながら、例えば月に1回程度の頻度で輪番制で行われる宿直勤務等については、例外的にその当該日を、一時的な適用除外とすることは可能であると解すべきではないか（フレックスタイム制では、始業・終業時刻の双方を労働者の自由意思で決定することが大前提であるので、宿

直等で，暦日で2日にわたる勤務の場合は，暦日でその両日を，フレックスタイム制の一時的な適用除外とする必要があろう）。

(6) **フレキシブルタイムを超えた時間帯の勤務の取扱い**

この場合は，フレキシブルタイムの時間帯を超えた時間分は，フレックスタイム制のもとでの総労働時間とは別に，時間外勤務扱いとするのが通常である。

(7) **休憩時間**

フレックスタイム制を導入しても，休憩時間については労基法34条の要件に合致する必要があるので，コアタイム中に，自由に利用でき，かつ一斉に法定時間以上の休憩時間を設定する必要がある（労基法上の例外・適用除外が認められる場合は別である）。なお，書面による労使協定を締結すれば，一斉休憩の設定は不要になる（以上については第2章Ⅰ参照）。

(8) **年次有給休暇**

フレックスタイム制の下では，年次有給休暇を取得した場合は，その日は，標準となる1日の労働時間を労働したこととして取り扱えばよい。一方，年次有給休暇の発生要件である出勤率の計算は，コアタイムが設けられている場合は，コアタイムをすべて欠勤し，フレキシブルタイムに一部労働したのみの場合でも，出勤率は労働日単位でみるので，その日は出勤したものとして扱われる。コアタイムを設けず，出勤日も労働者の自由に委ねられる場合は，次の扱いをする。すなわち，清算期間における所定の総労働時間を労働すれば，清算期間中における「全労働日」は実際に労働した日数とし，その全日を勤務したものとみなし，また，清算期間中における総労働時間に達しない場合は，清算期間中の「全労働日」は，所定休日を除いた日とし，そのうち当該労働者が労働した日を出勤日として計算することになる。

(9) **勤務予定の管理**

フレックスタイム制のもとでも，各人の勤務時間を予め知っておくことが必要となる場合には，勤務予定表に基づき，あらかじめ，各人から申告させるのが一般的な運用であろうが，この申告内容をその上司の承認・許可にかからしめることは，フレックスタイム制の要件に合致しないので，注意を要するところである。

5．変則的フレックスタイム制

フレックスタイム制の変則的な形態としては，①1日を清算期間とし，毎日の所定労働時間は同じではあるが，始業時刻については各人の自由により選択できるとする（終業時刻は，時間外勤務をしないかぎりは自動的に決まる）もの，②コアタイムの設定時間を，清算期間内でも日によって変更するもの，③毎週月曜日はフレックスタイム制を設定せず，各人に標準労働時間帯の勤務を義務づけるもの，等を導入することが考えられる。フレックスタイム制においては，各人が自由に始業・終業時刻を設定できるため，会社として全員がそろうための時間を設けるための工夫ではあるが，①や③は労基法上のフレックスタイム制とはいえない。しかし労基法上のフレックスタイム制を導入した事例をみると，このような工夫はせずとも，実態として問題が生じていないようである（労働省労働基準局賃金時間部・フレックスタイム制ガイドブック参照）。

[判例1] 変形労働時間制における所定労働時間の特定
京都製作所事件・大阪高判昭和55・2・19労判342号69頁

[事　実]

　本件は、Y会社の開発した冷凍鮭鱒自動箱詰機（オートケーサー）が設置された訴外A会社の鮭鱒船団母船に、保守・点検・修理のため乗船勤務することを命じられた従業員Xが、この出張命令に応じなかったことを理由とする普通解雇の効力を争った事件である。一審判決（京都地判昭51・11・25労判269号69頁）は、本件出張命令を無効として、解雇も無効と判断したため、Yが控訴した。本件出張命令は時間外労働を伴うものであったが、Yでは当時三六協定が失効していたため、命令が労基法32条に違反するか否かが問題になった。Yには、4週を通し、1週平均48時間を超えない範囲で特定の日に7時間45分を超える勤務をさせることができる旨の就業規則の定めがあり、Yは、これが変形労働時間制にあたるとして、本件出張命令は時間外労働とはならないと主張した。しかし本判決は以下のように述べて控訴を棄却した（三六協定に関する判断については、第3章の[判例2]参照）。

[判　旨]

　変形労働時間制適用の成否について、Yは予め就業規則その他により具体的に8時間を超える日または48時間を超える週を特定すべきものであり、1週48時間の範囲内であっても使用者の業務の都合によって任意に労働時間を変更するごとき場合は変形労働時間制の適用がないと解すべきである。オートケーサーは所定の就業時間を超えて断続的に運転され、変形労働時間制によるも法外残業を避けられず、また就業時間帯において手待ち時間があり、休息が可能であるとの理由によってこの時間帯を超えた就労が所定就業時間中の労働となるものでもない。本件出張命令によりXのなすべき業務は時間外労働をすることなく遂行することが不能なものであるところ、Yには三六協定がなく、当時Xに対し時間外労働を命じ得なかったものであるから、Xが同意していたとしても本件出張命令は違法、無効なものである。

[判決の位置づけ]

　本件は時間外労働を伴う出張命令は三六協定がないとして無効とされ，出張拒否ゆえの解雇も無効とされた事件である。その際，変形労働時間制の定め方が問題とされた。Ｙは就業規則により業務の都合で 4 週を通じ 1 週平均48時間を超えない範囲において変形制による就労を命じる定めをしていた。しかし判旨は，予め就業規則その他により具体的に 8 時間を超える日または48時間（当時の法定労働時間）を超える週を特定すべきものとし， 1 週の法定労働時間の範囲内であっても使用者の業務の都合によって任意に労働時間を変更する如き場合には変形労働時間制の適用がないと解すべきであるとした。変形労働時間制のもとでの所定労働時間の特定に関する一般的理解に従ったものである。

　本判決のいうように，変形労働時間制を設定する場合，変形期間の起算日（労基則12条の 2 第 1 項）と変形期間全体にわたる各日，各週の所定労働時間を具体的に定めることが必要となり，就業規則その他これに準ずるものに「始業及び終業の時刻」を定めなければならない（労基法89条 1 号）。このような定めをしないまま変形労働時間制を実施し，法定労働時間を超えて労働させた週，日について労基法32条，場合によって35条違反となる。

[実務上の留意点]

　変形労働時間制を実施するには，変形期間の起算日と変形期間全体にわたる各日，各週の所定労働時間を具体的に定めることが必要である（業務の性質上，勤務割を作成する必要がある場合等は一定の例外がある。[**判例 2**]参照）。

［判例２］ 勤務割による所定労働時間の特定方法
国鉄沼津機関区事件・静岡地沼津支判昭和47・7・15判時685号128頁

［ 事　実 ］

　Xら3名は，Y（国鉄）に雇用され，沼津機関区において乗務員の技術指導を担当する職員である。XらはYの労働組合の一員として，運転乗務員から助士を廃止して一人乗務にするYの合理化案に反対し争議行為を行った。すなわちYはXらに対し，具体的に列車を指定した上これに乗務する旨の業務命令を発したが，Xらがこれを拒否したため，YはXらに対して指導担務を免ずる発令を行った。そこでXらがこの措置の効力を争ったのが本件である。

　Xらの勤務形態について，Yの就業規則には「職員の勤務時間は休憩時間を除いて1週48時間を基準とする。但し……列車乗務員，電気機関車乗務員，ディーゼル機関車乗務員……は4週を平均して1日平均8時間とし，蒸気機関車乗務員，電車乗務員は4週を平均して1日平均7時間30分を標準とする。」と規程されていた。ここでの勤務時間の特定は鉄道管理局長が就業規則14条に規程された時間を基準として作成した勤務割に委ねられていたため，こうした扱いが変形制として適法かが問題となった。本判決は次のように判示して請求を棄却している。

［ 判　旨 ］

　労基法32条2項（本件当時のもの―解説者）が就業規則において，1週の法定労働時間を超える週，1日の法定労働時間を超える日の特定をなすことを要求している目的は，超過労働の日または週を予め確定しておき，もって使用者の恣意を抑制し労働者の利益を守ることにある。就業規則において変形労働時間制を採用する旨の原則が掲げられている限り，就業規則自体においてこの特定が行われていなくとも，それに代わるべきものにおいて特定が行われ，それによっても前記目的の達成に支障がなく，かつ企業の実情からして就業規則自体における特定を要求することが極めて困難と認められる場合においては，就業規則自体において特定が行われていないことをもって直ちに労基法32条2項に違反するものというべきではない。

本件においては，就業規則は変形労働時間制を採ることを定め，1日8時間または1週48時間を超えて労働する日または週を特定する権限を鉄道管理局長に委ねている。鉄道管理局長がこの権限に基づいて作成した勤務割において特定が行われているのであるから，勤務割は少なくとも勤務時間に関する限り就業規則に代わるべきものと認められ，Yのように複雑多岐にわたる企業において，この特定を就業規則において行うことは極めて困難であると認められる上に，勤務割の制度は労働慣行としてY労使間に既に定着しており，この制度によって使用者の恣意を抑制し労働者の利益を守るのに何ら支障はないものと認められるから，このような特定の仕方は労基法32条2項に違反するものではないと解すべきである。

［判決の位置づけ］

本件では，YがXらの指導担務を免じたことが適法か否かを判断するにあたり，Xらへの業務命令の適否を検討している。その前提となるXら指導員の勤務形態については，実態は動力車乗務員に近いものとし，変形労働時間制の適用下にあると解した。その上で就業規則自体において労基法32条2項（本件当時）の特定がなされていないとしても，同法の要求する目的の達成に支障がなく，かつ企業の実情からして就業規則自体に特定することが極めて困難な場合には，別途それに代わるべきもの（勤務割）により特定されるとする扱いも，同法に違反するものというべきではないとした。

同様に，行政解釈によれば，就業規則に代わるべきものとしては，単なる勤務割では足りず，就業規則において各勤務の始業終業時刻，勤務の組合せの考え方，勤務割表の作成手続および周知方法等を定めておき，各日ごとの勤務割は変形期間の開始前までに具体的に特定することで足りる（昭和63・3・14基発150号）とされている。

［実務上の留意点］

❶ 1か月単位の変形労働時間制のもとにおける所定労働時間の特定は，下記2点を満たす場合に，別途それに代わるべきもの（勤務割）により特定することとしても労基法には違反しない。

(a) 企業の実情からして就業規則自体に特定することが極めて困難な場合
　　(b) 労基法32条の2の要求する目的の達成に支障がない場合
❷　現在の行政解釈のもとでは，就業規則において各勤務の始業終業時刻，勤務の組合せの考え方，勤務割表の作成手続および周知方法等を定めておき，各日ごとの勤務割は変形期間の開始前までに具体的に特定することを要する。

[判例3]　変形労働時間制における所定労働時間の変更の可否
ＪＲ東日本事件・東京地判平成12・4・27労判782号6頁

[事　実]

　X_1およびX_2は，鉄道旅客運送業を営むＹ会社に雇用され，同社の横浜土木技術センターに勤務する従業員である。同社の就業規則には，1か月単位の変形労働時間制を定める規定があり，そこでは，「会社は……，社員の翌月及び翌月各日の所定労働時間，翌月各日の始終業時刻及び休憩時間の配置，翌月の休日等を毎月25日までに勤務指定表により指定する」(63条1項)とされ，また，「会社は，業務上の必要がある場合，指定した勤務及び指定した休日等を変更する。この場合，会社は，速やかに関係社員に通知する」(同2項)と定められていた。
　1995年2月24日，横浜土木技術センターの所長は，Ｘらの3月分の所定労働時間を勤務指定表により指定した。ところが，その後3月に入ってから，同所長は，エスカレーター新設工事の竣工検査にX_1を立ち会わせるため，Ｘらの指定された労働時間を変更する旨の命令(勤務指定変更命令)を発した。Ｘらはこれに従って就労したが，変形期間が開始された後に，いったん指定された労働時間を変更することは許されず，Ｘらの上記就労は所定外労働として割増賃金が支払われるべきものであるなどと主張し，Ｙに対して超過勤務手当等の支払を求めて訴えを提起した。本判決は，以下のとおり述べて，Ｘらの超過勤務手当の請求をおおむね認容している。

第4章　変形労働時間制・フレックスタイム制

[判　旨]

　1か月単位の変形労働時間制のもとでは，就業規則その他これに準ずるものにより，法定労働時間を超える日および週がいつであるか，その日や週に何時間の労働をさせるかについて，できるだけ具体的に特定しなければならないが，就業規則上の根拠に基づいて労働時間を変更することが全く許されないわけではない。もっとも，労基法32条の2（本件当時のもの―解説者）が就業規則による労働時間の特定を要求した趣旨は，労働者の生活に与える不利益を最小限に留めようとするところにあり，このことからすれば，就業規則上の変更条項は，労働者からみてどのような場合に変更が行われるかを予測することが可能な程度に変更事由を具体的に定めることが必要である。

　本件就業規則は，変形労働時間制のもとでの労働時間の変更に関し，「業務上の必要がある場合，指定した勤務を変更する」と定めるのみで，具体的な変更事由を何ら明示することのない包括的な内容のものであるから，社員においてどのような場合に変更が行われるのかを予測することは不可能であり，労基法32条の2が定める労働時間の特定の要件をみたさないものである。そうすると，本件勤務指定変更命令は違法な業務命令として効力を有しない。

　以上によれば，本件勤務指定変更命令により新たに労働時間とされた部分は，就業規則にいう所定労働時間には当たらず，当日の労働時間が1日あたりの法定労働時間の範囲内に収まるために労基法上の時間外労働は成立しないとしても，「正規の勤務時間外」に勤務した場合に超過勤務手当を支払うものとする就業規則の定めに基づいて，超過勤務手当の支払対象になるものというべきである。

[判決の位置づけ]

1．変形労働時間制のもとでの所定労働時間の特定

　1か月単位および1年単位の変形労働時間制のもとでは，本章の解説（II 2(1)および3(1)）で述べたように，各週各日の所定労働時間を具体的に特定する必要があると解されている（1年単位の変形制の場合は，対象期間を1か月以上の期間に区分し，2回目以降の区分期間についてはその開始前に特定する方法が認められている）。本判決も，変形労働時間制が労働時間の過密な集中を招くおそれがあり，労働者の生活に与える

影響が大きいため，労働時間を具体的に特定させることにより労働者の生活設計に与える不利益を最小限に留める必要があることを理由にあげて，こうした理解を踏襲している。

2．変形労働時間制と労働時間の変更

本件で問題となったのは，変形労働時間制のもとで，勤務指定によりいったん特定された所定労働時間を変更することができるか否かである。本判決はこの点につき，就業規則等の根拠に基づいて労働時間を変更することが全く許されないわけではないとしつつ，就業規則等による労働時間の特定を要求した趣旨が，労働者の生活に与える不利益を最小限に留めようとする点にあることを理由に，就業規則等の変更条項には，労働者がいかなる場合に変更が行われるかを予測することが可能な程度に変更事由を具体的に定めることが必要であるとして，本件のような包括的な変更条項に基づく労働時間の変更は許されないと判断している。

この点に関し，行政解釈は，「使用者が業務の都合によって任意に労働時間を変更するような制度」は所定労働時間の特定という要件をみたさないものとしてきたが（昭和63・1・1基発1号など），労働時間の変更が一切許されないかどうかについては明確ではなかった（労働省は変更を認めない立場のようである）。本判決はこの問題に関する初めての裁判例であり，「労働者がいかなる場合に変更が行われるかを予測することが可能かどうか」という基準を明らかにした点で意義を有する。いかなる場合にこうした予測可能性が認められるかは必ずしも明らかではないが，例えば，変更の事由を具体的に示すなどの取扱いが考えられる（Yにおいては，のちにこのような形に就業規則を改正したとのことである）。もっとも，変更事由の内容的合理性や変更の予告期間を問わない（ように見える）点には批判も生じえよう。

3．変形労働時間制のもとでの時間外労働と所定外割増賃金

変形労働時間制のもとでの時間外労働の成立範囲については，本章の解説（Ⅱ3(3)）で述べたとおりであるが，本判決もこれと同旨の判断を示している。しかし，本件において，Xらは就業規則上の規定を根拠に所定外労働に対する超過勤務手当を請求していたため，判決は，就業規則の解釈により，超過勤務手当の請求を認容している。各企業の規定の内容いかんにかかわる問題であるが，Yと同様の規定をもつ企業は少なくないように思われる。

［実務上の留意点］

　変形労働時間制のもとでも，就業規則等に規定を設けることにより所定労働時間を変更することは不可能ではないが，その場合には，変更の事由を具体的に示すなどして，労働者にとっていかなる場合に変更が行われるかについての予測が可能となる規定とする必要がある。

［判例4］　変形労働時間制における時間外労働の範囲
国労熊本地本事件・熊本地判昭和48・10・4 判時719号21頁

［ 事　実 ］

　Y（国鉄）労働組合熊本地方本部に所属するXら8名は，合理化案の実施に反対し，労使双方で事前に協議を行うルールの確立等を求めて順法闘争を行ったところ，これを理由に減給処分を受けた。蒸気機関車乗務員であるXらの勤務時間については，いわゆる変形労働時間制が採用されていた。すなわち4週を平均して1日7時間30分を標準とし，その始業および終業の時刻については，鉄道管理局長がこの勤務時間に規定された時間内で作成した勤務割（就業規則15条1項）を定めるものとして，また特別規定によれば，鉄道局長は所属機関車乗務員の勤務割を定め，その場合，作業時間は4週を平均し1週48時間を超えないように定めなければならないとしている。当日，X_1は9時間40分（午前11時から午後6時50分まで）の，X_2は5時間30分（午後7時30分から同11時10分まで）の所定時間が確定されていた。そしてX_1，X_2は当日，所定の時間どおり入れ替え作業に従事していたが，入区時間を延長する旨の通告を受け，これを拒否したものである（両名以外の原告については休憩時間の繰下げ命令が発せられた）。なお本件では，当時三六協定は存しなかった。Xらは，上記処分の無効確認を求めて本件訴えを提起し，業務の延長命令は変形労働時間制における超過労働命令であり違法である旨を主張した。本判決は，次のように述べて請求を認容した。

[判旨]

　本件における作業ダイヤ（勤務割）は，作業の平常量，換言すれば，作業手順や時間等を基準化したものであるから，現実の作業にあたっては，列車の遅れや，作業量の多寡に即応した措置が要請されることも承認しなければならない。この作業ダイヤが平常時の作業状況を一つの「基準」として定められたものである以上，それは合理的な限度で，即ち合理的な事由があり，かつ，社会通念上相当と認められる範囲で当然変更されることを予定していたものと言うべきである。本件当時の構内作業ダイヤに「業務の都合により変更することがある」との記載があるのも，その趣旨を注意的に記載したものと解すべきである。X_1およびX_2以外の者の休憩時間繰り下げ等はいずれも合理的な限度内あるいは臨機の措置として社会通念上相当として認められる。

　X_1，X_2についての業務命令は，いわゆる労働時間の繰り下げではないため，それが労基法上の時間外労働をもたらすかどうかが問題となる。この点に関しては，8時間以上の労働時間が定められた日については，その時間をこえる労働が，8時間未満の労働時間が定められた日については，週48時間または4週間平均48時間に達するまでは8時間，48時間に達するときはその時間をこえた労働がそれぞれ時間外労働になる（昭和23・4・15基収1374号，昭和33・2・13基発90号（本件当時のもの―解説者））ものと解するのが相当である。これによれば，X_1は計数上明らかに超過勤務であり，X_2は当日の勤務時間が5時間30分と確定されていたこと以外に資料が存しないため，超過労働にならないものとはにわかに断じがたい。かつ本件では三六協定も締結されていないので，本件業務命令は適法性を有しない。

[判決の位置づけ]

　本件は4週間単位の変形労働時間制において時間外労働となる範囲をどう解するか，当該業務命令が時間外労働をもたらすものであったか否かが争われた事件である。判決は，変形労働時間制のもと，確定した作業時間を超えて所属長が労働時間を延長する旨通告したことは，労働時間の繰り下げではなく時間外労働の業務命令にあたると判断した。勤務割により確定された労働時間の変更について「合理的な限度で，即ち，合理的な事由があり，かつ社会通念上相当と認められ

る範囲で当然変更されることを予定していたもの……」と限定して容認しているが，本件のような特殊性のある事業についての判断と考えるべきだろう（一般的ルールについては［判例3］参照）。

次に，8時間未満の労働時間が定められた日についての時間外労働について，本判決は行政解釈に従い，週48時間または4週間平均48時間に達するまでは8時間を超えた労働が時間外労働になる，としている。すなわち，まず1日8時間を超えた部分につき時間外労働が成立し，それ以外については，1週の法定労働時間（現在は週40時間）を超えた部分，または法定内であっても変形期間における法定労働時間の総枠を超えた部分の労働を時間外労働として取り扱うこととしている（本章解説3(3)参照）。

［実務上の留意点］

変形労働時間制のもとでは，下記の時間が時間外労働となる。
 (a) 1日については，8時間を超える労働時間を定めた日はその時間を，8時間以下の労働時間を定めた日は8時間を超えて労働させた時間
 (b) 1週については，週法定労働時間を超える労働時間を定めた週はその時間を，法定労働時間以下の労働時間を定めた週は法定労働時間を超えて労働させた時間（(a)で時間外労働となる部分を除く）
 (c) 変形期間については，変形期間における法定労働時間の総枠を超えて労働させた時間（(a)・(b)で時間外労働となる部分を除く）

［設例1］　フレックスタイム制とコアタイムを超える商談への出席

[事　案]

ある商品のプレゼンテーションの主担当者である甲は，その商品をめぐるＡ社との商談に出席を要請されたが，その時間がコアタイムを超える時間帯に予定さ

れていたため、自らの私生活を優先しこれを拒否した。その商談では他の者がプレゼンテーションを行ったが説明が十分でなく、A社との取引を逃してしまった。甲に責任があるか。例えば、甲に対して、何らかの懲戒処分を行うことは可能か。

[検 討]

本章の解説Ⅲ4(2)でみた通り、フレックスタイム制のもとでは、コアタイムを超える時間帯における会議等への出席を強制することはできず、したがって懲戒処分等の対象とすることはできない。使用者としては、コアタイムに会議を開くか、あくまでも対象者の同意を得て会議に出席させるべきものである。対象者には、業務の必要性に応じて会議や打ち合せの時刻に間に合うように出勤または居残りをするよう自主的に始業・終業時刻を設定することが期待されることは明らかであろう。仮に、労働者がそのような始業・終業時刻の設定をせずに、業務に重大な支障を生じさせたような場合には、人事考課における「積極性」などの情意考課面で考慮の対象とされることは十分に考えられる。本事例のように、本人不在のため、重要な商談を逃してしまったような場合には、懲戒処分の対象とすることは不可能であるが、人事考課においてマイナスの査定要素となることはありうるものと思われる（注釈労働時間法247頁）。

[設例2]　フレックスタイム制のもとでのストライキの扱い

[事 案]

フレックスタイム制の適用対象者がストライキに参加した場合の取扱いは、どう考えたらよいのか。例えば、始業時間より1時間の時限ストにフレックスタイム制の適用者が参加した場合、その時間がフレキシブルタイムにかかるものだとしたら、どう考えたらよいのであろうか。

[検 討]

　この点については，年次有給休暇についてのいわゆる「一斉休暇闘争」の取扱いが参考になろう。一般に，同盟罷業とは，労働組合その他の労働者の団体の統制のもとに，その所属員が集団的に労働力を引きあげ，結果として使用者の業務の正常な運営を阻害することであるとされており，「いわゆる一斉休暇闘争とは，これを労働者がその所属の事業場において，その業務の正常な運営の阻害を目的として，全員一斉に休暇届を提出して職場を放棄・離脱するものと解するときは，その実質は，年次休暇に名を籍りた同盟罷業にほかならない。したがって，その形式いかんにかかわらず，本来の年次休暇権の行使ではないのであるから，これに対する使用者の時季変更権の行使もありえず，一斉休暇の名の下に同盟罷業に入った労働者の全部について，賃金請求権が発生しないことになる」(白石営林署事件・最二小判昭和48・3・2民集27巻2号191頁)。

　上記のような事例が一斉休暇闘争と同様に考えられるとすると，労働組合の要求貫徹の手段として，全員一斉にフレキシブルタイム内の就労を拒否して「事業の正常な運営を阻害する」ことが目的の行動であれば，「組織的，集団的」に行われるフレキシブルタイム内の就労拒否は，同盟罷業として取り扱われうると解することができる (注釈労働時間法253～254頁。なお，どの時間をストライキ参加時間とみなすかを考えると，年次有給休暇を取得した際には，標準労働時間分を清算時に加算するのであるから，24時間ストの場合は，この時間に相当する分をカットするのが，フレックスタイム適用対象外の労働者とのバランスから考えても妥当であろう)。もっとも，これに対しては，一斉休暇闘争が年休権の行使とは認められないのは，使用者の時季変更権の行使を当初から無視して行うためであると考え，時季変更権と同様の権限が使用者に与えられていないフレックスタイム制の場合には，これと同様には扱えないという見解も成り立ちうる (ジュリスト臨時増刊・新労働時間法のすべて77頁[菅野和夫]〔有斐閣，1988年〕は，コアタイムについてのみストライキという概念が成立しうるとする)。

第5章

事業場外労働のみなし労働時間制

I 制度の趣旨と概要

　労働時間の全部または一部につき事業場外で業務が行われる営業活動等については，使用者の具体的な指揮監督が及ばないため，労働時間の把握・算定が困難となる場合がある。このような場合に，労働時間の算定を適正化するため，1987年の労基法改正により，実労働時間による算定の原則に対する例外として，事業場外労働について労働時間のみなし制（労基法38条の2）が認められることとなった（改正以前においては，労基則旧22条によって，原則として，通常の労働時間労働したものとみなすとされていた）。

　事業場外労働におけるみなし制のもとでの労働時間は，原則として，所定労働時間とみなされる（労基法38条の2第1項）。ただし，業務を遂行するために通常所定労働時間を超えて労働することが必要となる場合には，当該業務の遂行に通常必要とされる時間労働したものとみなされる（同項但書）。そして，通常必要とされる時間は，労使の現場で協議の上決定されるのが適切であるとの趣旨から，事業場の過半数を組織する労働組合，そうした組合がない場合には過半数代表者との書面による労使協定によって定めることができるものとされている（同条2項）。なお，この協定においては，実際の労働時間数に近づけてみなし時間を協定することが要請されることとなる（菅野293頁）。

その場合の労使協定は，行政官庁への届出が義務づけられている（同条3項）。ただし，協定時間が法定労働時間以下の場合は届出が不要となり，また，一部事業場外労働の場合は，事業場外で労働する時間が法定労働時間を超える場合に届出が必要となる（労基則24条の2第3項，昭和63・1・1基発1号）。なお，労働協約による場合を除き，協定には有効期間の定めが必要となる（労基則24条の2第2項）。

労使協定は免罰的効果を持つのみで，私法上の権利義務への法的拘束力はないため，みなし制の適用には，労働契約や就業規則等による根拠規定が必要となり，根拠規定がない場合，実労働時間に基づく賃金請求権を持つこととなる（注釈労働時間法568頁）。

このみなし制は，年少者，女性の労働時間に関する規定には適用されず，また，休憩，深夜業，休日に関する規定の適用は排除されない（労基則24条の2第1項，昭和63・1・1基発1号）。

II 制度の内容

1．制度適用の要件

本制度の要件は，①事業場の外での労働であることと，②労働時間の算定が困難であることという2つからなる。

(1) 事業場外労働

本制度は，事業場外における労働に適用される。一部事業場内労働については，事業場内労働は別途把握し，みなし労働時間によって算定される事業場外で業務に従事した時間と合算されることとなる（昭和63・3・14基発150号）。また，外勤営業や報道取材のような常態的なもののほか，短期出張など臨時的・一時的な事業場外労働にもみなし制は適用されると解されている（菅野293頁）。

(2) 労働時間の算定困難性

本制度の二つめの要件は，使用者による労働時間の算定が困難なことであ

る。ここで，労働時間の算定が困難か否かは，労働者に対し使用者の具体的な指揮監督や時間管理が及ぶか否かによって判断されることとなる。

(a) **行政解釈** 事業場外労働であっても，使用者の具体的な指揮監督が及んでいる場合は労働時間の算定は可能であり，みなし制の適用はない。行政解釈は，①グループでの事業場外労働で，労働時間管理者が随伴する場合や，②無線やポケットベル等によって随時使用者の指示を受けながら労働している場合，および，③事業場において，訪問先，帰社時刻等当日の業務の具体的指示を受けたのち，事業場外で指示どおりに業務に従事し，その後事業場にもどる場合には，みなし制の適用はないものと解している（昭和63・1・1基発1号）。

なお，上記②には，携帯電話や電子メールなどにより随時指示がなされる場合も含まれるものと解されるが，携帯電話等を所持しているだけで随時指示がなされない場合には，みなし制の適用は排除されることはない。

(b) **判例の動向** 労基則旧22条の適用が争われた事例で，判例の傾向をみると，例えば，修学旅行や遠足，クラブ活動の引率などの学校教職員の学校施設外での活動は，事前に承認された実施計画に基づくものであり，労働時間の算定が可能であるため，所定労働時間を超えて労働した場合には，時間外労働手当を加えて賃金を支払うべきであると判断されている（静岡市教職員事件・最三小判昭和47・12・26民集26巻10号2096頁）。

また，注文主の工場施設等での検査作業のための地方出張につき，検査作業の時間は注文主によって決定されるため時間拘束性を有し，かつ，出張は2名以上で行われ，うち1名が責任者として労働時間を管理していたことから，労働時間を算定しがたい場合にはあたらないとして，時間外手当の支払義務があると判断された例がある（日本工業検査事件・横浜地川崎支決昭和49・1・26労民集25巻1＝2号12頁）なお，同判決では，出張の往復に要する時間は，通常の通勤時間と同様，労働時間に含まれないものと判断されている。さらに，始業・終業時刻が決まっているトラック貨物運転手の運転中の勤務は，労働時間を算定しがたい場合に該当しないと判断された（井上運輸・井上自動車整備事件・大阪高判昭和57・12・10労判401号28頁）。

このように，労基則旧22条の適用が争われた裁判例をみると，明示・黙示

の指示の有無，詳細な実施計画の存在または責任者の指定，顧客の指示による作業形態，詳細な作業報告書の提出等を根拠に，労働時間を算定しがたい場合にはあたらないとする傾向がうかがえる（青木宗也ほか編・労働判例大系第3巻・労働時間・休日・休暇50頁〔労働旬報社，1991年〕参照）。

労基法改正後の判例としては，展示会場での絵画等の販売業務につき，業務に従事する時間・場所が限定され，会場内に上司が赴いていたことを理由に，みなし制の適用が否定された事例がある（ほるぷ事件・東京地判平成9・8・1労判722号62頁［判例1］）。ここでは，現場において，上司の時間管理が可能であったために「労働時間を算定しがたい」場合には当たらないと判断されたものと思われる。

2．新たな労働態様との関係

近年，従来の電話やファクシミリなどの通信手段に加え，インターネット（電子メール等）やパソコン通信や携帯電話などの新たな情報通信技術を使うことで，指揮監督者が常駐する企業の本社や支店・営業所などに通勤せずに，自宅やサテライトオフィス，あるいは，労働者が自ら選択した任意の場所で労務を提供する労働形態や，特定の事業所で固定的に執務することなく，常時移動しつつ，移動中の車内，出先近くの営業所等の多様な場所で執務するモバイルワークとよばれる労働形態が普及しつつある。

このような新たなワークスタイルは，一般にテレワークと呼ばれており，以下では，雇用労働者による在宅勤務，サテライトオフィス勤務，モバイル勤務のテレワークの3形態について，事業場外労働との関係について概説する。

(1) 在宅勤務

(a) 実　態　雇用労働者による在宅勤務には，「全在宅勤務」（雇用労働者が原則として全部の労働日につき自己の住居において勤務することを常とする勤務形態）と，「部分在宅勤務」（雇用労働者が一部の労働日または一部の勤務時間につき，自己の住居で就労する勤務形態）に分類される。これら両者ともに，事業場外労働のみなし制を採用している例は少なく，自宅と客先を往復する外勤の営業

職従業員が,帰宅後に1時間程度,業務報告書の作成や事業所への連絡等に従事するいわゆるモバイル勤務の一部としての在宅勤務の場合に,事業場外労働のみなし制を採用している例がみられるのみである。むしろ,フレックスタイム制や裁量労働のみなし制あるいは自己申告制,定額手当制の固定的労働時間制で対処している場合が多い。

前者の全在宅勤務は,現状ではほとんど見られないものの,一部のソフトウェア関連のベンチャー企業では,成果主義人事制度の導入と期を一にして導入しているケースがみられる。また,障害者の在宅勤務の場合は,全在宅勤務となる事例もみられるが,労働時間管理については,始業終業が固定されているものと,フレックスタイム制が採られているものとがある。

後者の部分在宅勤務では,週2日程度または月に数日,労働者が事前に指定した曜日に定期的に在宅勤務を実施する場合や,不定期に随時の申請に基づき在宅で就労する場合がみられる。これは,現在,大企業の研究開発職など裁量労働制の適用対象者を中心に普及しつつある類型である。また,企業の企画職や営業職などにおいても,フレックスタイム制の下で,自己申告制や定額手当制が採られている。また,制度としてではなく上司の許可を得て不定期に在宅勤務が行われるといった実態がみられる。

(b) **みなし制の適用の可否**　このように,現在,企業で導入されている在宅勤務では,事業場外労働のみなし制が利用されることが少ない。その理由としては,在宅勤務が恒常的なものではないことや,労使協調的な風土や成果主義賃金の流れの中で,自己申告制に基づく残業規制や業績評価に基づく成果配分などにより,労働時間と賃金の関係を切断することが可能となっているためと考えられる。

しかし,従業員の自宅は,使用者の管理する施設ではないため,在宅勤務は,事業場外での労働として評価される。それゆえ,在宅勤務について,事業場外労働のみなし制が適用される余地はあるものと解される。そこで,もう一つの要件である労働時間の算定の困難性との関係についてみる。在宅勤務の場合でも,通常勤務者の労働時間管理を適用し,始業時と終業時に管理監督者に電話や電子メールなどで報告することや,コンピュータネットワークによる端末稼働状況の自動モニタリングを行うことによって労働時間の算

定は可能であり，また，所定外労働を行う場合には，その旨を報告し管理監督者の許可を仰ぐことで使用者が残業時間を算定することが可能である。したがって，このような場合には，事業場外労働のみなし制は適用できないこととなる。

行政解釈においては，「事業場外で業務に従事するが，無線やポケットベル等によって随時使用者の指示を受けながら労働している場合」(昭和63・1・1基発1号) は，労働時間の算定が可能であるためみなし制の適用はないものとされている。同解釈によると，在宅勤務でも，電子メールなどによって随時使用者の指示を受けている場合には，みなし制は適用されないこととなる。しかしながら，情報通信機器を利用しているからといって直ちに随時使用者の指示を受けているとはいえないと考えられるので，すべてみなし制の適用が排除される訳ではない。

ちなみに，昨今，主婦などが自宅で，請負などの契約形態により家計補助的にワープロ入力などを行う就業形態が多くみられ，そのような就業形態は，それらの働く場所と施設の規模に着目し，ＳＯＨＯ (Small Office & Home Office の略) とよばれている。このようなＳＯＨＯ事業者による在宅就業についても，労基法上，労働者性が認められる限りは，労働時間規制の適用対象となり，要件を満たす場合には，事業場外労働のみなし制を適用することは可能となる。

(2) サテライトオフィス勤務

サテライトオフィス勤務は，全部型 (雇用労働者が原則として全部の労働日につき，使用者が組織的に事業を営む事業所から離れ，当該労働者の指揮命令系統上の管理監督者が常駐していない個人単位の分散オフィスであるサテライトオフィスで就労することを常とする勤務形態) と，部分型 (雇用労働者が一部の労働日または一部の勤務時間につき，使用者が組織的に事業を営む事業所から離れ，当該労働者の指揮命令系統上の管理監督者が常駐していない個人単位の分散オフィスで就労する勤務形態) に分類される。

通常，サテライトオフィスは，企業が，職住近接によるゆとりの実現やホワイトカラーの生産性の向上を目的として，使用者が組織的に事業を営む事業所 (いわゆるメインオフィス) と従業員の自宅との中間地点 (郊外の駅前等) に設置することが多い。また，重度障害者等の通勤困難者のために，在宅勤務

制度と併用することができる共同利用型のサテライトオフィスも見られる。

サテライトオフィス勤務者に事業場外労働のみなしを適用するためには，まず，当該施設での就労が事業場外労働であることが要件となる。サテライトオフィスには，企業が自社の社員が利用することを前提として単独で整備するものと，複数の企業又は不特定多数の雇用労働者が利用するための共同利用型サテライトオフィスがある。前者は，使用者が管理する施設であるため，現行の解釈では事業場外とは評価されないものと解される。他方，共同利用型は，使用者の管理する施設ではなく，労働者個人が利用する場合には，事業場外での労働となりうると考えられるため，みなし制の適用の余地が生ずる。その場合，労働時間の算定困難性の要件については，上記の在宅勤務と同様に取り扱われるものと考えられる。

(3) モバイル勤務

モバイル勤務とは，一般に，直行直帰型勤務などとよばれ，原則として，指揮命令系統上の管理監督者が常駐する事業所に出社することがない勤務形態であり，外勤の営業職に多く見られる。ただし，この勤務形態には，全く出社義務の無いもの，すなわち，雇用労働者が，原則として全部の労働日について，自己の住居から取引先に直行直帰することで業務を遂行し，原則として，指揮命令系統上の管理監督者が常駐する事業所に出社することがない勤務形態と，部分的に出社義務があるもの，すなわち，雇用労働者が一部の労働日または一部の勤務時間につき，自己の住居から取引先に直行直帰することで業務を遂行する勤務形態の2つの類型があり，一般に後者が多く見られる。

モバイル勤務は，上記の2類型のいずれも，事業場外での労働に該当するため，労働時間の算定困難性の要件を満たす場合には，事業場外労働のみなし制が適用可能となる。ただし，全部型は全て事業場外労働となり，部分型は，労働時間の一部につき事業場外労働となる。

ただし，前述したように，携帯電話や携帯型コンピュータを用いてインターネットに接続し，電子メール等により随時上司の指示がなされるときには，遠隔地にいても労働時間の算定が可能となるため，労働時間の算定は困難ではないとして，事業外労働のみなし制は適用できないこととなる。

[判例 1] 事業場外での展覧会業務とみなし労働時間制の適用
ほるぷ事件・東京地判平成 9・8・1 労判722号62頁

[事 実]

　書籍等の訪問販売を主たる業務とするY会社の従業員である原告X₁，X₂，X₃が，休日展覧会等での販売業務により，時間外および休日労働に従事したとして，時間外および休日手当の支給を求めた。X₁は地方の営業所長を歴任し，本件当時は，東京支店の販売主任であり，売上高に応じた報奨金が支払われていた。また，X₂とX₃はプロモーター社員であった。

　Yの就業規則においては，従業員の拘束時間は平日8時間，土曜日6時間で，一週46時間以内とされていた。また，労働時間は，平日6時間45分，土曜日5時間とし，一週38時間45分以内とされ，始業時刻は9時，終業時刻は，平日は17時，土曜日は15時と定められていた。また，給与規定は，労働時間が8時間を超過したときおよび休日出勤したときには，別に定められた数式による時間給の3割増の賃金を支給する旨を定めていた。なお，プロモーター社員については，就業規則で「事務所外勤務のため，終業時間を超えた場合，通常の労働時間勤務したものとみなす」と規定していた。

　Yは年に数回程度，画廊やホテル等に特定の会場を設けて絵画の展覧会を行い，会場内でプロモーター社員らにより，絵画の展示販売を行っているが，X₁らは，このための休日労働をしたほか絵画搬出のため前日に時間外労働をした。また，X₁およびX₂は，休日に中学校，高等学校，保育園，図書館等に出向き，販売業務等に従事した。これらの休日勤務のうち数日は，就業規則所定の終業時間を超えて勤務した。

　X₁らの時間外及び休日手当の請求に対し，Yは，X₁は幹部営業社員として労基法41条2号の管理監督者の地位にあり，また，Yは休日労働の指示を出していないために，X₁らの労働はいずれも休日手当の対象とならないとし，時間外労働に関しても，事業場外のみなし労働時間制が適用されると主張して争った。本判決は次のとおり判示して，X₁らの請求を認容している。

[判　旨]

　本来使用者には労働時間の把握算定義務があるが，事業場外で労働する場合にはその労働の特殊性から，すべての場合についてこのような義務を認めることは困難を強いる結果となるために，みなし規定による労働時間の算定が規定されているものである。

　本件における展示販売は，業務に従事する場所および時間が限定されており，支店長等も業務場所に赴いているうえ，会場内の勤務は顧客への対応以外の時間も顧客の来訪に備えて待機しているもので休憩時間とは認められないことなどからすれば，Yがプロモーター社員らの労働時間を算定することが困難な場合とは到底言うことができず，労基法38条の2の定める事業外のみなし労働時間制の適用を受ける場合でないことは明らかである。Yのプロモーター社員に関する事業場外労働のみなし時間の規定は，労働時間の算定が困難な場合に限って有効なものである。

［判決の位置づけ］

　本件では，プロモーター社員について，みなし労働時間制度の適用の可否が争われた。事業外での労働であっても，使用者の具体的な指示がなされている場合は労働時間の算定が可能であり，みなし労働時間の適用は認められないとされている（昭和63・1・1基発1号）。本件で問題となった展示会販売は，支店長等の労働時間管理者も業務に従事しており，労働時間の算定は容易であったといいうる。前記行政解釈は，業務を行うグループの中に時間管理者が含まれている場合を，労働時間の算定が困難とはいえないものとして例示しているが，本件はこうした事案に類するものである。また，展示会前日の絵画の搬入は，事業内での労働後に事業外で行われた労働であるが，判決は，労働時間の算定にあたり，事業内と事業外の労働時間数とを加えた時間を労働時間と認定している。この点は，一部事業場外労働の場合には事業場内での労働時間は別途把握してみなし時間と合算すべしとする行政解釈（昭和63・3・14基発150号）と同様の立場によるものと思われる。

　ほとんど事業場外の労働に従事し，歩合制の割合が高い給与体系の営業業務で

は，本件のようにみなし労働時間に関する社内規定があることが多い。本判決は，この種の規定がある場合でも，労働時間の算定が困難である場合にその適用が限定されることを示したものである。

[実務上の留意点]

❶ みなし労働時間制を適用するには，事業場外で労働がなされただけでは不十分であり，労働時間の算定が困難であることが要件となる。

❷ 事業場外の労働でも，労働時間管理者が現場にいて，労働者がその監督下にある場合には，みなし労働時間制は適用できない。

[判例2] 出張中の指示とみなし労働時間制の適用
静岡市立学校教職員事件・最三小判昭和47・12・26民集26巻10号2096頁

[事　実]

　XらはY市立の小・中学校に勤務する教職員であるが，修学旅行，遠足等の引率，付添いの勤務について，学校の設置者であるYに対し時間外勤務手当の支給を求めた。Yは，そもそも地方公務員法ならびに地方自治法は，労基法に対し特別法として優先されるべきであるから，労基法を根拠とした時間外勤務手当の請求はできず，また地方自治法では法定手当の支給を条例に委ねており，S県の条例，給与規則によれば，時間外勤務の命令権者は県教育委員会であるので，学校長の明示あるいは黙示の指示によるXらの勤務は，法律上の時間外勤務とはいえないと主張した。

　Xらの正規の勤務時間は，条例や規則によれば，1週間につき44時間とされ，その割振は，月曜日から金曜日までは午前8時30分から午後5時15分まで，土曜日は午前8時30分から午後0時30分までと定められていた。修学旅行や遠足等は，学校行事として，小，中学校の各学習指導要領にも規定され，各学校の学校教育計画の一環として行われるものであり，これに参加することはXら教職員の職務

内容であった。各学校行事においては，規定の勤務時間における始業時刻よりも早く集合時刻が定められ，またその終業時刻よりも遅い時刻が終了時刻（修学旅行における就寝または解散時刻）として定められていた。

また，給与規則は，「公務により出張中，出張目的地において正規の勤務時間をこえて勤務すべきことを任命権者があらかじめ命じた場合においてその勤務時間につき明確に証明できるものについては，時間外勤務手当を給する」ことと定めていた。Xの所属する学校においては，修学旅行，遠足を実施するに当っては，その目的や日程，引率者，費用等の計画案を作成しこれを学校長の名で市教育委員会に承認を求め，その認可を得て実行しているもので，計画の明細表に，その行事の集合時刻，乗車，出発時刻あるいは就寝時刻，解散時刻等が定められている。

一審判決（静岡地判昭和41・1・29民集26巻10号2143頁）は，Xらに労基法の適用を認めたうえ，時間外勤務命令権者は県教育委員会であり学校長ではないので，本件時間外命令は違法であるが，違法な命令に基づく時間外勤務であっても時間外勤務手当は請求しうるとして，学校内での時間外の職員会議についてはXらの請求を認めた。しかし，修学旅行および遠足については，労基法41条3号の監視断続労働にあたるとして請求を棄却した。

これに対するXらの控訴に対し，Yは，修学旅行および遠足につき労基則旧22条のみなし時間制の適用を主張したが，二審判決（東京高判昭和45・11・27民集26巻10号2164頁）は控訴を認容し，修学旅行についても時間外勤務手当の請求を認めた。そこでYが上告したが，最高裁は上告を棄却した。最高裁の判示事項はXらへの労基法の適用を肯定した点であるが，以下では最高裁の支持した原判決の判示を紹介する。

[判　旨]

労基則22条（本件当時のもの―解説者）が設けられた趣旨は，本来の勤務場所を離れて勤務する場合には労働時間の算定が困難なため，争いを避けるために規定されたものであり，予め明示的または黙示的に別段の指示をして労働時間の算定が可能となる限り，例外も認められていると理解すべきである。本件では，修学旅行，遠足等の計画の明細表に，集合時刻，乗車・出発時刻，就寝時刻，解散時刻等が

定められており，上記別段の指示があったものといえるので，みなし時間制は適用されない。

引率，付添いの勤務は，児童生徒に対する教育的効果の達成や危険の予防ないし発生した危険に対する善後措置の施行等極めて重大な責任を負担し，心身ともに不断の緊張およびその結果としての疲労を伴うものであって，その労働の密度において，いわゆる監視または断続的労働ではないことが認められる。仮に，引率，付添いの勤務が一審判決のいうように監視断続労働の実質を備えていたとしても，労基法41条3号に規定する行政官庁の許可を受けたことの主張立証はなされていないため，労働時間規制の適用除外は認められない。

[判決の位置づけ]

1．みなし時間制の適用の可否

本件は多くの論点を含むが，みなし労働時間制については，本判決は，労基則旧22条の趣旨は事業場外労働における労働時間の算定が困難な場合の争いを避けるためであるとして，労働時間の算定が可能であれば例外も認められると結論づけた。1987年の労基法改正により，事業外労働のみなし労働時間制は労基法上明文化されたが，行政解釈は，事業場外での労務提供につき使用者から具体的な指示を受けている場合は，労基法38条の2にいう「労働時間を算定しがたい場合」にあたらないとしている（昭和63・1・1基発1号）。修学旅行や遠足についての本件の取扱いはこうした場合にあたるものといえ，現行法のもとでも参考になる。クラブ活動引率時の時間外勤務についても，島根県教組事件（松江地判昭和46・4・10労判127号35頁）では，みなし労働時間制の適用が否定されている。

2．修学旅行，遠足への付添勤務の性質

本判決は，修学旅行あるいは遠足の引率，付添勤務が，いわゆる監視または断続的労働でなく，心身ともに不断の緊張およびその結果としての疲労を伴うものとした点にも特色がある。現在に至るまで，教員の修学旅行，クラブ活動引率時に発生した過労死の労災認定が争われる例が数多く見られていることからも，判決の認識はその実態に即したものといいうる。

[実務上の留意点]
　出張の場合であっても，使用者がスケジュール表等の作成により指示を行うなどして，労働者の時間管理が可能であれば，事業場外労働のみなし労働時間制は適用できない。

第6章

裁量労働のみなし労働時間制

I 総　論

1. 趣　旨

　裁量労働制は1987年の労基法改正によって新設された労働時間制度である（1998年改正前の労基法38条の2第4項・5項）。その具体的内容は以下の節に譲るが，「専門的・裁量的業務に従事する労働者について事業場の労使協定において実際の労働時間数にかかわらず一定の労働時間数だけ労働したものとみなす」制度とまとめられる（菅野291頁）。つまり1日に1時間しか労働しなくとも，14時間労働しても，労使協定で定めた9時間なら9時間労働したものと考える，という制度である。ただし，この制度の創設・運用を使用者の自由にまかせると，時間外労働の切り捨てという事態が発生することも考えられる。そのために適用対象等を限定し，また労使協定を必要とすることとした。労使協定によって労働者の過半数組合，もしくは過半数代表者の合意を得ることで使用者の恣意的行為を抑制することとしたのである。

　この制度のとらえ方には大別して2つの見解が存在した。一つは条文配置が事業場外労働とならんで「みなし労働制」におかれていることを根拠として，「時間外労働の適正な管理を行わせるために，労使協定によって，時間外労働を見なし時間により処理できるようにしたもの」ととらえる見解であ

り（渡辺章・わかりやすい改正労働時間法97頁〔有斐閣，1988年〕)，もう一方の見解はいわゆる成果主義的賃金制度と関連し，労働時間の長さではなく，労働の成果で賃金が決定されるのが妥当な場合，労働時間については労使協定により一定の時間労働したものと「みなす」こととしたもの，という理解である（菅野290頁)。

渡辺説によれば，通常の労働者と同様，裁量労働制適用者においても始業・終業時刻を定めておく必要があるが，菅野説ではその必要は必ずしも存在しない（ジュリ増刊・新労働時間法のすべて117～118頁〔1988年〕［菅野和夫・渡辺章］参照)。この点につき，人事労務の企業実務では，裁量労働制はいわゆる成果主義賃金・処遇制度と関連づけてとらえる見方が一般的であろう（座談会「ホワイトカラーの新しい人事管理を求めて」ジュリ1066号153～155頁〔1995年〕における三宅龍哉発言など)。このような流れに沿い，昨今一種の「ブーム」のようにみられる賃金制度への成果主義の導入論議と相まって，裁量労働制は企業が注目するところとなってきた。その後1998年改正では従来型の裁量労働制に加え，企業中枢におけるホワイトカラーの職務を対象とする裁量労働制が新設された。この両者を区別するために，以下では従来から存在する裁量労働制を「専門業務型裁量労働制」と称し，新設された裁量労働制を「企画業務型裁量労働制」と呼ぶことにする。

2．成果主義賃金制度との関係

昨今のいわゆる成果主義的賃金制度においては，重視するのは成果（＝業績）であって，そのためのプロセスは重視しない，という傾向があるように思われる（実例に関しては，労政時報3404号34頁（富士ゼロックスの例)，同3405号30頁（アサヒビールの例)，同3407号40頁（富士通の例）など参照)。

このような考え方のもとでは，例えば同一の成果を生み出しさえすれば，その業務に1時間しかかけなくとも10時間かけても，同一の評価を与えることになる。能力的にみれば，10時間かけた者より1時間で完成した者の方が優秀だという見方もできる。つまり製造業のラインについている生産労働者と異なり，労働時間は成果と比例しないのである。こうした発想からは長時

間労働した者にプラスアルファの賃金を支払うことになる時間外割増手当は労働時間と成果が比例しないような業務－その多くは知的労働であろう－には妥当しないとの感覚が生まれてきても自然だといえよう。裁量労働制が企業の実務家から注目を集めた理由はここにある。

3．適用除外との関係

さて，適用対象労働者に対して基本的に労働時間管理の必要がない制度が裁量労働制だと理解すると，当該労働者に対しては労基法41条2号のようにそもそも労働時間関係規定の適用を除外する制度を導入することも政策上は検討されてしかるべきであろう。しかしながら，現状ではあくまで労働時間の「みなし」にとどまるのであって，現状の裁量労働制では休日労働，時間外労働の規制は適用除外とならず，法定時間を超える「みなし時間」を定めた場合にはその分の時間外割増賃金を支払い，また三六協定を締結する必要がある。また，休憩時間についても適用除外とはならない（深夜労働の割増賃金については労基法41条該当者においても適用は除外されない）。この点，企業実務でははっきりと理解されず，適用除外と同様に取り扱う事例がでてくるおそれがある。留意せねばならない点である。また，労基法41条2号の管理・監督者に該当しない者が本制度の対象となることに注意を喚起しておきたい。

かように裁量労働制をとらえると，必ず「働き過ぎ」あるいは「時間外労働の切り捨て」につながるという批判もあがり，また，その批判には十分な理由もある。ただ，この点に関しては，労働者の健康・福祉確保措置との関係で主に問題が生ずるので，[**設例2**]での議論に譲りたい。

II 専門業務型裁量労働制

1. 要　件

(1) 対象業務

専門業務型裁量労働時間制の対象業務として，以下の5種類と労働大臣指定の業務が労基則（現行24条の2の2第2項）で限定列挙されている。これは1993年の労基法改正により例示列挙から限定列挙に改められたものである。

① 新商品または新技術の研究開発等の業務，人文・自然科学に関する研究の業務
② 情報処理システムの分析または設計の業務
③ 新聞・出版の記事の取材・編集，放送番組制作のための取材・編集の業務
④ 衣服，室内装飾，工業製品，広告等の新たなデザインの考案の業務
⑤ 放送番組，映画等の制作のプロデューサー・ディレクターの業務
⑥ その他中央労働基準審議会の議を経て労働大臣が指定する業務

「その他」として，コピーライターの業務，公認会計士，弁護士，一級建築士，不動産鑑定士，弁理士の業務が指定されている（平成9・2・14労働省告示7号）。

(2) 労使協定

専門業務型裁量労働制を適用するためには，労使協定において以下の事項を明記する必要がある。

① 対象業務を上記のいずれに該当するか特定すること
② 当該業務の遂行の手段及び時間配分の決定等に関し労働者に対し具体的な指示をしないこと
③ 労働時間の算定については協定で定めるところによるものとすること

ただし，適用対象者本人の同意を得ることは要件とされていない。これが後ほど述べる「企画業務型裁量労働制」と異なるところである。

2. 運用の実態

　専門業務だけに限ってしまうと，適用対象者はごく限られた者になる。そして労使協定を厳密に運用しようとすると，労務管理体制が整備された企業でないと対応できないであろう。労働省「平成10年賃金労働時間制度等総合調査」によれば，1998年の規模・産業計で裁量労働制の採用企業数は2.1パーセント，採用労働者数0.5パーセントという数字が得られている。もっとも規模別に見ると従業員1,000人以上の企業では採用率5.7パーセントであり，規模によって採用率にかなりの差があることがわかる。

　ただ，一部大手企業にみられるように，裁量労働制対象外の業務においても裁量労働的な運用を行うことも行われてきたことに留意する必要がある。つまり定額の時間外手当見合い分を何らかの名目（たとえば裁量労働手当）で支給し，そのかわり早退，遅刻，残業の管理を自主性にまかせれば同様の運用が可能なのである。もっとも労基法上は，時間外労働が定額の「見合い分」を超えた場合には別途時間外割増賃金の差額分を支給する必要は出てくる（第7章III 3参照）。

　こうした運用があらわれる背景には，裁量的な業務は専門業務に限られたものではなく，たとえばホワイトカラー一般においてもかなり裁量に任される業務が多いことがあった。そのため日経連なども裁量労働制が適用される業務の拡大を希望していた。こうした声を反映したとみられるのが，企画業務型裁量労働制と呼ばれる新たな制度である（労基法38条の4）。

III　企画業務型裁量労働制

　ホワイトカラーは一般的に裁量性の高い業務を行っているとみることもできるが，これらをすべて裁量労働ととらえるには無理がある。若手層に対しては詳細な指示が与えられるのが普通であるし，マニュアル化された定型的業務も多い。このような中で「みなし労働時間制度」を導入すると，実質的

に時間外割増賃金の削減というだけの効果しか現れず、脱法行為が多くなることも考えられる。そのために、1998年の労基法改正において専門業務以外に幅を広げる際には多くの要件を設けることとなった。以下の要件については、労働省の指針が定められている（平成11・12・27労働省告示149号）。

1．要　件

(1) 「事業運営上の重要な決定が行われる事業場」

この事業場とは、「指針」では、「本社・本店」のほか、「事業運営上の重要な決定を行う権限を分掌する事業本部又は地域本社、地域を統括する支社・支店」とされている。なお、指針の「留意事項」によれば、事業場に役員が常駐している場合には事業運営に大きな影響を及ぼす決定がなされていると推定されるものと解される。

抽象的な文言ではあるが、各企業の事情は千差万別であり、そのため統一的な基準を設けることの困難さは理解できる。各労基署による事例の蓄積が待たれるところである。

(2) 労使委員会の設置と決議

次の大きな要件は労使委員会の設置と決議である。労使委員会については労基法38条の4第2項に沿って法定されているが、同法施行規則で具体的な要件が示されている。

(a) **労使委員会の構成等**　労使委員会は上記の事業場で、使用者代表と労働者代表から構成されることになっている（労基法38条の4第1項）。人数の規定はないが、常識的に考え、奇数やあまりに少数のものは考えにくい（構成員2名のものは労使委員会とは認められない。平成12・1・1基発1号）。

(b) **労働者代表と「事業場の労働者の過半数の信任」**　労働者代表は過半数の信任を受けることとされている（労基法38条の4第2項1号）が、「過半数の信任」はどのように認めればよいのか。労基則24条の2の4第2項では「投票、挙手等の方法」とされたが、労基則附則66条の2において「当分の間」投票に限るものとされた。そうすると、実務的には「投票管理規定」などの作成の必要性も生じ、投票の秘密の保障など細かな規程も検討することとな

ろう。

ここにおける一つの問題は，過半数労働組合が存在し，その組合から指名された労働者代表（候補）であってもあらためて信任手続きを踏む必要があることである。これは労働組合から推薦されても過半数の労働者の信任を得られているという保証はない，と受け取ることも可能である。労働組合の存在意義と労使委員会との関係は実務上十分検討に値する論点である。

(c) **決議要件など労使委員会運営規程** 決議に当たっては「委員の全員の合意により」と定められており，全会一致の必要がある（労基法38条の4第1項）。この点指針では，「委員の全員」とは，「出席者全員」で足りるとされている。また，労基法38条の4第2項4号，および労基則24条の2の4第6項により，労使委員会は，その運営について必要な事項に関する規程を定める必要がある。なお，労基法38条の4第1項7号，労基則24条の2の3第3項により，決議には有効期間を定めるものとされているが，労基則附則66条の2によりこの期間は「当分の間」1年以内とされた。

(d) **行政官庁への届出** 労使委員会の設置については労働基準監督署長に届け出ることが必要である（労基法38条の4第1項，労基則24条の2の3第1項）。なお，後述する労使委員会による裁量労働制の決議も労働基準監督署長に届け出ることとされている（労基法38条の4第2項，労基則24条の2の4第3項）。これらの届出は，企画業務型裁量労働制の効力発生要件であり，届出がなされていない場合は，みなし制の効果は生じない。

(e) **議事録の作成・周知** 労使委員会における議事については，議事録を作成したうえ，3年間保存し（労基則24条の2の4第4項），また周知しなければならない。周知の仕方としては「各作業場の見やすい場所へ掲示し，または備え付けること」「書面を労働者に交付すること」「磁気媒体に記録し，各作業場に記録の内容を常時確認できる機器を設置すること」といった内容が示されている（同5項）。

(3) **労使委員会での決議内容**

労使委員会で決議すべき事項は多岐にわたる。各事項ごとに検討を加えたい。

(a) **裁量労働制の対象業務** まず第一は裁量労働制の対象となる業務の

限定である。その内容は細分化され、わかりにくいものとなっている。「事業の運営に関する事項についての企画、立案、調査及び分析の業務であって、当該業務の性質上これを適切に遂行するにはその遂行の方法を大幅に労働者の裁量にゆだねる必要があるため、当該業務の遂行の手段及び時間配分の決定等に関し使用者が具体的な指示をしないこととする業務」（労基法38条の4第1項1号）という条文に沿ってみていくが、下記のすべての要件を満たすことが必要とされている。

まず「事業の運営に関する事項」についてであるが、指針によれば、方針の策定など現場部門に指示を与えるような業務というイメージのようである。すると本社の組織内に「営業企画部」とならんで「本社営業部」のような組織があった場合には、前者は「事業の運営に関する事項」を扱うセクションとなるが、後者はこれにあてはまらないことになる（指針第3の1(1)イ）。ただ、そのように画然と分けられない場合も存在するであろう。

次に「企画、立案、調査及び分析の業務」という文言はどのように考えられるのか。現実には特定の人物が担当している業務は単純業務と渾然一体となっているのではなかろうか。これらの業務を行いながら、ルーティンワークとして後輩の指導を行う、あるいは伝票の整理をするといったことはよくある。したがって、「主として」企画などの業務を行う、という線引きをせざるを得ない。すると裁量労働制の対象となるのは企画などの業務が何割以上含まれているか、という議論が出てきてしまう。しかも「企画」と一口に言っても初歩から困難なものまで幅が広く、決議を行う場合困難を感じることが多いであろう。指針の別の場所において（第3の2(1)）、対象業務に「常態として従事していること」が要件とされているが、これによってもそもそも「常態」とはどの程度か、判断はしにくい。

また、「当該業務の性質上これを適切に遂行するにはその遂行の方法を大幅に労働者の裁量にゆだねる必要」があるとの制限がある。この裁量性の判断も難しい。指針では「客観的にその必要性が存する」ことを必要としている。しかしながら現実的にこのような「客観性」は認められるのであろうか。おそらく実際には労使委員会が判断せざるをえず、主観が入り込まざるをえないであろう。

III 企画業務型裁量労働制

さらに具体的な指示の限定，つまり「当該業務の遂行の手段及び時間配分の決定等に関し使用者が具体的な指示をしないこととする業務」という制限がある。管理職が業務遂行にあたり全く指示をしないことは考えられない。どこまでが「具体的指示」なのだろうか。また，指示の内容でも「かくかくしかじかの方法で調査し，一定のフォーマットで分析するように」と指示されるような業務の場合には裁量性ありと考えられるのか否か，明確でない。

業務の要件については以上のような問題があり，必ずしも明確に区分できず，実務上混乱するように思われる。判断の素材となりうるような事例の蓄積が待たれる。

(b) **対象者の限定** 労基法は対象業務だけでなく，対象者も限定している。「対象業務を適切に遂行するための知識，経験等を有する労働者」に限っているのがそれである。ただ，この限定も新人は入らないとしても，どこで線引きができるだろうか。指針は，職務経験年数，職能資格等の具体的な基準を明らかにすべきものとしたうえ，経験年数については「少なくとも3年ないし5年程度の職務経験」を要求しており（第3の2(2)）、また，たとえば職能資格等級4級以上の者というような限定は一つの考え方である。役職を基準とすれば，「主任」あるいは「係長」ということもありえよう。労働省の解説書では「入社して7年目以上かつ職務の級が主事○級以上」という例を示している（労働省労働基準局賃金時間部編・新裁量労働制の早わかり41頁〔労務行政研究所，2000年〕）。

(c) **みなし労働時間数** 本制度は何時間労働しても一定の労働時間労働したものと「みなす」制度である。したがって何時間労働したと「みなす」かは労使委員会で決定せねばならない。所定労働時間とみなした場合には時間外割増手当分は支払う必要がないが，1日9時間労働したものとみなす，などという場合には，三六協定を締結し，法定労働時間を超えた時間数に応じて時間外割増手当を支給する必要がある。

(d) **健康福祉確保措置** 指針によると，使用者は，健康福祉確保措置の一環として，裁量労働制適用労働者の労働時間等の状況を把握する必要があるとされている（第3の4(1)）。また，深夜勤務は「みなし」の対象外のため，労働時間が深夜に及んだ場合深夜割増手当は支給する必要があるので，この

点でも使用者は勤務状況を把握する必要がある。時間把握の方法としては，タイムカードはもっとも確実な手段ではあるが，在社時間すなわち労働時間とは限らない。そう考えると自己申告制は一つの考え方だが，正確に申告しているか疑問も生じる。結論としては，この労働時間の状況把握は労働者の健康保持のために行うものであるから，厳密な労働時間の把握でなく，タイムカード制などでの在社時間の把握を含むととらえざるをえないであろう。労働時間の長短を問わず，在社時間が長時間にわたることは健康管理上問題が生じうるからである。なお，深夜時間の把握は別途自己申告とすることが実務上考えられよう。この点，指針においては「いかなる時間帯にどの程度の時間在社し，労務を提供し得る状態にあったか等を明らかにし得る出退勤時刻又は入退出時刻の記録等によるものであること。」とされている。

さて，労働時間の状況を把握したとして，健康福祉確保のための具体的施策はどのようなものが考えられるだろうか。長時間在社することにより健康が損なわれることを懸念しての措置であるから，休暇の付与，定期健康診断以外に適宜健康診断を実施すること，配転して裁量労働制の対象からはずすことなどが考えられるが，各企業の実態に応じて考えることとせざるをえない。指針ではその例が示されている（第3の4(2)ハ）。

(e) 苦情処理措置　労基法38条の4第1項5号では，裁量労働制の対象となる労働者から苦情が申し立てられた場合の処置を講じなければならないとされている。裁量労働制がいわゆる成果主義・業績主義賃金制度と結びついてとらえられるならば，裁量労働制対象労働者からは労働時間に限らず，様々な苦情が申し立てられることが考えられる。目標管理制度を導入していれば目標の高低や評価の妥当性といった苦情もでてこようし，評価の賃金への反映のさせ方なども問題になろう。要するに一般的な苦情処理制度を確立することにほかならないのである。制度を構築した場合に裁量労働制対象者以外の労働者を除外することはしにくいであろうから，全労働者を対象とするものにならざるをえない。

その結果，ある意味では個別的労使紛争解決システムを企業内に構築せざるをえないこととなる。別途その仕組みを検討せねばならないが，中小企業にとってはかなり重い負担となるのではなかろうか。

III 企画業務型裁量労働制

(f) **労働者の同意と不利益取扱いの禁止** 専門業務型裁量労働制と顕著に異なった点の一つである。ここでいう「同意」をいかに求めるかについて、国会答弁では「同意は記録に残す」旨の当局の発言があった。これを受けた労基則では24条の2の3第3項2号のハで「同意」の記録を保存する必要があると定めた。これによると、通常は文書で同意を得ることになろう。また、本人の同意を要件としたことにより、同一職場の同一業務担当者の中に企画業務型裁量労働制適用労働者と非適用労働者が併存するという事態が想定できる。それではこうした場合、適用者から昇進・昇格者を出すことは「不利益」になるのだろうか。この点は設例において検討しよう。

(4) **その他**

(a) **実施状況の報告** 企画業務型裁量労働制を採用した使用者は、定期的に実施状況を労働基準監督署長に報告する必要がある。その頻度は決議の日から6か月以内に1回、その後1年以内ごとに1回（当分の間6か月以内に1回）とされた（労基則24条の2の5第1項、同附則66条の2）。報告の内容としては、「労働時間の状況、健康福祉確保措置の実施状況、苦情処理措置の実施状況、労使委員会の開催状況」とされている（労基則24条の2の5第2項）。

(b) **臨検監督** これは条文上の問題ではないが、国会答弁の中で、企画業務型裁量労働制を採用した事業場に対して労基署は臨検監督を行うとの発言があった。またそのときに各種データをとりそろえておくこととされた。一言で言えば、企画業務型裁量労働制を趣旨通り扱っているかチェックする、という意図である。労基署の臨検は企業にとって好ましいものとはいえない、というのが企業実務の率直な感覚と思われる。すると臨検という要素を入れることにより、企画業務型裁量労働制導入に対して抑制的な作用を果たすことになろう。

2. 展 望

企画業務型裁量労働制では要件が極めて多岐にわたっており、現実問題としてこれらの要件をクリアすることはかなり厳しいものとなっている。その理由はホワイトカラー全体に裁量労働制を広げることを危惧したからに他な

らない。つまり制度趣旨を逸脱し、時間外割増手当を支給しないことを意図して、裁量性のない業務にまで裁量労働制を拡大するといった使用者の運用の余地を狭めるという趣旨なのである。また、各企業の運用の実際に対する分析も今後の課題として残されており、現段階で確定的なことを議論することはできない。

そのため、本項では企画業務型裁量労働制に関連した諸制度の今後の動向について若干の展望を試み、分析に替えたい。

(1) 労使委員会の運用

まず注目すべきは労使委員会の運用である。既存のフレームワークである労使協議制や団体交渉、ひいては労働組合との関係はいかなるものになるのであろうか。無組合企業においては労働組合に代わる労働者の意思反映機関と位置づけられるであろう。しかし労働組合（特に過半数組合）が存在していた場合には屋上屋を重ねることになりかねない。労働条件について労組と合意に至ったあとでもう一度労使委員会を開催し、同じ議論を行うことが想定できるからである。団体交渉をもって労使委員会の会合に替えることは実務上考えられるかもしれないが、それが公的に認められるかどうかは疑問である。趣旨、性格が異なるからである。

また、労使委員会での決議は極めて多くの場合に労使協定に代わる効力を持つ。すると企業は労使委員会を重視し、労働組合を相対的に軽視することもありうる。この点につき、指針では第4の5で特に両者の取扱い事項などの関係について配慮するよう求めているが、労働組合と労使委員会とのバランスの取り方は実務上難しいものがあろう。

(2) コアタイムなしのフレックスタイム制との関係

フレックスタイム制においては裁量労働制よりも「時間管理」の概念を明確に打ち出している。そのため、深夜勤務時間や、拘束時間の把握という裁量労働制でも必要とされる事項は把握されているし、しかも業務内容の制限はない。するとフレックスタイム制でコアタイムを設定しない、いわゆるコアなしフレックスタイム制であれば、裁量労働制と極めて似た運用をすることとなる。大きく違うのは時間外手当の支給である。これも例えば20時間相当の定額時間外手当分を支給するとすれば同一の運用が可能である。

このようにみると，要件が面倒な企画業務型裁量労働制をわざわざ採用するより，コアなしフレックスタイム制の方が実務上効率がよいとも考えられる。おそらく企業としては裁量労働制よりもフレックスタイム制の方をより多く選択するのではなかろうか。

(3) 広範な議論の必要性

企画業務型裁量労働制においては「施行後3年経過後」以降に見直しを行うこととされている。そのため，現在の制度上不備な点はその時点で改正されることになるのであろうが，時間外労働の切り捨てなどの批判により限定が加えられたこともあり，現在の要件では本制度を利用しようと思っている企業にとっては大変要件が厳しく，使い勝手が悪いものとなっている。「見直し」の際にこの要件がゆるめられるのか否か，現在の段階では何とも言えないが，せっかく新設した制度が使われないままとなる可能性は非常に高いように思われる。今後3年間にホワイトカラー労働者のワークスタイル，労働時間はどのように考えるべきなのか，また，「働き過ぎ」や「時間外労働の切り捨て」を回避しつつ使い勝手のよい制度を設計しうるかどうか，広範な議論が期待されるところである。

[設例1] 専門業務型裁量労働制における「不同意」の取扱い

[事 案]

製造業A社の研究開発部門である研究所に属する研究職甲氏は，今般裁量労働制が研究所に適用されるという情報を研究所支部従業員の過半数を代表するA社労働組合から得た。業務上，専門業務型裁量労働制の適用対象となると考えた甲氏は裁量労働制適用に反対の意向を持つに至った。しかしA社労働組合本部から研究所支部に対しては正式な検討依頼がなく，結局研究所支部の機関討議を経ないまま，A社労働組合は研究所に裁量労働制を適用することを会社と合意して労使協定を締結し，専門業務型裁量労働制を施行した。賃上げと同時期に議論され，いわゆる「差し違え」条項として賃上げと引き替えに裁量労働制適用を迫られたという事情があったからである。賃上げ交渉を長引かせたくない組合幹部の意向が強く働いた結果である。なお，研究所支部は人数も少ないため，研究所に属する社員を労働組合本部の中央執行委員など幹部に送りこむことは制度上できていなかった。

これに対して甲氏は反対の意向を持つ者には適用すべきでないと会社に主張しているが，この主張につきどのように考えるか。

[検 討]

1．専門業務型裁量労働制と本人の同意

専門業務型裁量労働制においては労使協定は要件とされているが，企画業務型裁量労働制と異なり，本人の同意は要求されていない。そのため，[**設例1**]の状況は容易に現実化しうる。それでは専門業務型裁量労働制においては「本人の同意」はどのように位置づけられるべきものであろうか。

労使協定のみを要件とした理由は労働組合（もしくは過半数代表者）は労働者の意思を代表している（はず）という前提がおかれている。しかし，この前提は妥当なのか，という根本的な疑問がある。労働組合の基本の一つに「組合民主主義」という考え方が存在する。これはややもすると多数決がすべてという見方になりか

ねない。専門業務型裁量労働制の対象となる労働者はそれ以外の労働者と比べて決定的に少ない。多数決では不利なのである。例えば，設例のようにいわゆる差し違え条件として労使交渉で賃上げと引き替えに裁量労働制導入が議論された場合などが問題である。

2．人事管理上の配慮と本人の同意

たしかに法的には専門業務型裁量労働制においては本人の合意は必要とされていない。しかし人事管理上，労働時間という労働条件の基本について合意を得る努力はなされるべきと考える。少なくとも企業主催の説明会などで制度の趣旨・内容を周知徹底させる必要がある。仮に裁量労働制対象者本人達の納得を得ないまま裁量労働制を実施しても効果はあがらないであろう。逆に時間外割増賃金をもらえないだけ損だという感覚になるかもしれない。

法的要件と人事管理上の要請とは次元が異なるものである。したがって法律上義務づけられずとも，本人の同意を得る努力はなすべきである（なお，労基法上の適法性の問題とは別に，裁量労働制を民事上労働者に義務づけるためには，労働契約上の根拠が必要である）。その上で本人の同意を得ることができなかったのであれば，使用者側の一つの選択肢は労使協定を理由に就業規則，あるいは労働協約を改定して不同意者にも裁量労働を適用してしまうことである。この場合は就業規則，あるいは労働協約の不利益変更論と同様の問題が起こり得る。制度改定の必要性，不利益の程度，代償措置，労働者への説明義務など多々議論されている諸要件を念頭において実施することが危機管理上必要となる。

そのため，人事管理上は同意を得られなかった者のみ裁量労働制の対象外とすることも考えられよう。この場合，同一職場で裁量労働制対象者と非対象者が混在し，時間管理が個別に異なることとなるが，致し方ない。この場合の諸問題は〔設例4〕で扱う。

［設例2］　専門業務型裁量労働制における時間管理

[事　案]

　専門業務型裁量労働制の適用下にあった乙氏（B社研究開発部主任）は会社の極秘プロジェクトを命ぜられていた。完璧主義者の乙氏は日中はできる限りの資料を大学図書館などで調べたり，実験を行ったりして厳しいスケジュールを毎日こなしていた。そのため休日出勤もいとわず，毎日帰宅も夜の12時を回り，時には徹夜もあるという状況であった。極秘プロジェクトのため，部下に作業を命じることができないという事情もあった。

　こうした中で乙氏はストレスがたまり，脳梗塞を発症し，死に至ってしまった。B社はその間，裁量労働制を理由に特段時間管理を行わず，結果的に乙氏の状況を把握していなかった。乙氏の遺族はB社に対し何らかの法的責任を問うことができるだろうか。

[検　討]

1．裁量労働制と安全配慮義務

　企画業務型裁量労働制においては「労働時間の状況に応じた」健康福祉確保措置を労使委員会の決議で定めることとされている。一方，従来から存在する専門業務型裁量労働制ではこのような要件は定められていない。そのため，労働時間の把握ができていないケースは少なくないと思われる。いわゆる成果主義賃金制度をとっている場合には，成果を達成するために無理して長時間労働を行うことも充分考えられる。このことが限度を超えた場合には肉体的負荷が大きくなり，結果として脳・心疾患やうつ病罹患などにより命を落とすこともありえよう。問題は裁量労働制の対象となっていた労働者に関し，労働者が自らの裁量によって労働していたとしても，企業に管理責任があるか否かである。

　この点，専門業務型裁量労働制の適用対象業務に含まれているシステムエンジニアの脳出血による死亡につき，長時間労働によるものであるとして，企業の安全配慮義務違反を認めた例がある（システムコンサルタント事件・東京高判平成11・7・28

労判770号58頁)。この事件では，使用者側が，本人は裁量労働制（事実上のものと思われる）の対象者であり，残業を命じたことはない，と主張しているが，裁判所はこれに対して「納期遵守が求められている業務に就かせている以上……裁量労働であったことをもって……安全配慮義務違反がないとすることはできない」としている。ただし，本人が自らの健康保持義務を怠ったことを考慮し，50パーセントの過失相殺をしている。こうした例からすると，自己の健康保持義務が労働者にあるとはいえ，裁量労働制対象者に対しても，企業は安全配慮義務を負うこととなる。労働契約に付随した義務であって，当然のことではあるが，企業はこのことを今一度銘記すべきであろう。企画業務型裁量労働制に関してではあるが，指針においても第3の4(2)でこのことを確認している。

2．安全配慮義務の内容

それではどの程度「配慮」すればよいのか。前節でみたとおり，企画業務型裁量労働制においては在社時間をもって時間管理を行うことになっている（指針第3の4(1)）。しかしこの時間すべてが労働時間とは限らないことは前述した。ホワイトカラーが在社していた場合，労働時間か，休憩時間かどちらかしかないのではなく，双方の中間にあたるいわゆる「グレーゾーン」があることは認めねばならない。この点，安全配慮義務に関連して企業に何らかの時間管理義務を負わせるとするなら，専門業務型裁量労働制においてもそれはタイムカードなどによる「在社時間」というレベルでとらえざるを得ないであろう。

［設例3］ 企画業務型裁量労働制の対象者の「線引き」

［事　案］

C社では企画業務型裁量労働制を導入すべく，労使委員会を構成し，対象者の定義を行うこととした。ところが，本社人事部の中に人事企画課と人事課，賃金厚生課があったところ，業務のいわゆる「線引き」が困難になった。人事企画課は採用，異動，諸制度の立案・構築が主な仕事であり，人事課は例えば考課表の

配布と集計といった事務手続きに関した内容が多かった。賃金厚生課は賃金システムの運用と福利厚生関係の事務を統括している。そこで一人一人の仕事の分担表を作ってみたところ、入社年次が同じでも、人事課や賃金厚生課の者は単純作業を主としているが、人事企画課配属の者は今後の人事戦略の企画を検討しているという状況である。また同じ人事企画課の中でも「企画立案業務」とそれ以外の定型業務が同一人物の業務の中に混じり合っていることが確認された。C社労使委員会は裁量労働制の適用対象者をいかに検討すべきか。

[検 討]

1. 対象労働者の定義

　企画業務型裁量労働制については業務内容の制限と本人の知識・経験上の制限が付されている。そのため裁量労働制対象者を単純に各所属部課ごとに一律に扱うことはできなくなっている。しかしながらこのような状況下では裁量労働制の対象者をどのように決定するか、不明確にならざるを得ない。業務内容について裁量性の程度にも濃淡があったり、企画・調査業務なのか単純定型業務なのか判然としない面があるからである。そして企画・調査も行えば単純定型業務も行うなど、本人の担当する業務の比率もまちまちであり、どちらが主とは言いにくい面がある。指針においても、いくつかの例を示しているが、網羅的でなく、各企業でも判断に困るであろう。もっとも、網羅的に例を示すのは不可能でもある。

　一方、本人の能力的な面であるが、新人は能力不足であることは明確であっても、どこまでの能力を有すれば「対象業務を適切に遂行するための知識、経験等を有する」と認められるのかはこれもまた線引きが難しい。本章の解説（III 1⑶）では「職能資格制度4級以上」という例示を掲げたが、コース別雇用管理制度を採用している企業などでは幹部候補たる総合職では4級以上、補助職である一般職では5級以上、ということになるのか、もしくは総合職のみを対象として、一般職は裁量労働制の対象としない、とする扱いなど個別に検討せねばならないことも多い。そしてそもそも能力には個人差もあり、同一資格であっても年功的な運用をしている場合には本当は裁量的な業務を任せることが適当な者と、まだ任せきれない者が混在しているのが通常ではなかろうか。特に非管理職の若手の場合、事実上一律昇格を行っている企業は数多い。

こうした面を考えると、業務において客観的な指標を示すことは困難であり、担当する人物を客観的な基準でとらえて基準作りをするしかないように思われる。「○○課××係における△△の業務」などとより具体的に規定する方法もないわけではないが、組織の頻繁な改編も珍しくないし、担当替えをすることはよくある。しかも課や係を廃して機動的な運用を心がけた「チーム制」「担当制」などが浸透している現在、係単位の細かな組織まで労使協定で目を配るのは現実的でない。

2. 妥当性の確保

また、労使委員会の決議で上記のように定めたとして、労基署長が決議の届出を受け付ける場合、適当、不適当という何らかの判断を下すことができるのだろうか。本来は企業に入り込み、職務分析なり職務調査を実施しないと第三者として判断できないはずである。そうすると、対象業務や担当者の能力については書面審理では労使委員会の判断を尊重することとならざるを得ず、部外者がチェックすることは不可能に近いことになる。しかもその決議上の文言も先に述べたようにあいまいなものにならざるを得ないとすれば、各企業の現場に対応する内容となる保証はない。したがって、この点はあいまいな文言となることを認めた上で、実質的な規制は対象者本人の同意の有無によって行う、と考えるのが現実的な対応となるように思われる。

［設例4］企画業務型裁量労働制における不同意者への不利益取扱いと苦情処理

［事案］

D社では企画業務型裁量労働制を実施するにあたり、労使委員会の決議で対象業務と対象者を決定していたが、その中で「経営企画部企画グループにおいて社員資格総合職4級以上の者」も対象とされていた。ところが、この対象者のうち4級の丙氏は裁量労働制の対象となることに対し同意していたが、同じく4級の丁氏は同意しておらず、他の部門と同様に労働時間を自己申告し、時間外割増手当を受け取っていた。その他、裁量労働制対象者には「裁量労働手当」が支給さ

れ，賞与についても有利な乗率を適用されていたが，丁氏にはいずれも適用されていなかった。丁氏によると「成果主義」人事制度に対し納得できないので，その人事制度の一環としての裁量労働制には反対である，とのことであった。部長としては丁氏に対してもっと仕事に欲を出してほしいと考えていた。丁氏本人の潜在的な能力からすると，もっと成果を上げられるはずと見ていたのである。

その中で来期昇格対象者の選考試験受験の上司推薦の時期が到来した。経営企画部長は丙氏と丁氏を比較し，上位資格に就かせるためには自らの達成意欲が不可欠だと考え，丙氏を推薦し，丁氏を推薦しなかった。この措置は労基法38条の4第1項6号の「同意をしなかったものに対する不利益取扱い」にあたるだろうか。また丁氏は苦情処理措置の対象となるだろうか。

[検 討]

1．不利益取扱いの判断

「不利益取扱い」については極めて微妙な面がある。裁量労働制の適用に同意しなかったことに対する報復措置はわかりやすい。条文にもある解雇はその代表的な例であろうし，減給処分もその中に含まれよう。しかし現実は複雑である。不同意者が経営企画部門から営業部門に配転させられたらどのように考えるべきか。しかも昇格させての異動であったら，本人は経営企画部で仕事をしたいと思っているため不本意な配転であっても「不利益」にはあたらないのだろうか。そして設例のように「昇格差別」的な事例では上司の裁量権の問題もからんでくる。一方でこうしたグレーゾーンの事例を不利益にあたらないとしてしまうと，不同意者に対する人事施策のほとんどは不利益にはあたらないことになってしまうおそれも強い。

裁量労働制を「成果主義人事制度の一環」ととらえると，裁量労働制への労働者の同意が「成果（実績）主義人事制度」への一種の踏み絵となると企業が認識してしまう可能性は高い。すると裁量労働制への同意者は成果主義を受け入れたとみなされることになり，企業の意に沿った者として相対的に優遇され，不同意者は成果主義を受け入れなかった者として同意者に比して劣位におかれることも充分あり得る。また，ある職場で裁量労働制対象者と非対象者が混在すると労働時間の管理上煩雑であるとして，特定の職場から不同意者を排除したいと企業が考

えることも想定できる。こうした観点から不同意者への不利益取扱いを禁止した趣旨は理解できるが，現実の問題を想定するとその不利益の境界の設定はきわめて困難なのである。

　この点は立法趣旨は全く異なるものの，不当労働行為制度において処分理由が競合する場合の不利益取扱いについての判断基準がおそらく参考となる。有力説である決定的原因説によれば，不当労働行為意思が決定的原因となったか否かが検討されることになる。この議論の内容に従えば，裁量労働制への不同意という問題がなくとも当該施策がなされたのか否かがポイントとなる。設例においては，丙氏と丁氏の業績などを対比させ，明らかに丁氏の方が業績などで丙氏より高いものが認められれば，不利益取扱いとの推定が成り立つ。裁量労働制不同意という要素がなければ丁氏の方が推薦された可能性が高いからである。しかしながら2人推薦枠があるのにあえて1名しか推薦しない，というような事情があれば別として，丙氏と丁氏が同レベルであったら，そこに報復意思を読みとることは難しい。配転の場合も同様であるし，それに昇格が伴った場合にはさらに報復の意思を認定しにくくなる。

　以上のように考えると，不利益取扱いか否かの判定は極めて困難と言わざるを得ない。個別事情なども勘案すると，この点で不満・苦情が生じた場合には苦情処理手続きに委ねるしかないと思われる。

2．苦情処理措置の適用対象

　苦情処理手続きについて指針は「申出の窓口及び担当者，取り扱う苦情の範囲，処理の手順・方法等その具体的内容」を明らかにすることを必要としている。また，既存の「苦情処理制度を利用することを決議した場合には……企画業務型裁量労働制の運用の実態に応じて機能するように配慮すること」としている（第3の5）。

　当然の文言と考えられるが，子細に検討するといろいろと問題が生じてくる。まず，申出資格者の問題がある。条文では，裁量労働制の対象業務に従事している労働者からの苦情が前提となっている（労基法38条の4第1項5号）。ここでは同意，不同意は関係がないので，例えば「不同意であった労働者が被った不利益に対する苦情処理」は苦情処理措置で対処可能であると考えられる。しかしそもそも対象とされていない者からの苦情は考慮していない。この点，裁量労働制に関する

事項であれば，誰からでも苦情を寄せられることとしないと，問題は解決されない。特にどの業務が対象業務となりうるのか，明確な基準をたてることができない以上，たとえば裁量労働制を適用してほしい，といった不満は潜在的に残るからである。裁量労働制に対する納得性を高めるために「苦情をよせる資格」は広くしておく方が妥当であろう。

また，裁量労働制は単独で成立している制度ではなく，賃金の決定，人事考課での評価システムなど他の諸制度と密接に関連している。そのため「裁量労働制に関係する苦情」をこれらの人事制度に対する苦情を含むものとしてとらえねばならない状況は不可避であろう（指針第3の5(2)イ）。そうでなければ，これは裁量労働制における苦情処理措置で対処する内容なのか否か，事前審査を行うという手続きが必要になってしまう。

3．一般的苦情処理システムの設計

こうしたことを考えると，苦情処理措置の対象者も対象事項も幅広くとらえるのであれば，裁量労働制に限らず，一般的な苦情処理制度として構築した方が妥当ということになる。しかし一般的に労使で構成する苦情処理委員会による苦情処理制度がうまく機能している例はあまり聞かない。その理由は個別的な事情を判断することが極めて困難なことにあると推測できる。つまり設例の戊氏のとおり，設定された目標が他の同僚と比べて妥当な水準なのか否かを苦情処理委員会で判断することは難しいのである。そのときの上司の判断の妥当性が問題となるからである。しかも労働組合が関与しているときには，労働組合は個別事例について判断を避けがちになる。かかる事項は組合員個々の能力の高低，業績の評価などに踏み込まざるを得ず，組合員を平等に扱うという建前が崩れるからである。従来型の労使による苦情処理制度は限界がある。

以上から，裁量労働制における労使委員会の決議においては，苦情処理措置は将来的には社内におけるあらたな個別労使紛争解決システムを見据えて検討されるべきであろう。労使同数で構成する委員会がよいのか，企業上層部による苦情処理委員会がよいのか，もしくは専門部局を設けるのか様々なアイデアがありうる。極めて個別的な事情が強い労働者の不平，苦情に対して，企業，そして労働組合はいかに対処していくのか。その姿勢が裁量労働制に対する労働者の納得性，ひいては企業や労働組合に対する労働者の信頼を高めるものとなっていくのである。

第7章

割 増 賃 金

I 制度の趣旨

　労基法37条は，使用者が同法33条または36条1項の規定により労働時間を延長し，または休日に労働させた場合においては，その時間またはその休日の労働については，通常の労働時間または労働日の賃金の計算額の25パーセント以上50パーセント以下の範囲内でそれぞれ定める率以上の率で計算した割増賃金を支払わなければならないと定める（同条1項）。また同条は，使用者が，午後10時から午前5時までの間において労働者を労働させた場合においては，その時間の労働について，通常の労働時間の賃金の25パーセント以上の率で計算した割増賃金を支払わなければならないと定めている（同条3項）。この時間外・休日・深夜労働についての割増賃金は，労基法が定める労働時間制および週休制の原則に対して，追加労働による過重な労働により，余暇を奪われること，また，深夜という心身に負担の大きい条件下で労働を行ったことに対する補償の意味を有するものである。また，使用者に割増賃金支払を義務づけることにより，時間外労働等の時間当たり賃金額を高め，通常の労働よりも経済的に割高にし，コスト面から使用者が時間外労働等を抑制することを図るという公的政策に基づく制度でもある。

II 割増賃金の意義

1. 割増賃金の支払義務

労基法37条によれば，①法定労働時間を超えて行われた時間外労働（同条1項），②法定休日に行われた休日労働（同項），③深夜（原則として午後10時から午前5時までの間）に行われた労働（同条3項）については，使用者に割増賃金支払義務が生ずる。

時間外または休日労働に対しては，通常の労働時間または労働日の賃金の25パーセントから50パーセントまでの範囲内で命令で定める率（割増賃金令により時間外労働は25パーセント，休日労働は35パーセントとなる）以上の率で計算した割増賃金，また深夜労働に対しては通常の労働時間の賃金の25パーセント以上の率で計算した割増賃金を支払わなければならない（労基法37条）。時間外労働が深夜に行われた場合の割増率は50パーセント以上，休日労働として行われた場合は60パーセント以上となる（労基則20条）。他方，休日に1日8時間を超える労働がなされても，割増率は35パーセント以上のままである（昭和22・11・21基発366号など）。

以上のように，労基法上の時間外・休日労働または深夜労働を行った場合には，割増賃金請求権が発生する。時間外・休日労働を三六協定によらないで違法に行わせた場合も，使用者は割増賃金の支払義務を免れない（小島撚糸事件・最一小判昭和35・7・14刑集14巻9号1139頁）。

なお，労使合意の上で割増賃金を支払わない申し合わせをしても，労基法37条に抵触するものとして無効である（昭和24・1・10基収68号）。

2. 割増賃金を支払うべき労働

割増賃金の支払義務が生じる労働は，法定労働時間を超えて行われた時間外労働，労基法35条に定める休日に行われたいわゆる法定休日労働，および深夜労働である。法定休日以外に就業規則その他これに準ずるものによって

定められた所定休日の労働により週の法定労働時間を超える場合にも時間外労働が成立する（昭和23・4・5基発537号）。時間外労働が続いて翌日に及んだ場合には，前日の労働の継続としてとらえ（休日労働の成否は別論である），翌日の所定始業時刻までの超過時間に対して割増賃金を支払えばよい（昭和26・2・26基収3406号など）。いかなる場合に時間外労働が成立するかは，主として労働時間該当性の問題であるが，例えば，使用者の要請・指示がなく，自発的に行った時間外労働（担当業務内容で当該業務の完了を急ぐ事情があった場合など）であっても，法定時間外労働をすることにつき使用者の黙示の合意があったものとして，使用者には割増賃金支払の義務が生じうる（昭和25・9・14基収2983号参照）。また，深夜労働に関しては，労働協約・就業規則等によって深夜業の割増賃金を含めて所定賃金が定められていることが明らかな場合には，別に深夜業の割増賃金を支払う必要はないとされている（昭和63・3・14基発150号）。この通達は労基法41条所定の適用除外対象者に関するものであるが，一般的には，後述する割増賃金の定額払制の場合（III 3 参照）と同様に，深夜割増賃金に相当する部分が明確にされていることを要するとの理解がみられる（注釈労働時間法496頁）。

　法定内の所定時間外労働（法内超勤）については，法律上の割増賃金支払義務はないが，労働協約，就業規則等に割増賃金支払義務が定められている場合には，使用者はそれらに基づき支払の義務を負うこととなる。また，遅刻後，所定終業時刻を超えて労働した場合には，就業規則等に特段の定めがない限り，実労働時間が法定労働時間を超えるまでは法内超勤と同様に扱われる（昭和22・12・26基発573号参照）。

III　割増賃金の算定と支払

1．算定基礎賃金

　割増賃金の算定基礎となる賃金は，「通常の労働時間」または「通常の労働日」の賃金である。これに割増率と時間外労働数や休日数等を乗じて割増

賃金の額が算定される。その計算方法は，労基則19条により，賃金決定方法に応じて，①時間によって定められた賃金については，その金額，②日によって定められた賃金については，その金額を1日の所定労働時間数で除した金額，③週によって定められた賃金については，その金額を週における所定労働時間数で除した金額，④月によって定められた賃金については，その金額を月における所定労働時間数（月によって所定労働時間が異なる場合には1年間における1月平均所定労働時間数）で除した金額，⑤月，週以外の一定の期間により定められた賃金については，①～④に準じて計算した金額，⑥出来高払制その他請負制によって計算された賃金については，その賃金算定期間における総労働時間数で除した金額，⑦労働者の受ける賃金が①～⑥のうち2種以上のものからなる場合には，その部分につき上記各号によりそれぞれ計算した金額の合計額，⑧休日手当その他①～⑦に含まれない賃金はそれを月によって定められた賃金とみなして計算する。

　賃金の名称のみでは，いかなる決定方法をとるのかは判断が困難な場合もある。「生産手当」を例とすると，数工場の生産量を合計して毎月ある一定量を超えた場合に全員一律に支給する場合は，上記④の月によって定められたものとみることができるのに対し，毎月計画生産量を超えたときに労働者1人当たり一定額をプールした上，個人的配分にあたって各人の能率，成績，実労働時間を条件にする場合には，⑥の請負制によって定められたものとみなして計算することとなる（昭和26・2・14基収3995号）。

2．除外賃金

　労基則21条は，割増賃金の支払基礎となる賃金には，①家族手当，②通勤手当，③別居手当，④子女教育手当，⑤住宅手当（住宅に要する費用に応じて算定されるものに限る。平成11・3・31基発170号参照）等の「労働に関係のない個人的事情によって」支給される賃金，⑥臨時に支払われた賃金，⑦1か月を超える期間ごとに支払われる賃金，は算入しないでもよいと定めている。以上は限定列挙であり，これらに該当しないものを割増賃金の基礎から除外することはできない（小里機材事件・最一小判昭和63・7・14労判523号6頁［判例1］）。

以上に対し，⑥と⑦の賃金のうちには文字どおり労働の対償というべき賃金が含まれており，労基則21条は，法律の委任を逸脱しているという有力な主張がある（小西＝渡辺＝中嶋274頁［渡辺］）。なお，最後の⑦に関しては，最近，賞与部分を含めて金額が確定している年俸制の場合は，賞与部分を含めて当該確定した年俸額を算定の基礎として割増賃金を支払う必要があるとされた（平成12・3・8基収78号）。

①～⑤の手当は，名称にかかわらず実質によって取り扱わなければならない（昭和22・9・13発基17号参照）。①の家族手当に関して，扶養家族数またはこれを基礎として算出した手当は，物価手当，生活手当その他名称の如何を問わず家族手当として取扱うが，一定額が独身者に対しても支払われているときは，その部分は家族手当とは関連のないものであり，また扶養家族数に関係なく一律に支給されている部分も家族手当ではなく割増賃金の基礎から除外することはできない（昭和22・11・5基発231号，昭和22・12・26基発572号）。各自の個別的事情にかかわらず，無条件で一律に一定額を支給する家族手当については割増賃金の基礎に含まれる（壺阪観光事件・大阪高判昭和58・5・27労判413号46頁［判例3］）。

⑥の臨時に支払われた賃金，または⑦の1か月を超える期間ごとに支払われる賃金に該当するか否かについては多くの判例がある。まず，割増賃金の基礎となる賃金とされた例としては，基本給引上げの代わりに支給される臨時手当（三洋石炭事件・広島高判昭和35・6・9労基集2集923頁），いずれも特殊作業に対する手当ないし一種の精勤手当として支給される無事故手当，構内手当，夜勤手当等（福井交通事件・福岡地判昭和41・9・16労民集17巻5号1077頁），通勤手当，世帯手当及び従業員の税負担を緩和するため全員に支給していた還付金を一本化して，従業員全員に対しその職務等級に応じ定額支給をし，本給とともに昇給の対象となる賃金種目として支給される臨時手当（西日本新聞社事件・福岡地判昭和47・1・31労判146号36頁），貨物自動車に助手を付すことなく1人で乗務した場合に支給されるワンマン手当（福運倉庫事件・福岡地判昭和52・5・27労判278号21頁），出勤すれば乗務しなくても支給されるワンマン手当，チャーターされた得意先ごとに1か月の基準回数を超える回数について支給される市内オーバー回数手当，運送の帰りに荷物を積んで走行する場合

に支給される帰荷手当（朝日急配事件・名古屋地判昭和58・3・25労判411号76頁），皆勤者で，乗客からの苦情が出されなかった運転手に支給される乗務サービス手当，皆勤者でかつ1か月の総水揚高が一定額に達した者に支給される特別報奨金（前掲・壺阪観光事件［**判例3**］），無欠勤，無遅刻，無早退，無私用外出の従業員に対して支給される皆勤手当（前掲・小里機材事件［**判例1**］），1賃金支払月間内の欠勤数および運行外勤務日数の合計が15日以上という資格要件を加味し，2賃金支払月間を通じて無事故の従業員には1万円，1賃金支払月間を通じて無事故の従業員には5,000円を毎偶数月に支給する報奨金（ブラザー陸運事件・名古屋地判平成3・3・29労判588号30頁）などがある。

　以上のほか，割増賃金として労使協定の定めにより支給され，なおかつ本来それぞれの趣旨をもつ手当が別個に支払われている役付手当，業績手当（両備運輸事件・山口地宇部支判昭和57・5・28労経速1123号19頁），昼勤者やその他現実に深夜労働に従事しなかった者にも支給され，単に収入の低い者やその他の者に対する優遇措置ないし奨励的な措置として恩恵的に支給される，深夜割増賃金と同一の率および方法で算出した手当（駒姫交通事件・大阪高判昭和63・12・22労判531号7頁），労働者の所得税を使用者が一部負担する税金補給金（昭和25・8・7基収1991号，日本液体運輸事件・東京高判昭和58・4・20労民集34巻2号250頁）は，上記のいずれにもあたらず割増賃金の基礎となる賃金に含まれないとされた。

　以上に対して，割増賃金の基礎に算入されなかった例としては，寒冷地手当，薪炭手当（鬼首郵便局事件・仙台地判昭和35・1・29行集11巻1号131頁），毎月1回，労使協定で定められた日に支給される寒冷地手当，石炭手当，年2回，労使協定で定められた日に在勤する郵政職員に対し，その成績に応じて支給される郵便能率向上手当（札幌郵便局事件・札幌地判昭和35・4・1行集11巻4号1079頁），特別出勤手当，不定額の調整給・特別調整給（大日本警備センター事件・大阪地判昭和57・2・26労判385号付録29頁）などがある。

3．割増賃金の支払方法

　割増賃金は，その対象となる時間外労働，休日労働，深夜労働が発生した

賃金支払期間ごとに支払う必要がある。1か月における時間外労働,休日労働および深夜業の各々の時間数の合計に1時間未満の端数がある場合に,30分未満の端数を切り捨て,それ以上を1時間に切り上げることは賃金全額払いの原則に反しない(昭和63・3・14基発150号)。

割増賃金の基礎たる賃金とすべき手当を割増賃金の基礎に算入しない場合においても,法所定の割増率を上回る割増率を採用することにより,労働者に対して実際に支払われた割増賃金が法所定の割増賃金を下回らない場合には,労基法37条の違反とはならない(昭和24・1・28基収3947号)。すなわち,

$$\frac{基準賃金}{月平均所定労働時間}\times 割増率 \geqq \frac{基準賃金+当該手当}{月平均所定労働時間}\times 0.25$$

の不等式を満たす限りにおいて,便宜的に手当の一部を割増賃金の基礎に算入しない方法を取ることができる。より一般的にいえば,法所定の割増賃金額以上の割増賃金が支払われている限り,法所定の計算方法以外の方法を採用することも不可能ではないと解する見解が多い(注釈労働時間法508頁参照)。

割増賃金を固定額で支払う場合において,現実の時間外労働等により発生する割増賃金が固定残業給を超えた場合,差額賃金の請求が可能である(関西ソニー販売事件・大阪地判昭和63・10・26労判530号40頁,三好屋商店事件・東京地判昭和63・5・27労判519号59頁,三晃印刷事件・東京高判平成10・9・16労判749号22頁[**判例4**])。ただし,その場合には,通常の労働時間に対応する賃金と割増賃金が区分できるようになっていることが必要である(高知県観光事件・最二小判平成6・6・13労判653号12頁[**判例2**])。また,一定額の手当の支払をもって割増賃金の支払がなされたものと評価しうるためには,当該手当が割増賃金に代わる趣旨のものであることが認められる必要がある(共立メンテナンス事件・大阪地判平成8・10・2労判706号45頁[**判例5**])。

[判例 1] 割増賃金の算定基礎
小里機材事件・最一小判昭和63・7・14労判523号6頁

[事　実]

　Yは，工業用皮革のパッキング加工販売等を目的とする会社であり，X_1ないしX_5（以下Xら）はY会社に勤務する従業員である。Yにおける所定労働時間は，午前8時30分から午後5時までの7時間30分（休憩時間1時間を除く）であり，1日7時間30分を超える労働時間につき2割5分の割増賃金を支払う慣行があった。Yの賃金は，基本給および住宅手当，皆勤手当，乗車手当，役付手当，通勤手当，家族手当，奨励手当で構成されていたが，割増賃金の算定基礎から住宅手当，皆勤手当，乗車手当，役付手当を除外していた。そこで，Xらが，割増賃金の算定基礎には基本給のほか，これらの手当も含まれるとして，差額の支払いを求めたのが本件である。また，YはX_5との間で月15時間の時間外労働に対する割増賃金を基本給に含める合意があったと主張したが，X_5はこれを否認した。一審判決（東京地判昭和62・1・30労判523号10頁）は，Xらの請求を認容した。二審判決（東京高判昭和62・11・30労判523号14頁）は原判決を維持し，最高裁もこれを維持して，Yの上告を棄却した。以下では，二審判決の引用する一審判決の理由を示す。

[判　旨]

　労基法37条1項は，割増賃金の支払を規定し，同条2項（現行4項—解説者）および労基則21条は，①家族手当，②通勤手当，③別居手当，④子女教育手当，⑤臨時に支払われた賃金，⑥1か箇月を超える期間ごとに支払われる賃金を割増賃金の計算の基礎から除外している。割増賃金の目的は，労基法の労働時間および週休制の原則を維持するとともに，過重な労働に対する補償を行わせるところにあり，上の6項目の除外賃金は制限的に列挙されているものと解するのが相当であり，実際に支払われる賃金がこれらに当たるかどうかは，名目のみでなく，実質に着目して判断すべきである。

　本件では，住宅手当は，既婚・未婚や家族数に関係なく，住民票上の世帯主に月額5,000円が一律に支払われていたものであり，また別途「家族手当」名目の賃

金も支払われているので,本件住宅手当は,家族手当の性質を有するとは言えず,除外賃金に該当しない。また,本件皆勤手当は,無遅刻無欠勤の従業員に対して月額3,000円が支払われており,臨時に支払われた賃金に当たらず,除外賃金に該当しない。同様に,運転免許保有者に毎月支払われる乗車手当,および職位に応じて毎月支払われる役付手当も,いずれの除外賃金にも該当しない。よって,本件の各手当は,割増賃金の算定基礎となる賃金に含まれる。

本件においてはX_5とYとの間で月15時間分の時間外労働についての割増賃金を基本給に含める旨の合意は認定できないが,仮に,そのような合意がされたとしても,その基本給のうち割増賃金に当たる部分が明確に区分されて合意され,かつ労基法所定の計算方法による額がその額を上回るときはその差額を当該賃金の支払期に支払うことが合意されている場合にのみ,その予定割増賃金分を当該月の割増賃金の一部または全部とすることができるものと解すべきである。

本件では,上記いずれの合意の主張立証もないことから,X_5の割増賃金は,基本給の全額および住宅手当,皆勤手当,乗車手当,役付手当の額を算定基礎として,時間外労働の全時間数に対して支払われなければならない。

[判決の位置づけ]

1. 割増賃金の算定基礎に含まれる賃金

割増賃金の計算の基礎から除外できる賃金として,労基法37条2項(現行4項—解説者)および労基則21条は,①家族手当,②通勤手当,③別居手当,④子女教育手当,⑤臨時に支払われた賃金,⑥1か月を超える期間ごとに支払われる賃金をあげている。本判決は,これらの賃金が限定列挙なのか,例示列挙なのかという問題について,従来から有力であった限定列挙説の立場をとった原判決を最高裁が支持したものである。また,原判決は,実際に支払われる賃金がこれらの除外できる賃金に該当するかどうかについては,名目にかかわらず,実質的に判断すべきであるとするが,この点も学説・裁判例が一般に認めるところである。

本件では,労基則21条が当時列挙していなかった「住宅手当」について検討を加えているが,これは,同手当が実際には家族手当としての性格を有するとのY側の主張を前提とするものである。なお,1999年の改正により,一定要件のもとで住宅手当が除外できる賃金に付け加えられているが(同条3号),現在でも,全員

一律に，あるいは住宅の形態や住宅以外の要素に応じて定額で支給される手当は除外賃金には当たらないとされている（平成11・3・31基発170号）。

2．割増賃金を基本給に含めることの可否

割増賃金を基本給に含める合意が認められるか否かについて，最高裁は，①基本給のうち割増賃金に当たる部分が明確に区分されて合意されていること，かつ②労基法に基づいて計算した額が①で合意された予定割増賃金の額を上回るときはその差額を当該賃金の支払期に支払うことが合意されている場合にのみ，その予定割増賃金分を当該月の割増賃金の一部または全部とすることができるとの判断基準を示した原判決を支持している。割増賃金を固定額で支払う場合について，その額が労基法の基準を下回る場合には差額を支払うべきものとしたものである。この点も，従来の下級審裁判例等がとってきた立場と一致するものである（高知県観光事件・最二小判平成6・6・13労判653号12頁[**判例2**]は，歩合給についても同様の扱いをなすべしとする）。こうした立場によれば，本件のように基本給のうち割増賃金に当たる部分が区分されていない場合には，除外できる賃金以外の，基本給および手当の全額が割増賃金の算定の基礎となる。

―――――――――――――――――――――――――
［実務上の留意点］
❶ 労基法37条4項および労基則21条の規定は限定列挙であり，これ以外の賃金を割増賃金の算定基礎から除外することはできない。
❷ 労基則21条にいう除外賃金にあたるか否かは実質により判断される。
❸ 割増賃金を基本給に含める場合には，基本給部分と割増賃金予定額を明確に区分し，かつ，その額が法定の基準を下回る場合には差額を支払わなければならないことが合意されている必要がある。
―――――――――――――――――――――――――

[判例2] 歩合給と割増賃金
高知県観光事件・最二小判平成6・6・13労判653号12頁

[事　実]

　Yはタクシー業を営む会社であり、Xら4人（上告人，被控訴人，原告）はいずれもYのタクシー乗務員として雇用され、1987年2月28日まで勤務してきた。Xらの勤務体制は全員が隔日勤務であり、労働時間は、午前8時から翌日午前2時まで（そのうち2時間は休憩時間）である。賃金は一律歩合制で1か月間の稼動によるタクシー料金の月間水揚高に一定の割合を乗じた金額とされていた。しかし、Xらが労基法37条の時間外および深夜労働を行った場合にはこれ以外の賃金は支給されておらず、歩合給のうちで通常の労働時間の賃金にあたる部分と時間外および深夜の割増賃金にあたる部分を判別することもできなかった。

　Xらの1985年6月1日から翌年2月28日までの間における時間外および深夜の割増賃金が支払われていないとして、1986年12月から1987年2月までの3か月間の勤務実績に基づき午前2時以降の時間外労働および午後10時から午前5時までの深夜労働に対する割増賃金等の支払を求めた。これに対し、Yは、歩合給には時間外および深夜の割増賃金に当たる部分も含まれているから請求にかかる割増賃金はすでに支払済みであると主張した。

　一審（高知地判平成元・8・10労判564号90頁）は、本件歩合給のうちのどの部分が割増賃金に当たるか確定できないとして、Yの主張を退け、Xらの本件推定基礎時間の勤務実績については当事者間に争いがないとして、Xらの請求を全部認容した。二審（高松高判平成2・10・30労判653号14頁）は、本件割増賃金が支払済みであるといえないとしつつも、午前2時以降の就労については、それを労働時間とする慣行がなく、Xらが就労する法的根拠を欠いているから、一審が午前2時以降の就労を深夜労働として取り扱うことにつき、当事者間に争いがないとしたのは相当でないとして、午前2時以降分の割増賃金支払請求を棄却した。そこで、Xらが上告したのが本件である。本判決は次のとおり述べて、原判決を破棄している。

[判　旨]

　原審における当事者双方の主張からすれば，Xらの午前2時以降の就労についても，それがXらとYとの間の労働契約に基づく労務の提供として行われたものであること自体は，当事者間で争いのない事実となっていることが明らかである。したがって，この時間帯におけるXらの就労を法的根拠を欠くもの，すなわち労働契約に基づくものではないとした原審の認定判断は，弁論主義に反するものであり，この違法は判決に影響を及ぼすことが明らかなものというべきである。そうすると，原判決は，その余の論旨について判断するまでもなく，破棄を免れない。

　本件請求期間にXらに支給された歩合給の額が，Xらが時間外および深夜の労働を行った場合においても増額されるものではなく，通常の労働時間の賃金に当たる部分と時間外および深夜の割増賃金に当たる部分とを判別することもできないものであったことからして，この歩合給の支給によって，Xらに対して労基法37条の規定する時間外および深夜の割増賃金が支払われたものとすることは困難なものというべきであり，Yは，Xらに対し，本件請求期間におけるXらの時間外および深夜の労働について，割増賃金を支払う義務がある。

［判決の位置づけ］

1. 割増賃金の支払方法

　これまでに裁判で争われた割増賃金の計算・支払方法としては，まず，①割増賃金を外勤手当等のように基本給と区別された各種手当として定額で支払う方法がある。一般的傾向としては，定額の支給額と法所定の割増賃金の額を比較し，支給額が法定額を下回っている場合は差額を支払う必要があると解されている（三晃印刷事件・東京高判平成10・9・16労判749号22頁［判例4］など）。次に，②割増賃金を基本給にあらかじめ組み込んで支給する方法がある。この場合は，(a)基本給のうち割増賃金に当たる部分が明確に区分され，かつ，(b)法所定の計算方法による割増賃金額が基本給に組み込んだ割増賃金相当額を上回るときはその差額を支払う旨の合意がなされていない限り，基本給込みの割増賃金の支払いは認められないとの判断が示されている（小里機材事件・最一小判昭和63・7・14労判523号6頁［判例1］）。

2．歩合給と割増賃金

本判決は，タクシー会社の乗務員に対する時間外労働および深夜労働を理由とする割増賃金請求に関して，時間外労働および深夜労働の事実および時間数については当事者間において自白が成立していると判断した上で，乗務員の歩合給には割増賃金が含まれているとのYの主張を排斥して，Xらの請求を認めたものである。歩合給制度の下での割増賃金支払義務について最高裁が自らの判断を表明したのは本判決が初めてであり，オール歩合制をとる場合においても，通常の労働時間の賃金に当たる部分と時間外・深夜労働の割増賃金に当たる部分とが判別できなければ，割増賃金を支払ったとはいえないと判示した点に意義がある。

> [実務上の留意点]
> 歩合給制がとられる場合であっても，割増賃金を通常の労働時間の賃金に含めて支払うためには，通常の労働時間の賃金部分と割増賃金部分を判別できることが必要である。

[判例3] 割増賃金の算定基礎
壺阪観光事件・大阪高判昭和58・5・27労判413号46頁

[事 実]

Yは，タクシーおよび観光バスによる旅客運輸業を営む株式会社であり，XらはYに雇用され，入社以来車両の運転業務に従事する者である。Yの賃金体系は，大別して固定給部分と歩合給部分に分かれており，固定給部分には，基本給・皆勤手当のほか，①家族構成・員数に関係なくすべての従業員に一律に支給されていた家族手当，②通勤の距離・交通手段等に関係なく一律に支給されていた通勤手当，および③皆勤者であってかつ乗客からの苦情が出されなかった運転手に支給されていた乗客サービス手当が含まれ，歩合給部分には，④皆勤者でかつ1か月の総水揚高が37万円を超える者に対し一律に支給される特別報奨金が含

まれていた。

　Yは，時間外労働及び深夜労働に対する割増賃金の算定基礎となる賃金から，上記①ないし④を除いていた。これに対しXらが，これら諸手当を算定基礎に加えて得た割増賃金額と実際の支給額との差額の支払を求めたのが本件である。一審判決（奈良地判昭和56・6・26判時1038号348頁）はXらの請求を認容し，控訴審の大阪高裁もおおむねこれを支持した。

[判　旨]

　労基法37条2項（現行4項─解説者）は，「割増賃金の基礎となる賃金には，家族手当，通勤手当その他命令で定める賃金は算入しない。」と定め，労基則21条は，割増賃金に算入しない賃金（除外賃金）として，別居手当，子女教育手当，臨時に支払われた賃金，1か月を超える期間ごとに支払われる賃金の4つを掲げている。これらの6項目の除外賃金は，規定の性質上限定列挙と解すべきであり，また具体的に支給されている各種手当や奨励金がこれに該当するか否かの判断にあたっては，これら諸手当等の名目のみにとらわれず，その実質に着目すべきであって，名目が前記除外賃金と同一であっても，労働者の一身的諸事情の存否や労働時間の多寡にかかわらず一律に支給されているものについては，除外賃金には該当しないというべきである。けだし，使用者が除外賃金の名目を付することによって，容易に除外項目となしうるものとすれば，単位時間（または日数）あたりの割増賃金を名称一つで不当に廉価に算定しうることとなり，所定労働時間(日)よりも高率の賃金を支払うべきことを定めた割増賃金制度の趣旨を没却することになるからである。

　上記観点から判断すると，本件の①家族手当および②通勤手当は，Xら各自の個別的事情にかかわらず，無条件で一律に一定額が支払われていたものであり，これら手当は固定給部分の単位時間あたり賃金額を当然に増大・塡補する意味合いをもつものであって，その名目にかかわらず，前記除外賃金には該当しないものである。また，③乗客サービス手当は，前記除外賃金のいずれにも該当せず，一定の不行跡がない限り，原則として支給されていたものと解されるから，①および②と同様，固定給部分の割増賃金の基礎となる賃金に算入されるべきである。さらに，④特別報奨金は，1か月の総水揚高が37万円に達した労働者に対し，一

律に一定額を支給されたものであって，前記除外賃金のいずれにも該当しないことが明らかであり，歩合給部分の単位時間あたりの賃金額を填補する意味合いを持つものとして，歩合給部分の算定基礎賃金に当然算入されるべきものと解される。

[判決の位置づけ]

1．除外手当と名称を同じくする「家族手当」等の取扱い

本件では，労基法37条により割増賃金の基礎には算入しないとされている「家族手当」および「通勤手当」と名称を同じくする手当について，除外賃金に該当するか否かが争われている。この点について判旨は，これら手当の名目にかかわらず，その実質に着目すべきであるとしたうえ，これが無条件で一律に一定額支払われていたこと，および単位時間あたり賃金額を増大・填補する意味合いを持つものであることから，除外賃金に該当しないとした。行政解釈も同様に，除外賃金については「名称にかかわらず実質によって取り扱うこと」（昭和22・9・13発基17号）としている。

2．支給事由の発生が確実ではない手当の取扱い

判旨はまた，「乗客サービス手当」および「特別報奨金」については，労基法37条および労基則21条に掲げる6項目の除外賃金に該当しないこと，かつ一律に一定額支給され，単位時間あたり賃金額を増大・填補するものであることから，割増賃金の基礎として算入すべきものとしている。これら一定以上の勤務成績を上げた者に支払われる報奨金等の手当は，その支給条件は明確であるものの，支給条件がみたされるか否かは，労働者のその時どきの成績によるため不確実である。したがってこれが労基則21条3号（現行4号—解説者）にいう「臨時に支払われた賃金」に該当するのではないか，という疑問が生じる。しかし，これら報奨金も，「労働者の一身的諸事情の存否」等にかかわらず支給されるものであるから，割増賃金の算定基礎として算入されるべき通常の労働時間（または労働日）の賃金であるとした判旨の結論は妥当である。

なお，行政解釈は「臨時に支払われた賃金」につき，「支給事由の発生が不確定」，かつ「非常に稀に発生するもの」（昭和22・9・13発基17号）と解するため，本件のような手当がこれに該当しないことは，その後段から明らかである。しかし，

この基準に形式的に従えば、例えば目標額が非常に高く設定された報奨金であって、これに達することが非常に稀であるようなものについては、「臨時に支払われた賃金」と解する余地がある。これでは、同種の報奨金が、その目標値の高低によって除外賃金か否か決せられることとなり不合理であるから、ここでの「臨時に支払われた賃金」とは、「結婚手当」あるいは「私傷病手当」（昭和26・12・27基収3857号）、「加療見舞金」（昭和27・5・10基収6054号）など、支給事由の発生が労働者の個人的事情によるものに限られると解すべきであろう（注釈労働時間法522頁参照）。

―――――――――――――――――――――――――
［実務上の留意点］

❶ 名称が「家族手当」「通勤手当」等であっても、労働者に一律に一定額支給されるものについては、割増賃金の算定基礎から除外することはできない。

❷ 支給事由の発生が確実ではない「報奨金」等も、労働者の個人的事情によらず支払われるものであれば、割増賃金の算定基礎として取り扱うべきである。
―――――――――――――――――――――――――

［判例4］　固定残業制における割増賃金
三晃印刷事件・東京高判平成10・9・16労判749号22頁

［事　実］

印刷業を営むY会社は、現実の時間外労働および深夜労働の有無および長短にかかわらず、営業部男性従業員には月24時間分、第4作業部の男性従業員には月28時間分の定額の割増賃金を支給し、それ以上には、割増賃金を支給しないという取扱いをしていた（固定残業制度）。これに対して、営業部および第4作業部の男性従業員Xらが、現実の時間外労働等に基づく差額割増賃金、遅延損害金および付加金の支払を求めて、本件訴えを提起した。一審判決は、差額の支給をYに命じた（東京地判平成9・3・13労判714号21頁）。本判決は、以下のように判示してYの控

訴を棄却した。

[判　旨]

　本件固定残業制度の下にあっての固定残業給は，時間外労働の割増賃金として支払われていたのであって，この限りにおいて，同制度はYと適用対象従業員との間で労働契約の内容となっていたということができるが，現実の時間外労働により発生する割増賃金が固定残業給を超えた場合に，その差額を放棄する特約まで労働契約の内容になっていたと認めるに足りる証拠はなく，仮にそうであったとしてもそのような特約は労基法13条に違反し無効である。

　本件の固定残業制度は，残業をしなくとも所定の残業手当を受けることができるという効力を認めるべきではなく，全体として効力を有しないものと解される。したがって，割増賃金の計算が1か月ごとにされるとしても，特定の1か月の割増賃金が当該1か月の固定残業給を超えない場合には，Xらは，Yに対し，固定残業給額と割増賃金額との差額の返還義務を負担するはずである。しかし，XらのYに対する請求権が差額返還請求内の金額の範囲で当然消滅するものではなく，YのXに対する相殺の意思表示（この場合の相殺は労基法24条1項には抵触しない）があって初めて消滅するものである。本件においては，Yは相殺の意思表示を行っていないので，Xらの割増賃金請求権は消滅しない。

[判決の位置づけ]

1．固定額による割増賃金の支給

　本件における固定残業制度のように，時間外割増賃金等を残業手当等の名目で固定額により支払う場合，現実の時間外労働等により発生する割増賃金が固定額を超えたときには，差額賃金の請求が可能である（関西ソニー販売事件・大阪地判昭和63・10・26労判530号40頁，三好屋商店事件・東京地判昭和53・5・27労判519号59頁）。本判決もこうした従来の裁判例の動向に従ったものであるが，差額請求権を放棄する合意が労基法違反として無効となることを明示した点で意義がある。

2．割増賃金額が固定額を下回る場合の取扱い

　他方，判旨は，本件固定残業給制度は，残業をしなくても所定の残業手当を受けることができるという効力を認めるべきではなく，全体として効力を有しない

と解すべきであるとして、以上とは逆に実際の割増賃金額が固定残業給を下回る場合には、労働者がその差額の返還義務を負担するとの立場を示している（ただし、労働者の割増賃金請求権は、使用者による差額返還請求権との相殺の意思表示がなされた場合にはじめて消滅するとされ、本件では相殺の意思表示がなされていないと認定されたため、上記の点は結論に影響を与えていない）。こうした見解は従来の裁判例の中ではみられなかったものであり、今後こうした立場が定着するかどうかはなお不分明である。

[実務上の留意点]

固定額の残業手当を支払っている場合、その額が現実の時間外労働に基づき算定された割増賃金の額を下回るときには、差額を支払う必要がある。

[判例5] 「管理職手当」による割増賃金補填の可否
共立メンテナンス事件・大阪地判平成8・10・2労判706号45頁

[事　実]

X_1およびX_2は、Y会社の従業員寮において、それぞれ管理人および寮母として雇用されている。Xらの勤務時間は、就業規則上、午前6時始業、午後5時終業とされているが、Xらは、この所定労働時間外や休日にも業務を行わざるを得なかったとして、時間外・休日労働および深夜労働による割増賃金を請求した。また、Y会社は、Xらについて、採用後2年あまりの間、労基法41条3号の監視断続労働の許可を得ていなかったため、Xらはその間における法定労働時間を超える労働に対する割増賃金をも請求した。

本件の争点は多岐にわたるが、Yは、割増賃金に関して、管理人であるX_1に支給されている月4万円の管理職手当（従前の管理職手当、寮務手当、および深夜勤務手当を統合・増額したもの）は時間外・休日労働および深夜労働に対する割増賃金を補填するものであり、また、X_2が休日に在寮した場合に支給されていた一回あたり6,000円の留守番手当は休日労働に対する割増賃金を補填するものであると主張した（な

お，本判決は，本件寮は独立の事業場とはいえず，直近上位の事業場であるYの大阪支店の一部であると判断したため，Xらの法定労働時間については，労基法40条に基づく特例は適用されなかった）。本判決は，下記のとおり述べて請求を一部認容している。

[判　旨]

　労働者に支払われるべき時間外労働手当や深夜手当，休日労働手当が定額の他の名目で支給されても，それが当該労働に対する対価であることが明確であり，また，その金額もほぼその対価に見合うものである場合には，実質的には，それら諸手当の支給があったものとして取り扱うことができる。

　しかしながら，本件において，X_1に対する管理職手当については，その趣旨が不明確であり，同人の時間外労働等に対応したものともいえない。もっとも，そのうち従前深夜勤務手当として支給されていた部分については，深夜勤務の対価と解する余地もあるが，X_2は平均して毎日一時間の深夜勤務をしていたところ，従前の深夜勤務手当は1か月7,000円であったことに照らせば，この支給額は，X_1が本来取得すべき深夜労働手当の金額に比してあまりに低額にすぎ，深夜労働手当を補填するものとはいえない。したがって，上記管理職手当は，各手当を補填するものとはいえない。

　他方，X_2に支給された留守番手当は，休日労働を一回行うごとに同手当の支給を受けており，6,000円という金額も，当該労働の内容や負担，同人の通常の勤務に対する賃金額との対比からも相当なものといいうるから，休日労働に対する割増賃金を補填するものと解することができる（これにより，休日労働手当は支払済と判断された）。

[判決の位置づけ]

1．割増賃金の定額払い

　割増賃金の計算方法は，労基法37条，割増賃金令および労基則19条等により定められているが，こうした法令上の計算方法によらずに，定額制の手当という形で割増賃金を支給することも，法令上必要な割増賃金額を下回らない限りは適法と解されている（三晃印刷事件・東京高判平成10・9・16労判749号22頁[判例4]など参照）。しかし，企業実務においては，様々な名目の手当が支払われているため，ある手

当をそもそも割増賃金として取り扱いうるかが問題となる。この点につき，割増賃金としての取扱いが認められた場合は，法令上算定された割増賃金額から控除されるが，そうした取扱いが認められない場合は，別途割増賃金を支払う必要があるうえ，労基則21条の定める例外に当たらない限り，割増賃金の算定基礎に組み入れる必要がある。

2．手当の割増賃金への充当の可否

本判決はこの問題に関して，定額の手当が割増賃金に充当されるためには，それが当該労働に対する対価であることが明確であり，また，その金額もほぼその対価に見合うものであることが必要であるとの一般論を述べている。この点は従来あまり議論されてこなかったが，下級審裁判例は，おおむね同様の発想により処理をしてきたようである。例えば，八尾自動車興産事件（大阪地判昭和58・2・14労判405号64頁）では，運転手の時間外労働に対応して支払われる特別乗車手当が割増賃金の実質を有するものと認められ，関西ソニー販売事件（大阪地判昭和63・10・26労判530号40頁）では，販売員の時間外勤務の実績に基づき定められたセールス手当が割増賃金に充当された。他方，関西事務センター事件（大阪地判平成11・6・25労判774号71頁）では，昇進に伴う役職手当の増額は，昇進により労基法41条2号の管理監督者に該当することになるような場合でない限り，時間外労働に対する割増賃金の趣旨を含むものではないとされている。

本件では，X_1に対する管理職手当が割増賃金に充当されなかった反面，X_2に対する留守番手当は充当を認められた。前者については，支給の趣旨が不明確であること，算定方法が時間外労働に対応していないこと，および深夜労働への対価としては低額すぎることが充当を否定する根拠とされ，後者の留守番手当は，休日労働に対応して支払われ，金額としても相当であることが充当を認める根拠とされている。こうした判断からすると，ある手当が割増賃金に充当する趣旨で支払われているか否かは，その算定が時間外労働等の実績に対応しているか否か，また，金額が相当であるかなどを考慮して決せられるといえよう。

[実務上の留意点]
　定額の手当をもって割増賃金に充当することは可能であるが、そのためには、(a)それが当該労働に対する対価であることが明確であり、また、(b)その金額もほぼその対価に見合うものであることが必要である。

第8章

労働時間・休憩・休日規定の適用除外

I 労基法41条の意義

　労基法は，32条で宣言する1週40時間，1日8時間の法定労働時間の原則に対して，様々な例外を設けているが，例外中の最たるものが，41条で定める適用除外である。なぜなら，同条は，つぎの労働者について，「この章〔4章〕，第6章〔年少者〕，第6章の2〔女性〕で定める労働時間，休憩及び休日に関する規定」を全く適用しない旨規定しているからである。このような適用除外を定めた理由は，事業の性質，態様の特殊性と労働者保護の面における特殊性，いうなれば労基法上の保護を必ずしも必要としないという特殊性に着目したからである。

　労基法41条は，1号・2号・3号と3種類の適用除外労働者を定めている。まず1号は，別表第1第6号（林業を除く）または第7号の事業，すなわち，農業・畜産・養蚕・水産業の事業に従事する労働者についての適用除外を認める（かつては林業労働者も含まれていたが，労基法の1993年改正により一般労働者と区別しないこととなった）。これらは，事業運営が天候などの自然条件に左右されやすく，規制を及ぼしにくいためである。しかし，産業の種類が農業・畜産・養蚕・水産業に該当しても，労働の対象が自然物そのものではなく，原材料に労働を加え最初の形と異なった物を生産する事業（製造業）に従事する労働者，例えば，農場，牧場，あるいは漁港内に設置されている加工設備

に雇用され，もっぱら加工に従事する労働者は，製造の事業（別表第1第1号）に従事する者であり，適用除外の対象にならないと解されている（渡辺章・賃金・労働時間129頁〔日本労働研究機構，1999年〕）。

これに対し，2号の管理監督者は，経営者と一体的な立場にあり，労働時間管理になじまないことが，また，3号の監視・断続労働者は労働密度の薄さが適用除外の根拠になっており，いずれも一般労働者に比して，労基法上の労働時間などの保護規定を適用しなくても弊害が生じないというところに共通性がある。この二者については，次項において詳細に検討する。なお，本条により適用が除外されるのは，法定労働時間，休憩および休日に関する規定（労基法32条・34条・35条）であり，これらの規定が適用されない結果，時間外・休日労働に対する手続的規制（同36条）および割増賃金支払義務に関する規定（同37条1項）も適用されないこととなる。年次有給休暇の付与義務（同39条）および深夜労働に対する割増賃金支払義務（同37条3項）の適用は除外されない。また，育児・介護休業法も一般の労働者と同様に適用される。

II 監督もしくは管理の地位にある者

1. 管理監督者の意義

労基法41条2号は，「監督若しくは管理の地位にある者又は機密の事務を取り扱う者」につき労働時間，休憩，休日に関する労基法上の規定の適用を除外するものとしている。労基法の制定過程においては，当初は事務労働者一般につき適用除外とすることが提案されていたが，労働側の反対などにより，管理監督者および機密事務取扱者に対象が限定された（渡辺章編集代表・日本立法資料全集53巻・労働基準法［昭和22年］(3)上45頁〔信山社，1997年〕参照）。しかし，「管理監督者」等の概念が抽象的であるうえ，1号が「事業」を限定し，3号が労働基準監督署長の「許可」を必要とするのに対し，2号は「事業」の種類を限定せず，また，「許可」も必要とされないため，きわめて広範に適用される可能性がある。そのため，労基法制定直後の解説書は，「監

督管理の地位にある者とは労務管理について経営者と一体的立場に在る者をいうのであるが労務管理方針 (management policy) の決定に参与するか否か及び自己の勤務について自由裁量 (independent discretion) の権限をもっているか否か等を参考としてその範囲を定めるべきものである」(寺本廣作・労働基準法解説256頁〔時事通信社, 1948年〕) として, 本号の内容を限定的に解していた。

また, 現在の行政解釈も「一般的には部長, 工場長等労働条件の決定その他労務管理について経営者と一体的な立場にある者の意であり, 名称にとらわれず, 実態に即して判断すべきものである」としたうえ,「企業が人事管理上あるいは営業政策上の必要等から任命する職制上の役付者であればすべてが管理監督者として例外的取扱いが認められるものではな」く,「これらの職制上の役付者のうち, 労働時間, 休憩, 休日等に関する規制の枠を超えて活動することが要請されざるを得ない, 重要な職務と責任を有し, 現実の勤務態様も, 労働時間等の規制になじまないような者に限って……適用の除外が認められる」として (昭和22・9・13発基17号, 昭和63・3・14基発150号), 一定の制約を加え, 適用除外の範囲を限定する立場を明確にしている。さらに, この点の判断にあたっては, 賃金等についても, 基本給や役付手当等においてその地位にふさわしい待遇がなされているかに留意する必要があるとされている (同上)。

以上によれば, 本号の「管理監督者」とは, 一定の役職者のうち, ①その「職務と責任」の重要性のゆえに労働時間, 休憩, 休日の法的規制を超えて活動しなければならない労働者で, ②現実の「勤務態様」も労働時間の規制になじまないような立場にある者をいい, かつ, ③そのような地位, 勤務態様に対応して報酬の面で優遇される結果, 時間外割増賃金が支払われなくても一般の労働者と均衡を失わないと認められる上級管理者をいうと解することができる (小西＝渡辺＝中嶋266頁［渡辺］)。こうした管理監督者に該当するか否かは, 役職の名称ではなく, 先の要件に合致する実態を備えているか否か, すなわち労働時間規制などの法的保護を加えなくても, 企業内における地位やその特殊な立場から, 自らの力で労基法の定める程度の保護水準を維持できるというところに判断の中心をおくべきであると考える。また, 管理

監督者とは、「ある部局、部門の一般的、基本的方針を決定し、その遂行を全体的立場から指揮管理する上級の管理者のことであり、この上級管理者の全体的指揮管理下で個別の業務の執行の過程において、部下のあれこれの行動を指揮管理するいわゆる中間管理職……は、労働時間規制上は労働者と区別されるべきではない」とされている（渡辺・前掲賃金・労働時間132～133頁）。

2. 裁 判 例

裁判例の立場も、概ね行政解釈のそれと一致していると見ることができよう。例えば、静岡銀行事件（静岡地判昭和53・3・28労民集29巻3号273頁［**判例1**］）は、労基法41条2号の管理監督者とは、「経営方針の決定に参画し或いは労務管理上の指揮権限を有する等、その実態からみて経営者と一体的な立場にあり、出勤退勤について厳格な規制を受けず、自己の勤務時間について自由裁量権を有するもの」であるとした上で、銀行の調査役補（支店長代理相当）について、通常の就業時間に拘束され出退勤の自由がないこと、部下の人事およびその考課の仕事に関与していないこと、業務の内容面でも上司の手足となって部下を指導・育成してきたにすぎないことなどから、管理監督者ではないと判断している。

その他、出退社が一応時間的に拘束され、時間外労働に対して手当を受けており、管理職手当を受けていない駅助役（国鉄荒尾駅事件・福岡高判昭和37・9・6下刑集4巻8号644頁）、名前は取締役でも賃金体系は一般の労働者と同一で、出社・退社についても他の労働者と同じ制限を受けていた者（橘屋事件・大阪地判昭和40・5・22労民集16巻3号371頁）、「課長」への昇進後も、重要事項について決定権はなく、勤務時間の拘束を受けており、タイムカードの打刻を続けていた労働者（サンド事件・大阪地判昭和58・7・12労判414号63頁）、指揮権限はなく、出退勤についてはタイムカードが使用され、管理監督者であることに対する特別手当は支払われておらず、労働契約締結に際して休日に勤務した場合には代休が与えられることが約されていたアート・ディレクター（ケー・アンド・エル事件・東京地判昭和59・5・29労判431号57頁）、6，7名のコック、ウェーターを統括し、ウェーターの採用にも一部関与したことがあ

り，月額2～3万円の店長手当を受けていたが，営業時間である午前11時から午後10時まで完全に拘束され，仕事の内容も，コック，ウェーター，レジ係，掃除等の全般に及んでいたレストランの店長（レストランビュッフェ事件・大阪地判昭和61・7・30労判481号51頁），就業規則上，労基法41条2号該当者と位置づけられておらず，出社・退社の勤務時間について一般の労働者と同様の管理を受け，支給されていた役付手当には時間外勤務手当が含まれていなかった「主任」（京都福田事件・大阪高判平成元・2・21労判538号63頁），タクシー乗務員の運行業務の管理等を任務とするが，業務内容の決定権限は与えられておらず，待遇についても管理監督者としての職責に見合ったものを受けているとはいえないタクシー会社の「係長級職員」（彌榮自動車事件・京都地判平成4・2・4労判606号24頁［判例2］）などが，労基法41条2号に該当しない，と判断されている。

　これに対して，適用除外が認められた事例としては，医療法人の人事第二課長として看護婦の募集業務に従事していた者が，実際の労働時間は労働者の自由裁量に委ねられていたこと，職務に応じた月額2万5,000円ないし3万円の責任手当や包括的な時間外手当としての月額3万円から5万円の特別調整手当が支給されていたこと，看護婦の採用についての決定権と配置の権限を与えられていたこと，などを理由に管理監督者とされた例（徳洲会事件・大阪地判昭和62・3・31労判497号65頁［判例3］），従業員4，5名の会員制クラブで総務，経理，人事，財務の全般にわたってオーナーに代わって処理することを任されていた総務局次長が管理監督者に該当すると認められた例（日本プレジデントクラブ事件・東京地判昭和63・4・27労判517号18頁）などがある。

3. スタッフ管理職の位置づけ

　以上の「管理監督者」は上下の指揮命令系統に直属する（いわゆる「ライン」）管理職を想定しているものであるが，近年の企業においては，ラインの上にない「スタッフ」管理職が，企画・調査部門などにおいて増加している。これらスタッフ管理職もライン管理職と「同格以上に位置づけられている者であって，経営上の重要事項に関する企画立案等の業務を担当するも

の」（金融機関に関する昭和52・2・28基発105号）であれば，同様に「管理監督者」として適用除外の対象となる（昭和63・3・14基発150号）。なお，管理監督者については，時間外勤務手当が支給されないかわりに，管理職手当ないし役職手当が支給されるのが普通であり，管理監督者の判断基準として，特別手当などによりその地位に相応しい待遇が与えられていることが挙げられている。しかし，「一般労働者に比べ優遇措置が講じられているからといって，実態のない役付者が管理監督者に含まれるものではない」（昭和63・3・14基発150号）ことは当然である。

4．機密の事務を取り扱う者

次に，「機密の事務を取り扱う者」については，「秘書その他職務が経営者又は監督もしくは管理の地位に在る者の活動と一体不可分であって，厳格な時間管理になじまない者」（昭和22・9・13発基17号）をいう。すなわち，事業経営の管理的立場にあるものの秘書などを指す。これらのものについても特別な職務手当が支給されているのが一般的であろう。

III 監視・断続労働

1．監視・断続労働の意義

(1) 行政解釈

労基法41条3号は，「監視又は断続労働」に従事する者で，労働基準監督署長の許可を得た場合には，労働時間，休憩，休日に関する規定の適用除外を認めている。本号は，前述したように，労働密度の薄さに着目したものであるが，他方，行政による許可を条件とするなど，厳格な制約を加えている。本号における許可の一般的基準と監視・断続労働の意義についての行政解釈は次のようなものである。

まず，「監視に従事する者」については，「原則として一定部署にあって監

視するのを本来の業務とし，常態として身体又は精神的緊張の少ないもの」をいい，したがって，「交通関係の監視，車両誘導を行う駐車場等の監視等精神的緊張の高い業務」，「プラント等における計器類を常態として監視する業務」，「危険又は有害な場所における業務」については許可しないこととしている（昭和22・9・13発基17号，昭和63・3・14基発150号）。

次に，「断続的労働に従事する者」については，「休憩時間は少ないが手待時間が多い者」と定義されており，①「修繕係等通常は業務閑散であるが，事故発生に備えて待機するものは許可すること」，②「寄宿舎の賄人等については，作業時間と手待時間が折半の程度まで許可すること」，「ただし，実労働時間の合計が8時間を超えるときは許可すべき」でないこと，③「鉄道踏切番等については，一日交通量10往復程度まで許可すること」，④「その他特に危険な業務に従事する者については許可しないこと」とされている（昭和22・9・13発基17号，昭和23・4・5基発535号など）。また，派遣中の労働者については，派遣先の使用者は，「許可を得て，当該許可に係る業務に従事させる場合」には，「労働時間等の規定に基づく義務を負わない」（昭和61・6・6基発333号）。

通達はさらに，具体的に，坑内労働者（昭和25・9・28基発890号など），製パン業の労働者（昭和29・5・21基収1976号），汽艇（引舟）乗務員（昭和34・9・1基発599号），寮母・看護婦（昭和23・11・11基発1639号），役員専属自動車運転者（昭和23・7・20基収2483号）などについて，判断基準を示している。

(2) **裁判例**

裁判例においては，市の水道事業施設である給水塔に住み込んで，給水機械の操作，点検，監視，補修等の管理業務に従事する職員が時間外・深夜労働手当を請求した事案について，水道事業の性格や現実の労働内容からいって監視または断続労働に類するものではないとしたもの（清瀬市水道施設事件・東京高判昭和57・11・30労民集33巻6号1111頁），修学旅行の引率・付添いは重大な責任を負担し心身の緊張と疲労を伴うものであって，その労働の密度において監視・断続労働に該当しないとしたもの（静岡市立学校教職員事件・最三小判昭和47・12・26民集26巻10号2097頁），枢車運転手の勤務終了後の泊まり込み当直業務は手待時間であって残業と目すべきであり，監視または断続労働に

当たらないとしたもの（横浜枢車事件・横浜地判昭和44・3・27判時571号84頁）等がある。

一方、一昼夜24時間交替勤務制による工場警備員の業務（高田機工事件・大阪地判昭和50・3・31労民集26巻2号210頁［判例4］）、外務省職員子弟寮の寮監が勤務時間外に行うボイラー業務（外務省育英寮事件・東京高判昭和61・1・27労判474号66頁）については、いずれも監視・断続労働であると認められている。また、学校管理員の業務に関して、「実労働時間が少なくて手待時間が多く、労働密度が稀薄で、身体及び精神の緊張が比較的少ない断続的労働」と認め、さらに拘束時間が長いことをもってしても断続的労働性を否定できないと判断した事例（横浜市学校管理員事件・横浜地判昭和60・7・25労判473号84頁）もある。

以上によれば、監視・断続労働に従事する者とは、「労働者が休憩時間のように職場を離れて自由に休むことはできる時間は少ないが、仕事の必要が発生したときは即時に労働を始めなければならない状態を続けている時間（手待時間）が多く、身体的、精神的にも緊張度が低く、労働の負担が軽い労働のため、労働時間等に関する労基法の規制を及ぼさないことにしても、労働者の保護に欠ける点はないと認められる労働者」（渡辺・前掲賃金・労働時間133～134頁）と定義することができる。また、行政官庁の許可は監視・断続労働従事者に対する適用除外の効力発生要件であり、許可を得ないで行われた監視・断続労働は、労基法41条3号による適用除外の効果を受けることはできない（前掲・静岡市立学校教職員事件）。

2. 宿 日 直

平常勤務者が本来の勤務のかたわら従事する断続労働である宿日直については、かつて、そもそも監視・断続労働として労基法41条3号による適用除外の対象となりうるかが議論され、裁判例ではこれを肯定するものが多く（静岡県立富士高校事件・東京高判昭和42・9・29判時502号68頁［判例5］など）、現在では、一般に適用除外の可能性が認められている。

ただし、適用除外を認めるための許可基準としては、その勤務の内容の限定（常態としてほとんど労働をする必要のない勤務で、定期的巡視、電話収受等であるこ

と），支給すべき手当の額の設定（賃金の1日平均額の3分の1を下らないもの），回数の限定（日直は月1回，宿直は週1回）および宿泊施設の提供（宿直の場合）などの厳しい条件が付されている（昭和22・9・13発基17号，昭和63・3・14基発150号）。また，隔日勤務でビルの警備業務に従事する者については，拘束24時間以内，夜間継続4時間以上の睡眠時間，巡視回数10回以下，勤務と勤務の間に20時間以上の休息時間，監視労働は疲労・緊張の少ない態様で12時間以内，1か月に2日以上の休日，常勤であること，等の厳しい要件を満たさなければ監視・断続労働としての許可は与えられない（平成5・2・24基発110号）。

なお，「断続労働と通常の労働とが混在・反覆する勤務」について，行政解釈は，労基法41条3号にいう断続労働者とは，「その勤務の全労働を一体としてとらえ，常態として断続労働に従事する者を指す」から「許可すべき限りでない」としている（昭和63・3・14基発150号）。

[判例１] 労基法41条２号における管理監督者の意義
静岡銀行事件・静岡地判昭和53・３・28労民集29巻３号273頁

[事　実]

　Xは，普通銀行業務等を営むY会社の従業員であり，本件当時は，個人融資部調査役補（支店長代理相当）の地位にあった。Yの就業規則は，一般行員の所定労働時間を，平日午前８時45分から午後５時まで，土曜日午前８時45分から午後２時30分までと定め，所定労働時間を超える労働をした場合には，基準賃金の25パーセント増（ただし土曜日の午後５時までについては基準賃金）の時間外手当を支給していたが，支店長代理が所定労働時間を超える労働をした場合には，時間外手当を支給していなかった。その後Yは，給与規定を改正して，1974年６月分以降については支店長代理についても一般行員と同一の基準で時間外手当を支給するようになったが，Xらは，旧給与規定における支店長代理に時間外手当を支給しない旨の定めは，労基法37条に違反する無効な規定であるから，YはXの1974年５月分以前の時間外手当も支給しなければならないとして，本件訴えを提起した。静岡地裁は，次のように判示して，Xの請求を大筋において認めている。

[判　旨]

　労基法は労働時間・休憩・休日に関する労働条件の最低基準を規定しているが（同32条ないし39条参照），このような規制の枠を超えて活動することが要請されている職務と責任を有する管理監督の地位にある者については，企業経営上の必要との調整を図るために，労働時間・休憩・休日に関する労基法の規定の適用が除外されるのであり（同41条２号），このような同法の立法趣旨に鑑みれば，同法41条２号の管理監督者とは，経営方針の決定に参画しあるいは労務管理上の指揮権限を有する等，その実態から見て経営者と一体的な立場にあり，出勤退勤について厳格な規制を受けず，自己の勤務時間について自由裁量権を有する者と解するのが相当である。

　Xは，調査役補（支店長代理相当）に昇格した1971年11月以降も，毎朝出勤すると出勤簿に押印し，30分超過の遅刻・早退３回，30分以内の遅刻・早退５回で１回

の欠勤扱いを受け，欠勤・遅刻・早退をするには，事前あるいは事後に書面をもって上司に届け出なければならず，正当な事由のない遅刻・早退については人事考課に反映され，場合によっては懲戒処分の対象ともされる等，通常の就業時間に拘束されて出退勤の自由がなく，自らの労働時間を自分の意のままに行いうる状態などは全く存しないこと，Xは，1971年11月以降現在に至るまで，部下の人事およびその考課の仕事には関与しておらず（例外的に1972年1月に一度部下の人事に関与したのみ），銀行の機密事項に関与した機会は1度もなく，担保管理業務の具体的な内容について上司（部長・調査役・次長）の手足となって部下を指導・育成してきたに過ぎず，経営者と一体となって銀行経営を左右するような仕事には全く携わっていないことが認められる。これらの事実によれば，Xは，1971年11月以降現在に至るまで，出退勤について厳格な規制を受け，自己の勤務時間について自由裁量権を全く有せず，経営者と一体的な立場にある者とは到底解せられないので，Xが労基法41条2号の管理監督者に当たらないことは明らかである。

ところで，Yは，1957年5月14日，組合との間で，支店長代理に時間外手当を支払わず役席手当を増額していくことについて労働協約を締結したのであるから，Xも同組合の組合員として当該労働協約に拘束され，1974年5月以前の時間外手当を請求できない旨主張する。しかしながら，Xが労基法41条2号の管理監督者に当たらないとすれば，Xは同法37条の規定の保護を受けるので，同規定に違反する上記労働協約の規定の適用を受けず，自己固有の権利として時間外手当の支給を請求できるものといわなければならない。

[判決の位置づけ]

1．「管理監督者」の一般的定義

本判決は，労基法41条2号の「事業の種類にかかわらず監督若しくは管理の地位にある者」の意義について，①経営方針の決定に参画しあるいは労務管理上の指揮権限を有する等，その実態からみて経営者と一体的な立場にあり，②出勤退勤について厳格な規制を受けず，自己の勤務時間について自由裁量権を有する者と定義している。こうした一般的定義は，本章の解説においてみたように，行政解釈の立場と概ね一致するものと位置づけることができる（待遇面の考慮については[判例2]参照）。これと同様の一般論を示す裁判例としては，ケー・アンド・エル

事件（東京地判昭和59・5・29労判431号57頁・管理監督者該当性否定），彌榮自動車事件（京都地判平成4・2・4労判606号24頁［判例2］・否定），ほるぷ事件（東京地判平成9・8・1労判722号62頁・否定），徳洲会事件（大阪地判昭和62・3・31労判497号65頁［判例3］・肯定）等がある。

2．本件の判断

本件においては，Xは，毎朝出勤簿に押印することを義務づけられており，遅刻，早退については人事考課に反映され，場合によって懲戒処分の対象となる点で，判旨の設定した要件のうち，勤務時間についての自由裁量性を満たさないといいうる。また，もうひとつの要件である，労務管理上の権限などを持ち，経営者と一体的立場にあるという点についても，部下の人事考課に関与していないことなどからみて，こうした立場にないことは明らかであろう。なお，銀行員に関しては，本判決後，「都市銀行等の場合」と「都市銀行等以外の金融機関の場合」に分けて，昭和52・2・28基発104号の2および基発105号が出されており，実務上，明確な基準が示されている。

［実務上の留意点］

労働時間規制の適用を除外されている管理監督者とは，(a)経営方針の決定に参画しあるいは労務管理上の指揮権限を有する等，その実態からみて経営者と一体的な立場にあり，(b)出勤退勤について厳格な規制を受けず，自己の勤務時間について自由裁量権を有する者をいう。

［判例2］ 管理監督者への該当性（否定例）

彌榮自動車事件・京都地判平成4・2・4労判606号24頁

[事　実]

Y会社は全従業員850名，うちタクシー乗務員約750名を擁する大手のタクシー会社であり，業務全般を統括する本部のほかに，4つの営業センターを持ち，こ

れをタクシー営業の拠点としている。Yの従業員の職種は乗務員・一般職員（事務職）・技能職員・技術職員の4種類に分類することができ，従業員のうち約88パーセントを乗務員が占めているが，これら乗務員は，全員が役職のない従業員であり，各人が同社の4つの営業センターのいずれかに配属され，一般職員の指揮監督に従ってタクシー乗務をしている。各営業センターには，営業センターを統括する所長1名，副所長1名ならびに係長および係長補佐数名の一般職員が配属され，これら一般職員が乗務員の日常の業務を指揮監督している。係長と係長補佐は，職階の格付けやそれに伴う給与に差異があるだけで，具体的に行う職務の内容は同一である（以下，Yの各営業センターの係長と係長補佐を総称して「係長級職員」という）。すなわち，係長級職員は，タクシー運行乗務全般の監視・事故の際の対外折衝等を任務としているが，乗務内容を自ら決定する権限はなく，組合との団体交渉・営業会議に出席することもなかった。

　Yにおいては，乗務員以外の従業員については，就業規則により，労働時間が1日7時間30分と定められ，時間外勤務をした場合には，家族手当と通勤交通費以外の賃金の25パーセント増の賃金が支給されることになっている。しかしながら，乗務員以外のほとんどの従業員は，部長・副部長・次長・課長・課長心得・課長補佐・係長・係長心得・係長補佐・主任などという役職（職階が変更されることもあった）に任ぜられ，それら役付従業員全員が，労基法41条2号にいう「監督若しくは管理の地位にある者」に該当するものと扱われていた。その結果，これら役付従業員は，就業規則の労働時間に関する規定が適用されないものとされ，業務手当，職能手当，役付手当（ただし係以上のみ）の支給を受けるだけで，所定労働時間を超える労働をしても，これに対する就業規則および労基法37条所定の割増賃金の支給を受けることができなかった。なお，本件におけるX₁，X₂の賃金は，賞与を含めてそれぞれ466万7,600円，525万9,250円であり，Yにおけるタクシー乗務員の平均年収（歩合給の割合が大きい）は369万2,931円であった。

　Yの係長級職員であるX₁及びX₂は，管理監督者に該当しないことを理由として，労基法37条所定の時間外手当の支給を請求した。本判決は，下記のように述べて請求を概ね認容している。

[判　旨]

　使用者が労基法所定の労働時間の枠を超えて労働させる場合に，同法所定の割増賃金を支払う義務を負うのは，労基法が，所定内労働に対する賃金と所定外労働に対する賃金を峻別したうえで，賃金負担増加の事実を明確にすることにより，使用者をして所定の労働時間を遵守させ，過重な長時間労働を抑制する趣旨に基づくものである。ところで，労基法41条2号が，労働者のうち監督管理者をもって，労働時間や休日に関する法規制の適用除外としているのは，必然的に何人かの労働者を使用して経営や労務管理を行わなくては適正な事業運営ができない使用者 (経営者) の都合にも法が配慮している結果である。すなわち，経営者と一体となって経営や労務管理に携わる者 (法の予定している「監督管理者」) は，その職務の性質上，適宜必要に応じ，法の定める硬直的な労働時間等に関する規定の枠を超えて働くことが要請されているので，日々算出された所定外労働時間毎の割増賃金を受給することが現実的・実際的でない，という経営者側の都合に法が配慮しているのである。

　しかしながら，これら監督管理者が労基法による保護の対象から外されている実質的理由は，これら監督管理者は，①企業体の中で重要な地位を占め，自分自身の職務の遂行方法につき相当程度の裁量権を有していて，勤務時間などについても厳格な規制を受けず，②しかも，職務の重要性に応じてそれに見合う高額の給与を受けているはずであるから，あえて労基法による保護の対象としなくても，保護に欠けることがないという点である。

　本件においては，X_1およびX_2のような係長級職員は，Yにおいて重要な地位にあり自己の職務遂行に相当程度の裁量権を有しているとは言い難い。また，係長級職員の給与や退職金の待遇は，歩合給が収入の大部分を占める乗務員に比して安定的であることは疑いがないが，係長級職員が将来営業所長等さらに高い地位に出世するとの蓋然性が保証されていないYにおいては，係長級職員の待遇が，社会通念上，使用者都合で所定労働時間以上の勤務が要請され，実際にも長時間労働をする係長級職員の職務に十分見合ったものと断定することはできない。要するに，Yにおける係長級職員の権限や待遇は，Xら係長級職員を労基法上の保護の対象から外してもなおその者の保護に欠けることがないと評価するだけの実

質を伴っていないといわなければならず、Yは、Xらに対し、所定労働時間を超えた労働時間毎につき25パーセントの割増賃金を支払う義務を負う。

[判決の位置づけ]

1．本判決の判断枠組み

本判決は、タクシー乗務員を管理する係長級職員につき、労基法41条2号による適用除外対象に該当しないとしたものである。「管理監督者」の一般的意義については、本判決は、「経営者と一体となって経営や労務管理に携わる者」をいうと述べており、従来の裁判例と概ね同旨の立場が示されているが、判旨の判断枠組みの特色は、こうした労働者は職務の重要性に見合う高額の給与を受けているため、保護に欠けることはないという点を適用除外の根拠にあげ、それを本件におけるXらについての判断にも適用している点である。行政解釈も、適用除外の判断にあたっては、管理監督者にふさわしい処遇がなされているか否かについて留意すべきものとしている（昭和22・9・13発基17号、昭和63・3・14基発150号）。また、裁判例においても、本判決と同様の発想を示すものとして、サンド事件（大阪地判昭和58・7・12労判414号63頁）、ケー・アンド・エル事件（東京地判昭和59・5・29労判431号57頁）などがある。

なお、用語の問題であるが、本件では、「監督管理者」が用いられた（小西＝渡辺＝中嶋266頁［渡辺］も、「監督・管理者」という表現を用いている）。

2．付加金

本件においては、請求が認容された金額はそれぞれ317万3,112円および388万6,781円であった。これらの割増賃金額についての労基法114条に基づく付加金も認められてはいるが、その額は、それぞれ、割増賃金額の6分の1以下の50万円に留まっている。判旨は、Yは、当初から係長級職員が所定労働時間を相当に超過して勤務することを予定し、その超過勤務に対する賃金を実質的に含める趣旨でXらの給与額を設定しており、全く時間外手当を支給する意図を有しない悪質な使用者であるということができないことを主たる理由にあげている。付加金の額の決定については、裁判所の裁量が一般に認められているが、本件は減額の幅が大きい点に特色がある。

［実務上の留意点］

ある労働者が管理監督者として労働時間規制の適用を除外されるか否かの判断にあたっては，本人の職務内容や時間管理の有無に加えて，賃金や手当の面において管理監督者としての職務の重要性にふさわしい処遇を受けているかどうかも重視される。

［判例3］ 管理監督者への該当性（肯定例）

徳洲会事件・大阪地判昭和62・3・31労判497号65頁

［ 事 実 ］

Yは，病院経営と医療業務を行うことを目的として設立された医療法人であり，Xは，Yに事務職員として雇用され，本件訴訟が提起された当時は，大阪本部に所属し，人事第二課長として，西日本全域の看護婦募集業務に従事していた。

Xは，看護婦の募集業務を遂行するにあたり，自己の判断で業務計画を立案し実施する権限を与えられ，必要に応じて人事関係職員を指揮命令する権限も与えられていた。また，一般の看護婦については，自己の判断によりその採否および配置を決することができ，婦長の人事についても，理事長に対して具申を行ってきた。さらに，Xは，給与面でも課長職として処遇され，その役職に対応する責任手当の支給を受けてきた。他方Xは，勤務日にタイムカードを刻印することを義務づけられていたが，これは給与計算上の便宜のためにすぎず，Xはその自由裁量により労働時間を決定することができたと認定されている。なお，Xの担当する職務の特殊性から，夜間，休日等の時間外労働の発生が見込まれたため，Xには，包括的な時間外（深夜労働を含む）手当として，実際の時間外労働の有無，長短にかかわりなく，特別調整手当が支払われてきた。

Xは，自らは労基法41条2号の管理監督者にあたらないとして，時間外，休日労働および深夜労働に対する割増賃金を請求した。しかし，本判決は以下のとお

り，Xは管理監督者にあたるとして請求を棄却している。

[判　旨]

　労基法41条2号のいわゆる監督もしくは管理の地位にある者とは，労働時間，休憩および休日に関する同法の規制を超えて活動しなければならない企業経営上の必要性が認められる者を指すから，労働条件の決定その他労務管理について経営者と一体的立場にあり，出勤，退勤等について自由裁量の権限を有し，厳格な制限を受けない者をいうと解すべきである。本件において，XのYにおける地位，職務権限の内容，労働時間の決定権限，責任手当・特別調整手当の支給の実態等からみると，Xは，Yにおける看護婦の採否の決定，配置等労務管理について経営者と一体的な立場にあり，出勤，退勤等にそれぞれタイムカードに刻時すべき義務を負ってはいるものの，それはせいぜい拘束時間の長さを示すだけにとどまり，その間の実際の労働時間はXの自由裁量に任せられ，労働時間そのものについては必ずしも厳格な制限を受けていないから，実際の労働時間に応じた時間外手当等が支給されない代わりに，責任手当，特別調整手当が支給されていることもあわせ考慮すると，Xは，前記規定の監督もしくは管理の地位にある者に当たるものと認めるのが相当である。

　したがって，Xが，その主張のように就労し，時間外労働および休日労働に従事しても，労基法41条2号により同法37条1項の時間外および休日労働に関する割増賃金の規定の適用は除外されるから，割増賃金の請求権は発生せず，また，Xが監督もしくは管理の地位にあり，とりわけ自己の労働時間をその自由裁量により決することができ，包括的な時間外手当（深夜労働を含む）の趣旨で特別調整手当が支給されていることを考慮すると，同法37条3項の深夜労働による割増賃金の請求権も発生しないというべきである。

[判決の位置づけ]

1．本判決の判断枠組み

　本裁判例は，Xが，労基法41条2号にいわゆる「監督若しくは管理の地位にある者」に該当すると認定され，「労働時間等に関する規定の適用除外」に該当し，したがって時間外勤務手当等の請求が棄却された事例である。管理監督者の一般

的意義については，静岡銀行事件（[判例1]）と同様の見解を採用しているが，結論が逆になったのは，事実関係の相違によるところが大きいと思われる。

2．本件の特色

本件の事案としての特色は，Xが看護婦の採用にあたっての決定権や業務遂行に際しての部下の指揮命令権を持っていた点のほか，タイムカードに打刻することが義務づけられていても，管理監督者への該当性が認められた点にある。この点については，タイムカード打刻を義務付けたのは給与計算の便宜のためにすぎず，Xには労働時間についての自由裁量が与えられていたという事実が認定されていることに留意が必要であろう。

なお，本判決は，Xには深夜労働による割増賃金請求権も発生しないと判断しているが，この点は，労働協約や就業規則等によって深夜業の割増賃金を含めて所定賃金が定められていることが明らかな場合は，別に深夜業の割増賃金を支払う必要がないとの行政解釈（昭和63・3・14基発150号）と軌を一にするものである。

［実務上の留意点］

タイムカードの打刻が義務づけられている管理職であっても，他の要件いかんにより，労働時間規制の適用除外対象になりうるが，その場合はあくまで労働時間の決定につき裁量権があることが前提である。

［判例4］　　工場警備員と監視・断続労働
高田機工事件・大阪地判昭和50・3・31労民集26巻2号210頁

［事　実］

Xは，Y会社A工場等において工場保安係として勤務する従業員であり，主として工場警備の業務を担当し，一昼夜交替制による24時間隔日勤務等に従事していた。XのA工場における警備員としての業務の内容は，主として，同工場の守

衛室に滞在して来客の受付，物品の搬入・搬出の監視および点検を行うとともに，次に述べる要領により，約4,000坪の同工場内を巡視して，防火，防犯に注意しつつ工場内の警備を行うというものであり，また，時折であるが，夜間の巡視に際し，停電したときに簡単な電気関係の操作をし，あるいは，排水用モーターの作動を行うこともあった。

　本件当時，A工場での警備員の巡視の要領は，午前8時頃から午前12時頃までの間に2回，午後0時頃から午後10時頃までの間に2回，午後10時頃から午前3時頃までの間に2回の計6回，各回とも約1時間ぐらいをかけて巡視し，かつ，出勤者が2名のときは，1名ずつで交互に6回の巡視を行うというものであった。Xら警備員は，こうした巡視等を，一昼夜交替制24時間勤務と夜間勤務の組合せによる3交替勤務，または一昼夜交替制24時間勤務による2交替勤務により行っていた。

　Yは，1955年10月1日A工場を完成して，その操業を開始した際，2名の警備員を配置し，一昼夜交替制で24時間隔日勤務を実施することを決め，労働基準監督署長に対し労基法41条3号所定の許可申請手続を行い，同署長から同号所定の許可を受けたうえ，間もなく，当該勤務を実施した。

　XはYに対し，時間外手当等の不払が不法行為に当たるとして本件訴えを提起した。本件の争点は，①Xの労働の態様が労基法41条3号所定の監視または断続的労働に該当するものであったか否か，②Xの労働について同号所定の許可があったか否かなどであったが，本判決は次のように判示して請求を棄却した。

[判　旨]

　労基法41条3号の立法趣旨などからすると，同号にいわゆる監視に従事する者とは，原則として一定部署に滞在して監視することをその本来の業務とする者であって，かつ，監視義務が常態的に身体または精神的緊張の少ないものに従事する者をいい，また，同号にいわゆる断続的労働に従事する者とは，本来的に業務が断続的であるため，労働時間中においても手待時間が多く実労働時間が少ない労働に従事する者をいうと解するのが相当である。

　本件事実関係のもとでは，Xの労働は，原則的に一定の部署に滞在して監視する業務を主体とし，かつ，本件監視業務は，常態として，その身体および精神的

緊張度の少ないものであったといいうるし，工場内巡視についてみても，一昼夜24時間中に3，4時間程度であるから，実労働時間に比し手待時間が非常に多かったというに妨げなく，結局Xの労働は，労基法41条3号にいう監視または断続的労働に該当するものであったと解するのが相当である。

　本件認定事実によれば，YはA工場の警備員の勤務について，1955年10月頃労基法41条3号所定の許可を受けたことが明らかである。この点に関して，Xは，仮にYが一度許可を受けた事実があるとしても，YがA工場警備員の勤務について前記の許可を受けた1955年10月頃に比べ，Xらが3交替勤務あるいは2交替勤務に従事した1958年4月以降は，A工場警備員の員数が増加し，勤務の態様に著しい変化があったから，労働基準監督署長の許可はその効力を失ったものであると主張している。

　労基法41条3号を受けた労基則34条は，使用者は従事する労働の態様および員数について，所轄労働基準監督署長より許可を受けなければならない旨を規定しているから，許可後に従事する労働の態様および員数に変化が生ずれば，使用者は許可を受け直すべきものであるが，実質的にみて労働の態様が従前と変化がなく，若干の差異はあっても労働密度が薄くなるなどむしろ労働者に有利に変わった場合のごときは，従前の許可は直ちにその効力を失うものでないと解するのが相当である。

　これを本件についてみるに，すでに認定したように，Yが許可を受けた1955年10月当時から，XがA工場に勤務していた1958年4月頃ないし1963年5月31日までの間に勤務の態様に格別変化が生じた事実はなく，警備員の員数および配置については，1955年10月当時においては，2名の警備員が1名ずつ一昼夜交替制により24時間勤務に従事していたのに対し，1958年4月1日以降は警備員は3名に増員され，この3名の者が3交替制勤務に従事した結果，昼間時の勤務は従前と同じであるが，夜間時は常時2名で勤務することになり，さらに1961年頃警備員は4名に増員され，以後1963年5月31日までこれら4名の者が2名ずつの2班に分かれ前記2交替勤務を行った結果，昼夜を通じて常時2名で勤務に従事し，その間警備員の労働時間は1日平均12時間であったものである。こうした事実関係に照らすと，前記許可以後警備員の労働の態様に実質的変化はなく，むしろ人員が増員されるに従いその労働密度が薄くなっていったものというべきである。そ

うだとすると、Yが1965年10月当時受けた許可は当然に失効せず、Xら警備員の労働は行政官庁の許可のない労働には該当しないというべきである。

すると、XがA工場警備員として従事した労働はすべて監視または断続的労働であり、かつ、これら労働につき法41条3号所定の許可が存在したのであるから、XはYとの労働契約に基づき、3交替勤務または2交替勤務に従事する義務があったことになり、反面YはXの上記労働に対し休日出勤手当、同割増賃金、時間外手当、同割増賃金を支払う義務はなかったことになる。

[判決の位置づけ]

1．監視・断続労働の意義

労基法41条3号による適用除外を受けるためには、①「監視又は断続的労働に従事する」労働者であることと、②「使用者が行政官庁の許可を受けたもの」であることの2要件をみたすことが必要である。解説で述べたように、①の要件について行政解釈は、「監視」労働とは、一定の部署にあって監視するのを本来の業務とし、常態として身体または精神的緊張の少ないものをいうとしているが（昭和22・9・13発基17号など）、本判決もこれに沿った判断枠組みを用いている。また、本件では、Xの業務に工場内巡視が含まれているが、この点について本判決は、その回数、時間からみて、実労働時間に比し手待時間が非常に多かったと認定している。この点は、断続労働に関する行政解釈の理解に沿ったものである。なお、警備業者の従業員の行う警備業務については、本章の解説でみたように詳細な許可基準がある（平成5・2・24基発110号）。

2．労働態様の変化と許可の更新

本件においては、労働基準監督署長の許可を受けた後、労働の態様および員数に変更がみられた。このような場合は、先に受けた許可の内容に関して更新手続を必要とする筋合いであるが、本判決は、変更の内容が労働者の負担軽減の方向への変更であれば、労働基準監督署長の許可が失効するものではないとしている。

[実務上の留意点]

❶ 監視労働とは、一定の部署にあって監視することを本来の業務とし、常態として身体または精神的緊張の少ないものをいう。

❷ 断続労働とは，作業自体が本来間歇的に行われ，実労働時間に比して手待時間が多く，労働密度の薄いものをいう。
❸ 監視・断続労働につき，労働態様に変更があった場合，原則として許可を新たに受けるべきことになるが，労働者の負担軽減の方向で変更があった場合は，改めて許可を受ける必要はない。

[判例5] 宿日直と監視・断続労働
静岡県立富士高校事件・東京高判昭和42・9・29判時502号68頁

[事 実]

　Xは，県立高等学校の教員であるが，教員の宿日直勤務は本来の職務ではなく，Xの同意によりはじめてなされるべきものであり，また，人事委員会の許可を受けたうえでなされるべきものであって，これらのないかぎり宿日直勤務に服させないよう措置すべきであること，宿日直勤務が過重な労働であり，超過勤務手当相当額が支給されるべきであることなどを主張し，勤務条件に関する措置要求をした。しかし，静岡県人事委員会(Y)は，これを棄却する判定を下したため，Xは，Yを相手にかかる判定を取り消す訴えを提起した。一審の静岡地裁判決（昭和40・4・20行集16巻5号920頁）は，これを一部認容し，静岡県に対し宿直手当の支払を命じた。本件はその控訴審であり，一審判決を取り消したが，宿直の監視断続労働性については，次のように一審と同様の判断を示した。

[判 旨]

　教諭は，児童生徒の教育をその職務の特質とするのではあるが，その職務はこれに限定されるものではなく，教育活動以外の学校営造物の管理運営に必要な校務も学校の所属職員たる教諭の職務に属するものと解すべきである。したがって，学校施設・物品・文書の管理保全および外部連絡等の目的をもって行われる宿日直等も教諭の分掌すべき義務であり，上司たる校長は教諭に対し，職務命令を

もって宿日直勤務を命ずることができ，同勤務を命ぜられた教諭は，あえて法令の規定をまたずこれに従事する義務がある。

しかしながら，教諭の宿日直勤務は，児童生徒の教育を本来の職務とする教諭によってなされるものであり，かつ教育公務員といえども，無定量の勤務に服する義務を負うものではなく，職務の定量制の保障があると解せられる以上，教諭の宿日直義務の範囲は，その目的において自ずからその限界が認められるべきであり，同時に，本来の職務たる児童生徒の教育に支障を及ぼさない限度にとどまるものでなければならず，その限りにおいて教諭の附随的職務に属するものと解すべきである。

労基法41条3号は，労働密度が特に稀薄で身体または精神の緊張の比較的少ない労働，もしくは休憩時間は少ないが，手待時間の比較的多い労働に従事する労働者については，その労働の特性のゆえに労働時間，休憩および休日に関する厳格な法の規定を等しく適用することはかえって均衡を失する結果となるとともに，所轄行政官庁の規制に委ねるときは特に法定の制限を加えなくとも当該労働力の保護に欠けるところがないとの趣旨に基づいて設けられた規定である。

そうすると，同号にいう「断続的労働」とは，例えば寄宿舎専属の寮母および看護婦，交通量の比較的少ない踏切の警手等，本来の業務が常態として断続的である場合のみを指称しているものと解すべき余地があり，このように解するときは，断続的でない本来の業務終了後に断続的な宿日直勤務に従事する場合に関する規定である労基則23条は，その規制対象を異にする点において労基法41条3号を根拠規定であると解することは困難であるのみならず，労基法41条3号に基づく労基則34条の規定と同23条とを対比すると，前者は労基法41条3号の許可手続を定めているのに対し，後者は労基法32条のみの適用除外を規定していること等からみて，労基則23条は，労働時間のみならず休暇，休日規定の適用除外を認める労基法41条3号を根拠とするものとは認められないと解すべきがごとくである。

しかしながら，前述の同号の立法趣旨からすれば，同規定は，その規制対象を必ずしも断続的労働を本来の業務とするものに限定するものと解すべきではなく，他の業務に従事する者がその本来の業務以外にこれに付随して宿日直勤務に従事する場合においても，この両種の業務を一体として考察し，労働密度の点から過度の労働にわたらず，労働時間，休憩および休日に関する法的規制を宿日直勤務

に限り除外しても労働力の保護に欠けるところがないと認められる場合をも包摂する趣旨の規定と解するのが相当であって，労基則23条は，労基法41条3号に該当する特殊な場合の解釈規定と解すべきである。したがって，労基則23条の規定は，法律上の根拠を欠き憲法27条2項に違反する無効のものということはできない。

Xが富士高等学校においてなした宿直勤務の実態は，その各1回ごとの勤務だけをとり出してみた場合には，時として勤務終了の当日これに引き続いてXのなすべき本務に対しなんらの影響を及ぼすことのない労働であるとは断ずることができないけれども，それが前記のような頻度において反復してなされる全過程においてみるときは，比較的軽易な断続的労働であって高等学校教諭としてのXの本務の遂行に支障を与えるものとは認めがたく，日直勤務は宿直勤務よりもさらに労働密度の薄い断続的労働であったと認められ，したがってXが同高校においてなした宿日直勤務は，教諭の附随的職務と認めえない程度の過重な労働をともなうものであったとは認められない。

[判決の位置づけ]

いわゆる「宿日直」，即ち，他の業務に従事する者がその本来の業務以外にこれに付随して宿日直勤務に従事する勤務形態については，労基法41条3号の適用除外に当たりうるかどうかがかつて激しく争われた。すなわち，同号は本来の業務としての監視断続労働に関する規定であり，それ以外の業務を行っている者が付随的に宿日直を行う場合には適用されないので，宿日直についての適用除外の許可を定めた労基則23条は法律の根拠を欠く違憲の規定か否かという点である。しかし，労基則23条に基づく許可基準の内容が厳しいこともあり，現在では，本判決のように，同条を有効とみる立場が一般的である。

[実務上の留意点]

労働者が本来の業務の終了後に「宿日直」を行う場合も，監視断続労働として適用除外の対象となりうるが，厳格な許可基準をクリアする必要がある。

第9章 年次有給休暇

I 年次有給休暇権

1. 年休権の意義

労基法39条は，憲法27条2項が保障する労働者の休息権についての基準の一環として，労働者は一定の要件のもとで有給の休暇を取得しうるものとしている。所得の保障された休暇により労働者の休息の実現を容易にし，リフレッシュの機会を与えるためである。

2. 年休権の法的性質

年休権の法的性質については，労働者の請求を使用者が承諾することによりはじめて年休権が成立するとする請求権説，労働者の一方的意思表示により就業からの解放という効果が発生するとする形成権説，年休権自体は労基法所定の継続勤務と8割以上出勤の要件をみたせば当然に発生し，労働者はそれとは別に年休の時季を特定する権利を有するとする二分説（その中でもさらに，時季指定権説，種類債権説，選択債権説などに見解が分かれる）など様々な説が唱えられたが，判例は基本的に時季指定権説を採用しているとみられる（白石営林署事件・最二小判昭和48・3・2民集27巻2号191頁 [**判例1**]。国鉄郡山工場

事件・最二小昭和48・3・2民集27巻2号210頁も同旨)。すなわち、年休権自体は、労基法39条1項および2項の要件を満たせば法律上当然に発生するとしたうえ、それとは別に、同条4項により年休権の具体的時期を特定する権利としての時季指定権が存在すると解する説である。労基法の制定過程においても、「労働者は……請求することが出来る」とする請求権説的な文言を、現在の「与えなければならない」という表現に改めた経緯がみられる（渡辺章編集代表・日本立法資料全集53巻・労働基準法［昭和22年］(3)上44～45頁〔信山社、1997年〕参照)。

3．年休権の成立要件

年休権の成立要件は、労働者が、①「6か月継続勤務」し、かつ、②「全労働日の8割以上出勤」することである（労基法39条1項)。

まず、①「6か月間継続勤務」の起算日は、原則は「雇入れの日」すなわち採用日であるが、労働者の法律上の権利を下回らなければ統一的な基準日を設定することも認められている（平成6・1・4基発1号)。なお、「継続勤務」については、基本的には労働者が同一企業に在籍することで足りるとされている。定年退職者の嘱託としての再雇用（継続勤務性が否定された事例として、東京芝浦食肉事業公社事件・東京地判平成2・9・25労判569号28頁[**判例2**])、短期労働契約の更新（肯定した事例として、国際協力事業団事件・東京地判平成9・12・1労判729号26頁)、在籍出向（昭和63・3・14基発150号）は、勤務態様等に大きな変更があるなどの事情がない限り前後を通じて継続勤務と解されている。

つぎに、②「全労働日の8割以上出勤」の要件についてみるに、まず「全労働日」とは「一年の総暦日数のうち労働者が労働契約上労働義務を課せられている日数をいうもの」と解されている（エス・ウント・エー事件・最三小判平成4・2・18労判609号12頁[**判例5**])。これに対し、使用者に帰責事由のない休業日、生理休暇、慶弔休暇、正当なストライキにより就労しなかった日は、労働日とならない。また、業務上の傷病による療養で休業した期間、育児・介護休業法に定める育児・介護休業期間および産前産後休業期間（労基法39条7項)、年休を取得した日（昭和22・9・13発基17号）は、労働日であり、かつ、

出勤したものとみなされる。

なお，使用者に帰責事由ある休業日について，行政解釈（昭和33・2・13基発90号，昭和63・3・14基発150号）は，全労働日に算入されないものとするが，学説上は反対説も有力である。

4．休暇の日数

上記の要件を満たした場合，労働者には，6か月間の継続勤務により，まず10労働日の年休権が与えられ（労基法39条1項），その後は，6か月経過日から起算した継続勤務年数1年ごとに，【表1】のように最大20日まで増加する日数の年休権が与えられる（同条2項）。

前年に全労働日の8割未満しか出勤しなかった者にはその年の年休は付与されない。ただし，その1年も継続勤務にカウントされ，その1年に8割以上出勤の要件を満たせば，翌年にはその年も含めた継続勤務年数に応じて年休が付与される。

【表1】 法定付与日数（2001年度以降）

継続勤務期間	6か月	1年6か月	2年6か月	3年6か月	4年6か月	5年6か月	6年6か月
付与日数	10	11	12	14	16	18	20

（注） 表2に該当する者を除く。

【表2】 週所定労働時間が30時間未満の労働者の比例付与日数（2001年度以降）

週所定労働日数	また は	1年間の所定労働日数	継続勤務年数						
			6か月	1年6か月	2年6か月	3年6か月	4年6か月	5年6か月	6年6か月
4日		169～216日	7	8	9	10	12	13	15
3日		121～168日	5	6	6	7	9	10	11
2日		73～120日	3	4	4	5	6	6	7
1日		48～72日	1	2	2	2	3	3	3

また，正規従業員より1週間の所定労働時間が少ないパートタイム労働者については，【表2】のとおり，週の所定労働日数に応じた年休を比例付与することとされている（労基法39条3項，労基則24条の3）。なお，週の所定労働時間が30時間以上，および所定労働日数が週4日または年216日を超える労働者については，原則どおりの年休日数となる。

　付与される年休は，原則として1暦日単位とされるが，2暦日にまたがる交替制勤務の場合には例外が認められる（昭和26・9・26基収3964号，昭和63・3・14基発150号）。そのため，使用者からの分割付与は許されないが，労働者が半日年休を望んだ場合，使用者がそれを認めるのはさしつかえないとされる（半日年休について，高宮学園事件・東京地判平成7・6・19労判678号18頁）。

5．年休権の法的効果

　年休権の法的効果は次のとおりである。第一に，年休として特定された日の就労義務が消滅する。それゆえ，当初から就労義務のない日（例えば所定の休日）は年休の対象にはならない（前掲・エス・ウント・エー事件［**判例5**］）。第二に，労働者は法所定の年休手当請求権を取得する。この場合の手当の額は，就業規則その他に定める平均賃金または通常の賃金であるが，労使協定でとくに定めれば健康保険法3条の標準報酬日額でもよいとされる（労基法39条6項）。これによって，使用者には年休手当の支払義務が生じ，その未払いには，労働者の請求に基づき，労基法114条により裁判所が付加金の支払いを命じうる。第三に，年休実現のため使用者に次の義務が発生する。すなわち，①労働者の年休取得を妨害しない不作為義務（前掲・白石営林署事件［**判例1**］），②労働者の年休取得を実現しやすいようにする配慮義務（弘前電報電話局事件・最二小判昭和62・7・10民集41巻5号1229頁［**判例4**］，時事通信社事件・最三小判平成4・6・23民集46巻4号306頁［**判例6**］）である。なお，年休取得を理由とする不利益取扱いについて判例は，労基法39条によりそれが直ちに禁止されるわけではなく（労基法附則136条は努力義務規定に留まるとされる），公序違反にあたる場合に限り無効となるとしている（沼津交通事件・最二小判平成5・6・25民集47巻6号4585頁［**判例7**］）。

6. 年休権の消滅

年休権の消滅に関しては、まず、年休の繰り越しの可否が問題になる。裁判例には繰り越しを認めなかったものもある（国鉄浜松機関区事件・静岡地判昭和48・3・23労民集24巻1＝2号96頁）が、通説・行政解釈は繰り越しを認め、ただし労基法115条により、2年間の時効により年休権は消滅するとする（繰り越しを認めた裁判例として、前掲・国際協力事業団事件）。第二に、年休買上げについては、事前の買上げは労働者の年休の自由を奪うことになるため許されないと解されている。しかし、取得しなかった年休を事後的に買上げることはとくに禁じられていない。第三に、労働契約の終了と年休との関係については、労働契約の終了前に労働者が年休の時季を指定した場合に、客観的に見て、別の時季に年休を変更する余地がなければ、使用者がその時季を変更することは許されないものと解する（時季指定および変更については後述）。

II 時季指定権

1. 年休実現のための双方的調整プロセス

例えば、労働者が休暇届を出す前に、直属の上司に前もって打診し、内諾をもらっておくことは、日常的にはよく行われている。長期の連続休暇を取得する場合には、このような調整プロセスを経ておくことが特に要請される。なぜなら、このような年休の希望を実現させるには、使用者や同僚の労働者（休暇中の本人の仕事を代わってもらうなど）の協力体制を必要とするからである。こうした事前の調整プロセスを経ないで、労働者から一方的に年休の時季が指定された場合の時季指定権の成否について考えてみると、時季指定権そのものは有効に行使できるが、こうした調整がより強く要請される長期休暇等などの場合は、使用者による時季変更権行使の裁量の幅がより広くなるといえる（前掲・時事通信社事件［**判例6**］）。

2．年休の時季の指定

　労働者が具体的時期を指定すると，客観的に「事業の正常な運営を妨げる場合」（労基法39条4項但書）に該当し，かつ，使用者が後述する時季変更権を行使しない限り，年休権の効果が発生する（前掲・白石営林署事件 [判例1]，電電公社此花局事件・最一小判昭和57・3・18民集36巻3号366頁 [判例3]）。

　時季指定に一定の手続（一定期日前など）を就業規則などで定めることは，合理的なものであればさしつかえないとされている（前掲・電電公社此花局事件 [判例3]）。また，例えば急な病気などで欠勤した場合に，これを事後的に年休に振り替えるには，使用者の同意を要する。

3．年休の使途

(1) 年休自由利用の原則

　年休をどのような目的で利用するかは労働者の自由である（前掲・白石営林署事件 [判例1]）。また，労働者が年休を取得するために利用目的を使用者に告げることは不要であり，たとえ労働者が虚偽の理由を告げて年休を取得したとしても，それが年休権の濫用にあたらないかぎり，年休の成立は妨げられない。

　さらに，労働者が時季を指定するときに年休の利用目的を尋ねて休暇の付与の可否を決めるといった，年休を事実上使用者の許可のもとにおくことは，労働者の年休取得を抑制することとなり許されない（前掲・弘前電報電話局事件 [判例4]）。しかし，事業の正常な運営を妨げるおそれがあると予見される場合，使用者が時季変更権の行使を差し控えるのが妥当かどうかを判断するため，使途を尋ねることはさしつかえないとされる（前掲・電電公社此花局事件 [判例3]）。

　なお，近年，特定の業務への嫌悪に基づき，その遂行を避けるために行った時季指定は年休権の濫用にあたるとする裁判例が現れている（日本交通事件・東京高判平成11・4・20判時1682号135頁）。

(2) 年休の争議目的利用

一斉休暇闘争のための年休利用について，判例は，このような年休利用は，実質は年休に名をかりた同盟罷業にほかならず，本来の年休権の行使ではないとして年休権の成立を否定している（前掲・白石営林署事件［**判例1**］）。そして，自己の事業場での争議行為は，本来の年休権の行使にあたらず年休としての効果は認められない。これに対し，他の事業場における争議行為に参加した場合は，「事業の正常な運営を妨げる」場合には当たらず，年休の成否に影響しないとされる（前掲・白石営林署事件［**判例1**］。他の判例については，同判決の解説参照）。

III 時季変更権

時季変更権とは，労働者の時季指定権の効果発生を阻止する使用者の権利である。時季変更権の行使は，「事業の正常な運営を妨げる場合」にのみ適法に行使できる（労基法39条4項但書）。

1．時季変更権行使の態様

時季変更権の行使は，指定された日の年休取得は事業の正常な運営を妨げる旨を告げれば足り，使用者が別途他の時季を年休に指定しなおす必要はない。また，時季変更権の行使は，労働者の時季指定から合理的な期間内になされなければならない。ただし，労働者の時季指定が直前になされ調整が間に合わない場合には，時季変更権の行使が事後的でも遅滞なく行われれば適法となることがある（前掲・電電公社此花局事件［**判例3**］）。

2．「事業の正常な運営を妨げる場合」

「事業の正常な運営を妨げる場合」とは，労働者の指定した時季に年休を取得させることが担当業務を含む相当な範囲（部，課，係などの業務を同じくす

る所属部署の範囲および当該労働者の職務を代行しうる労働者の範囲）の業務の正常な運営に支障を来す場合などをいう。使用者は労働者の年休取得を実現しやすいように配慮すべきであるとされていることから，代替要員の配置の難易はこの判断の主要な要素となり，使用者の通常の配慮をもってすれば代替要員の確保が可能であるのに，これをしない場合には，時季変更権の行使の要件をみたさないことになる（前掲・弘前電報電話局事件［判例4］）。これに対し，勤務割を変更することが客観的に可能な状態になかったと判断しうる場合には，代替要員確保をするための具体的行為をしなくてもよい（電電公社関東電気通信局事件・最三小判平成元・7・4民集43巻7号767頁）。また，事業の正常な運営を妨げるかどうかの判断のためあらかじめ合理的な基準（定員など）を定めておき，業務量と対比しながら時季変更権の行使を決める方法をとることも認められている（千葉中郵便局事件・最一小判昭和62・2・19労判493号6頁）。しかしながら，要員不足が常態化しており，常に代替要員の確保が困難な事業場では，労働者の時季指定により業務の一部が遂行できないおそれがあったとしても，事業の正常な運営を妨げる場合にはあたらない（西日本ジェイアールバス事件・名古屋高金沢支判平成10・3・16労判738号32頁）。

　なお，職場を代表し，集中的に高度な知識・技能を修得することを目的とする訓練中の年休取得に関し，欠席しても予定された知識・技能の修得に不足を生じないと認められない限り，時季変更権を行使しうるとされた例がある（日本電信電話事件・最二小判平成12・3・31労判781号18頁）。

IV　労使協定による計画年休

　労基法の1987年改正により，年休の計画的取得の促進のため，労使協定により年休の時季を定めることができることとなった（労基法39条5項）。ただし，5日分の年休は個人に留保される。この労使協定が，計画年休に反対した労働者をも拘束するかどうか，すなわち，各労働者の時季指定権が排除され，協定の定めるとおりに年休が成立するかどうかについては，学説上は見解が分かれているが，裁判例では肯定説が有力である（三菱重工業長崎造船所

事件・福岡高判平成 6・3・24労民集45巻 1 = 2 号123頁)。ただし，計画年休期間前の退職者のように，期間中に年休を取得することが不可能な者については，時季指定権の行使が認められる (昭和63・3・14基発150号)。また，計画年休では，使用者の時季変更権も排除され，特別の事情がない限り年休日は変更できないとされている。

V 法定外年休および特別休暇制度

　法定の年休以外に，有給の休暇を上乗せして与えられる法定外年休の取扱いは，当事者間の取り決めによる。当事者間に取り決めがなければ法定年休と同様の取扱いをするものと推定される (前掲・エス・ウント・エー事件 [**判例 5**])。一定年数を勤務した者に対し功労的に特別の休暇を与えるいわゆるリフレッシュ休暇についても，取扱いは当事者に委ねられる。

　なお，病気休暇については，わが国の労基法にその規定がないため，労働者が将来の病気に備えて年休日数をある程度残しておこうという心理が働き，年休の取得を鈍らせている側面があるといわれている。そのため，病気休暇制度の立法化を検討すべしとの主張がみられる。

[判例1] 年次有給休暇権の法的性質
白石営林署事件・最二小判昭和48・3・2民集27巻2号191頁

[事　実]

　A営林署の職員である国家公務員Xは，1958年12月10日および11日の年休を申請する旨の届出をしたうえ，所属事業場とは別のB営林署での争議行為に参加した。A営林署長は，この両日のXの年休取得を認めず，欠勤扱いとして賃金を減額したため，XはY（国）に対してその分の賃金を請求する訴えを提起した。一審判決（仙台地判昭和40・2・22労民集16巻1号134頁），二審判決（仙台高判昭和41・5・18高民集19巻3号270頁）ともXの請求を認容したため，Yが上告したのが本件である。最高裁は次のように述べて上告を棄却した。

[判　旨]

　労基法39条1・2項の要件が充足されたときは，当該労働者は法律上当然に各項所定日数の年次有給休暇の権利を取得し，使用者はこれを与える義務を負う。労基法39条3項（現4項―解説者）は「請求」という語を用いているけれども，年次有給休暇の権利は，同条1・2項の要件が充足されることによって法律上当然に労働者に生ずる権利であって，労働者の請求をまって始めて生ずるものではなく，また，同条3項にいう「請求」とは，休暇の時季にのみかかる文言であって，その趣旨は休暇の時季の「指定」にほかならないものと解すべきである。休暇の付与義務者たる使用者に要求されるのは，労働者が権利として有する有給休暇の享受を妨げてはならないという不作為を基本的内容とする義務にほかならない。

　労働者が具体的な休暇の始期と終期を特定して時季指定をしたときは，客観的に労基法39条3項但書所定の事由が存在し，かつ，これを理由として使用者が時季変更権を行使しないかぎり，右の指定によって年次有給休暇が成立し，当該労働日における就労義務が消滅するものと解するのが相当である。本件において，当日に休暇の時季指定をしたのはXのほか1名あるのみで，Xが本件年休をとることによって同署の事業の正常な運営に支障を与えるところもなく，したがって使用者は時季変更権を行使することはできない。

さらに、休暇をどのように利用するかは、使用者の干渉を許さない労働者の自由である。労基法39条3項但書にいう「事業の正常な運営を妨げる」か否かの判断は、当該労働者の所属する事業場を基準として決すべきで、他の事業場における争議行為等に休暇中の労働者が参加したことは、本件年休の成否に影響することはない。

[判決の位置づけ]

1. 年休権の法的性質（二分説）

年休権の法的性質については、従来、解説部分で述べたように、年休の成立には使用者の承認を要するとする請求権説や、労働者の一方的時季指定で成立する形成権説などが唱えられていたが、最高裁は本判決において、労基法39条所定の権利を年休権と年休を特定する時季指定権とから構成する「二分説」を採用し、今日では判例法理として確立している。この見解によれば、年休の取得につき使用者の承認という観念を容れる余地はなく、労働者が、時季を特定して年休権を行使すれば、使用者の時季変更権が適法に行使されない限り、その日の労働義務は消滅することになる。

2. 使用者の義務

上述のとおり、本判決は、二分説の立場から、使用者が労働者の年休取得に対して負う義務は、その年休取得を妨害しない不作為義務（消極的義務）であるとした。ただし、その後の判例は、使用者に労働者が年休を取得しやすいように配慮する義務（積極的義務）があることを認めている（[判例4]参照）。

3. 年休自由利用の原則

年休をどのように利用するかは労働者の自由であり、使用者の干渉を許さない。ただし、他の労働者の年休権行使と競合する場合に、労基法39条4項但書の「事業の正常な運営を妨げる場合」の成否を判断するために、または、使用者が適法な時季変更権の行使を差し控えるか否かを判断するために、年休の利用目的を尋ねることは差し支えないと考えられている（[判例3]参照）。

4. 年休の争議目的利用

本判決は、所属する事業場以外での争議行為に参加するため労働者が年休を申請したことは、所属事業場での正当な業務運営を妨げる場合にあたらないとして

いる。また，傍論として，所属する事業場で行われる争議行為のため年休を利用すること（一斉休暇闘争）に関し，その実質は年休に名を藉りた同盟罷業にほかならず，本来の年休権の行使ではないとして，年休権の成立を否定した。その後の判例も，年休のスト利用についてはおおよそこの枠組みに沿っている。

例えば，夕張南高校事件（最一小判昭和61・12・18労判487号14頁）において，最高裁は，使用者の時季変更権を無視することによって事業場の正常な運営を阻害しようとする休暇闘争は年休権成立の前提を欠くとした上で，適法な時季変更権が行使された場合にはこれに従うという趣旨で集会に参加した事案について，年休権の成立を認めている。また，国鉄直方自動車営業所事件（最二小判平成8・9・13労判702号23頁）では，所属する事業場での時限ストの際に激励のため職場集会に参加した事案につき，スト対象者と業務が異なり，実質的にみて他の事業場における争議行為の支援活動とほとんど異ならないとして，年休の取得を有効と認めている。

これに対し，国鉄津田沼電車区事件（最三小判平成3・11・19民集45巻8号1236頁）では，労働者の時季指定が承認された後，たまたまストライキの日程が同じ日に重なり，ストライキに参加した事案で，かかる時季指定は，業務運営の正常な勤務体制の存在を前提として，その枠内で休暇を認めるという年休制度の趣旨に反し，本来の年休権の行使とはいえないとして，年休の成立は否定された。これは，業務運営の正常な勤務体制の不存在を理由として年休を否定するもので，従来の枠組みとは異なる判断といいうる。

［実務上の留意点］

❶ 労働者は，使用者の承認によらず，労基法39条1項および2項の要件を満たすことで，当然に年休権を取得する。
❷ 使用者は労働者の年休取得を妨げない不作為義務を負う。
❸ 年休は労働者が自由に利用しうることが原則である。

[判例２] 年休権発生要件としての継続勤務

東京芝浦食肉事業公社事件・東京地判平成２・９・25労判569号28頁

[事　実]

　Ｘらは，1985年３月31日にＹ（東京都）の正規職員を定年退職し，翌４月１日にＹの嘱託員として再雇用された。嘱託員は，希望者の中から定年前の勤務成績等を見て選考され，雇用期間は１年間（一定回数の更新が可能）であった。Ｘらが正規職員であった当時の勤務日数は週６日で，年20日の年休が付与されていたが，嘱託員の勤務日数は月18日（週４日相当）で，嘱託１年目には５日の年休が付与されていた。

　Ｘらの所属するＡ組合の連絡員は，Ｘらの所属課長に再雇用前と同じ日数の年休の使用を申し入れたが，所属課長はこれを断った。そこでＸらは，本件再雇用は労基法39条の「継続勤務」を中断するものではないのに，Ｙが再雇用前と同じ日数の年休を認めなかったことは不当利得ないし不法行為に当たるとして，Ｙに対し不当利得返還ないし損害賠償を請求した。本判決は次のように述べて請求を棄却している。

[判　旨]

　労基法39条の「継続勤務」に該当するか否かは，形式的に労働者としての身分や労働契約の期間が継続しているかどうかではなく，実質的に労働者としての勤務関係が継続しているかどうかにより決すべきものである。

　本件において，Ｘらは正規職員として勤務した後，翌日から嘱託員として採用され，同一の当事者間に勤務関係が接続して存在し，仕事の内容も嘱託員になる前後で大差はないことから，勤務状況に実質的な変更がないのであれば，継続勤務に該当すると解すべきである。

　本件Ｘらは，実質的にみて，正規職員であった時と比べ，嘱託員となった後のほうが勤務の態様が著しく軽いので，継続勤務を認めるのは相当ではない。そうすると，有給休暇日数については，正規職員であった時の年数は通算されず，また，正規職員当時の未消化の年休は消滅し，繰り越しも認められない。

[判決の位置づけ]

1．「継続勤務」の判断

本章の解説で述べたように，労基法39条にいう「継続勤務」は雇用契約の存続があれば足り，それは実質的に判断される。本判決は，これに従い，継続勤務性の判断は，形式的に労働者としての身分や労働契約の期間が継続しているかどうかではなく，実質的に勤務関係が継続しているかどうかによるとの解釈を示した。その判断基準としては，前後の雇用関係が，①同一の当事者間に存在し，②時期的に接続していること，③仕事の内容に大差がないこと，④勤務日数など勤務状況に実質的な変更がないことを挙げている。本事案では，正規職員当時と再雇用後の嘱託員としての勤務日数が大幅に異なっていたため，継続勤務性が認められなかった（比例付与が認められるに至った1987年改正以後の事案ではなお検討の余地があろう）。

本件以降の裁判例として，日本中央競馬会事件（東京高判平成11・9・30労判780号80頁）は，競馬開催期間を単位とした雇用契約が反復締結されていた開催従事員について，法令の規制により毎年1，2か月を超える非在籍期間が存するものの，実態としての雇用関係が同一性を維持して継続していたとして継続勤務性を認めている。さらに，国際協力事業団事件（東京地判平成9・12・1労判729号26頁）では，1年を雇用期間とする契約を繰り返し更新して，途中中断することなく雇用されていた外国人語学講師につき継続勤務性を認めている。行政解釈は，在籍出向，パートから正規職員への切り替え，合併なども継続勤務性を妨げないとしている（昭和63・3・14基発150号）。

2．継続勤務と勤続年数の通算・年休の繰り越し

本件では，正規職員当時との継続勤務性が認められれば，嘱託員となった年についても，前年までの勤務年数を通算して計算した日数の年休が付与されるのではないかという問題が争われたが，本判決は，継続勤務性を否定し，この意味での通算は認められないと判断した。また，正規職員当時の未消化年休の繰り越しも認められないと判断されている。

[実務上の留意点]

❶ 労基法39条にいう「継続勤務」は実質的に判断される。

❷ 継続勤務性が認められない場合，年休の繰り越しは認められず，年休の付与日数についても，前年までの勤務状況は考慮されない。

[判例3]　　使用者の時季変更権行使の効力
電電公社此花局事件・最一小判昭和57・3・18民集36巻3号366頁

[事　実]

　Y公社の従業員であるXらは，それぞれ1969年8月18日と20日，当日の年休を申請して欠務した。Yの就業規則および年次有給休暇に関する協約の覚書によると，交代制勤務の職員の年休は前々日までに請求し，所属長の承認を受けることになっていたが，Xらは休暇当日に時季指定をしたので，所属長であるA課長が休暇の途中または事後に休暇の理由を質したところ，Xらはそれを明らかにしなかった。そこでYは，当日の欠務を欠勤扱いとして賃金をカットした。一審判決（大阪地判昭和51・3・24労判250号47頁）は，賃金カットを違法としてXらの賃金請求を認めたが，二審判決（大阪高判昭和53・1・31労判291号14頁）はXらの主張を退け，賃金カットを適法とした。これに対し，Xらが上告したが，最高裁は上告を棄却した。

[判　旨]

　年休の請求は前々日までになすべきとする本件就業規則の定めは，年休の時季を指定すべき時期につき原則的な制限を定めたものとして合理性を有し，労基法39条に違反するものではないとした原審の判断は，正当として是認することができる。
　労働者の年次有給休暇の請求（時季指定）に対する使用者の時季変更権の行使が，労働者の指定した休暇期間が開始または経過した後にされた場合であっても，労働者の休暇の請求自体がその指定した休暇期間の始期にきわめて接近してされたため，使用者において時季変更権を行使するか否かを事前に判断する時間的余

裕がなかったようなときには、客観的に時季変更権を行使しうる事由が存し、かつ、その行使が遅滞なくされたものであるならば、適法な時季変更権の行使があったものとして、その効力を認めるのが相当である。

本件については、Xらは当日出社せず年休を請求しており、A課長が事前に時季変更権を行使する時間的余裕はなく、また、Xらの年休の請求はいずれもYの事業の正常な運営を妨げるおそれがあったが、A課長は時季変更権の行使にあたりXらが休暇を必要とする事情をも考慮するのが妥当と考え、理由を聴取するため暫時時季変更権の行使を差し控えたうえ、Xらがこれを明らかにすることを拒んだため事情を考慮をする余地がないことが確定的になった時点に至ってはじめて、かつ遅滞なく時季変更権の行使をしたことが明らかであるから、本件時季変更権の行使は、休暇の始期前になされなかったものではあるが、適法なものとしてその効力が認められる。

[判決の位置づけ]

1. 時季指定権の行使時期

本件では、Yが就業規則等により、交代制勤務の職員は年休を前々日までに請求し、所属長の承認を受けることとされていたことから、労働者が年休を時季指定すべき時期について就業規則等で制限することができるか否かが争われた。一審は、いつ年休の時季を指定するかは労働者の自由であり、このような規定は法的拘束力をもたないとした。これに対し二審は、使用者が時季変更権の行使を判断する時間的余裕を与えると同時に、時間割を変更して代替要員の確保を容易にして時季変更権の行使をなるべくしないように配慮したものであり、制限として合理的で、労基法39条に違反しないとし、最高裁もこの判断を是認している。

以上のことから、年休を指定する時期について就業規則で手続的な制限を設けることは、規定の内容に合理性があるかぎり適法である。ただし、規定の運用に当たっては、規定の時期前に申請できなかったことについての労働者側の差し迫った事情を考慮するなどの柔軟な対応が求められる。

2. 時季変更権の行使時期

時季変更権の行使は、合理的な期間内にしなければならない。不当に遅れた時季変更権の行使は、年休取得に対する労働者の合理的な期待を損ない違法である。

しかし，本件では，労働者の時季指定が休暇当日になされ，使用者において時季変更権の行使を事前に判断する時間的余裕がなかったため，休暇期間が開始した後であっても時季変更権の行使は適法であるとされた。

［実務上の留意点］
❶ 年次有給休暇を指定する時期について就業規則で規定を設けることは，その内容に合理性があるかぎり適法である。
❷ 時季変更権の行使は，それを行うか否かを判断するのに必要な合理的な期間の経過後すみやかに行わなければならない。

［判例4］　　使用者の配慮義務
弘前電報電話局事件・最二小判昭和62・7・10民集41巻5号1229頁

［事　実］

Y公社の従業員であるXは，交代勤務体制で現場作業に従事していたが，勤務日である1978年9月17日の年休の時季指定をした。なお，同日の最低配置人員は2名と定められていた。Xの上司であるA課長は，Xが当日に成田空港反対現地集会に参加し，違法行為に及ぶおそれがあると考え，その参加を阻止するため，予めXの代替勤務を申し出ていた職員にその申出を撤回させ，最低配置人員を欠くとして時季変更権を行使した。Xは，同日に出勤せず，集会に参加したが，違法行為には及ばなかった。

Yは，この欠勤を理由に，Xを戒告処分にし，同日分の賃金をカットしたため，Xが戒告処分の無効確認と賃金の支払い等を求めて訴えを提起した。一審判決（青森地判昭和58・3・8労判405号11頁）は，Xの請求をほぼ認容したが，二審判決（仙台高判昭和59・3・16労判427号29頁）は，時季変更権の行使は適法であるとしてXの請求をいずれも棄却した。これに対しXが上告したところ，最高裁は原判決を破棄し，一部につき自判するとともに，一部を原審に差戻した。

[判　旨]

　労働者の年休の時季指定に対応する使用者の義務の内容は，年休を享受することを妨げてはならないという不作為を基本とするが，使用者に対しできるだけ労働者が指定した時季に休暇を取れるように状況に応じた配慮をも要請しているとみることができる。勤務割を定めあるいは変更する使用者の権限も，労基法に基づく年休権の行使により結果として制約を受ける場合があるのは当然であり，勤務割で定められた日に時季指定された場合でも，使用者は労働者が休暇を取れるよう状況に応じた配慮をすることが要請される。

　「事業の正常な運営を妨げる場合」か否かの判断に当たって，代替勤務者配置の難易は判断の一要素となるが，とくに勤務割による勤務体制がとられている事業場の場合は，重要な判断要素である。

　労基法は年休の利用目的に関知しないので，勤務割を変更して代替勤務者を配置することが可能であるにもかかわらず，休暇の利用目的によってその配慮をせずに時季変更権を行使することは，利用目的を考慮して年休を与えないことに等しく，そのような時季変更権の行使は，事業の正常な運営を妨げる場合に当たらず無効である。

　本件については，Xが年休を指定した日に予め代替勤務を申し出ていた職員があるのに，当該職員を説得して申出を撤回させた上で行った時季変更権の行使は無効である。

[判決の位置づけ]

1．使用者の配慮義務

　前述の白石営林署事件（[判例1]）において，最高裁は，使用者は労働者の年休を享受する権利を妨げてはならないという不作為義務を負うとした。本判決は，使用者はこのような不作為義務だけでなく，年休を取得しやすいよう配慮する義務をも負うものとし，勤務割で定めた出勤日に時季指定がなされた場合でも，労働者がその日に年休を取れるよう使用者は配慮すべきであるとしている。なお，使用者の配慮の程度は通常の配慮で足り，それをもってしてもなお事業の正常な運営を妨げる場合には，時季変更権の行使が適法となるものと解されている。

2．事業の正常な運営を妨げる場合の判断要素―代替要員の配置の可能性―

事業の正常な運営を妨げる場合の判断要素について，本件一審判決は，「企業の規模，年休請求者の職場における配置，その担当する作業の性質，内容，作業の繁閑，代替勤務者の配置の難易，労働慣行等の諸事情を勘案して」決すべきものとしている。本判決は，とくに勤務割による勤務体制の事業場では，代替勤務者の配置の難易が重要な判断要素になるとし，本件は代替勤務者の配置が可能な状況であったとしている。

代替勤務者の配置の可能性について，最高裁は，労働者が特殊技能を要さない職務についており，代替勤務者の確保が可能でありながら，それを確保しないまま要員無配置状態が生ずるとして行った時季変更権の行使を無効と判断している（横手統制電話中継所事件・最三小判昭和62・9・22労判503号6頁）。これに対し，電電公社関東電気通信局事件（最三小判平成元・7・4民集43巻7号767頁）は，勤務割変更の運用状況などの判断要素を示した上で，勤務割を変更することが客観的に可能な状況になかったと判断しうる場合には，代替勤務者を確保するための配慮をしたとみうる具体的行為をしなかったとしても，使用者の時季指定権の行使が違法となることはないとしている。

また，業務に必要な定員を予め算出し，この欠務許容人数を欠く場合に時季変更権を行使するという方法について，千葉中郵便局事件（最一小判昭和62・2・19労判493号6頁）は，事業の正常な運営を妨げるかどうかを判断するために欠務許容人数という基準をあらかじめ定立しておくことは，合理的なものであり，また，これが時季変更権の行使基準として定着していたことから，これに従った時季変更権の行使を適法であるとした原審を維持している。

3．年休の利用目的と違法行為のおそれ

白石営林署事件［判例1］で明らかにされたように，年休をどのように利用するかは使用者の干渉を許さない労働者の自由である。本判決は，この原則に従い，代替勤務者の配置が可能でありながら，これを行わずに，休暇の利用目的を考慮してなされた時季変更権の行使を無効とした。年休を取得して違法行為に及ぶおそれがあっても，時季変更権の行使が可能でない限り，事後的な懲戒処分などで対処するほかないことになろう。

[実務上の留意点]

❶ 使用者には労働者が指定した時季に年休を取得できるように，代替要員を確保するなど通常の配慮をする義務がある。
❷ 年休の利用目的により年休の実現のための配慮をしないことは許されない。

[判例5]　　　　　　　　全労働日の算定
エス・ウント・エー事件・最三小判平成4・2・18労判609号12頁

[事　実]

　Y会社の従業員であるXが，1986年および1987年に年休の指定をした日に勤務しなかったところ，Yはこれを欠勤扱いとし，これを理由に賃金および賞与を減額した。Yが1984年から実施した新就業規則は，日曜日を休日とし，旧就業規則では日曜日と同じく休日としていた祝日，交替勤務日以外の土曜日，年末年始を「一般休暇日」とし，この一般休暇日を，年休付与の基準となる全労働日に含めていた。これにより，旧就業規則のもとであればXの上記の年休取得が認められたのに対し，新就業規則では一般休暇日に出勤していないことから，Xは，1985年および1986年にいずれも全労働日の8割以上出勤の要件を満たさず，1986年および1987年に年休を取得できないことになった。
　そこでXは，新就業規則は労基法39条1項に違反し無効であるとして，減額された賃金および賞与の未払分を請求する訴えを起こした。一審判決（東京地判平成元・9・25労判548号59頁）および二審判決（東京高判平成2・9・26労判582号78頁）は，Xの主張を認めたが，これに対しYが上告した。最高裁は次のように判示して上告を棄却している。

[判　旨]

　労基法39条1項にいう全労働日とは，1年の総暦日数のうち労働者が労働契約上労働義務を課せられている日数をいうものと解すべきである。Y会社の新就業規則に定める一般休暇日は労働者が労働義務を課せられていない日に当たり，したがって，同就業規則中，一般休暇日が全労働日に含まれるものとして年休の成立要件を定めている部分は同項に違反し無効であるとした原審の判断は，正当として是認することができる。

　Yの就業規則は，年休の成立要件，年休期間の賃金支払義務について法定年休と法定外年休を区別しておらず，両者を同様に取り扱う趣旨であると認められる。また，使用者に対し年休期間について一定の賃金支払を義務付けている労基法39条4項（現6項―解説者）の規定の趣旨からすれば，使用者は，年休取得日の属する期間に対応する賞与の計算上この日を欠勤として扱うことはできないと解するのが相当である。

　Yの新就業規則中，年休の成立要件を定める部分は無効であるから，法定年休と法定外年休のいずれに関しても，その権利の成立要件は旧就業規則によるべきものとした上で，Yの取扱いを違法とした原審の判断は，正当として是認できる。

［判決の位置づけ］

1．全労働日の意義

　年休権成立の要件となる出勤率算定の基礎となる全労働日は，1年（初年度は6か月）の総暦日数のうち，就業規則その他により定められた所定休日等を除いた，労働契約上労働義務を課せられている日数をいう（本章解説I 3参照）。本件の争点は，就業規則に定める一般休暇日が名称にかかわらず休日にあたるとみるか，Y会社の主張するように「労働義務はあるが勤務しなくとも債務不履行の責を問われない日」であるとみるかである。本判決は，Y会社の主張を退けた二審判決を維持して，労基法39条1項の労働日については，就業規則上の名称いかんではなく，実質的に判断する態度を示したものといえる。

2．法定外年休の取扱い

　労基法の定める日数を上回る法定外年休について，本件では，就業規則上，法

定年休と法定外年休が区別されていないため，同様に取り扱う趣旨であるとされている。逆にいうと，使用者が就業規則において，法定外年休部分の休暇の成立要件や賃金支払い義務を法定年休とは別個の規定を設けることは可能である。

3．年休取得に対する不利益取扱い

年休取得を理由とする不利益取扱いについては，[判例7]において後述するが，本判決が，労基法39条6項の趣旨から，賞与の計算において年休取得日を欠勤として取り扱うことはできないとしている点は注目される。

[実務上の留意点]

❶ 労基法39条1項の出勤率の計算にあたり，実質的に労働義務を課せられていない日は全労働日に含まれない。

❷ 法定外年休の成立要件や賃金支払い義務について，法定年休とは別に就業規則に規定を設けることは可能であるが，そのような規定がなければ法定年休と同様に扱うものと推定される。

[判例6]　　長期連続休暇と時季変更権
時事通信社事件・最三小判平成4・6・23民集46巻4号306頁

[事　実]

Xは，Y通信社の社会部所属の記者として，当時科学技術庁の記者クラブに単独配置され原子力の安全規制関係全般を担当していた。Xは，1980年6月30日に上司のA部長に対し欧州の原子力発電問題を取材するために，8月20日から9月20日までの休暇届を提出し，うち24日間についてはXの保有する年休の時季指定をした。これに対し，A部長は，単独配置されているXが1か月も不在では取材に支障を来すおそれがあり，代替記者を配置する余裕もないとし，2週間ずつ2回に分けて休暇を取ってほしいと回答した上，後半部分については時季変更権を行使した。しかし，Xは，これを無視して8月22日から9月20日までの間，取材

旅行に出て，その間勤務に就かなかった。

そこでYは，Xを譴責処分にし，賞与を減額して支給した。このためXは，譴責処分の無効確認と賞与の一部不支給についての損害賠償を求める訴えを提起した。一審判決（東京地判昭和62・7・15労判499号28頁）は，本件時季変更権行使を適法としXの請求を退けた。これに対し，二審判決（東京高判昭和63・12・19労判531号22頁）は，Xの職務の代替が著しく困難であったとはいえず，本件時季変更権の行使は違法であるとして，Xの請求をほぼ認めた。これに対しYが上告したところ，最高裁は，原判決を破棄し，一部を原審に差戻した。

[判　旨]

労働者が長期かつ連続の年休を取得しようとする場合においては，それが長期のものであればあるほど，使用者において代替勤務者を確保することの困難さが増大するなど事業の正常な運営に支障を来す蓋然性が高くなり，使用者の業務計画，他の労働者の休暇予定等との事前の調整を図る必要が生ずるのが通常である。しかも，使用者にとっては，労働者が時季指定をした時点において，その長期休暇期間中の事業の正常な運営の確保にかかる事情について正確に予測することは困難であり，当該労働者の休暇の取得がもたらす事業運営への支障の有無，程度につき，蓋然性に基づく判断をせざるを得ないことを考えると，労働者が右調整を経ることなく，その有する年休の日数の範囲内で始期と終期を特定して長期かつ連続の年次有給休暇の時季指定をした場合には，これに対する使用者の時季変更権の行使については，使用者にある程度の裁量的判断の余地を認めざるを得ない。

本件についてみると，①Xの職務はある程度の専門的知識が必要で，長期にわたって代替し得る者を確保することは相当に困難であり，②単独配置は異例な配置ではなく企業経営上やむをえない理由によるもので，不適正なものであると断定することは適当でない，③Xが指定した休暇は約1か月という長期かつ連続したものであったが，Yと十分な調整を経ないで時季指定を行った，④Yは後半部分についてのみ時季変更権を行使しており，Xの時季指定に対する相当の配慮をしていると認められる。したがって，本件時季変更権の行使は適法である。

［判決の位置づけ］

　労基法上の年休は，労働者の時季指定権行使というイニシアティブによって取得される。本判決は，労働者が長期休暇を取得しようとする場合，使用者の業務計画や，他の労働者の休暇予定との事前の調整が必要であるとし，調整を経ないで長期の時季指定をした場合は，時季変更権の行使について使用者の裁量が大きくなるとしている。そして，この使用者の裁量権行使の合理性を判断するにあたり，最高裁は，①代替要員確保の困難性，②労働者の配置の相当性，③調整の必要性，④労働者の時季指定への相当な配慮の有無を考慮要素としているものといえる。

　現行制度のもとでは，長期休暇を取得しようとする労働者は，使用者との間に事前の十分な調整を図ることが求められる。ＩＬＯ132号条約に，年間最低3労働週の年休のうち，最低2週は連続休暇とする規定がある（8条2項）。これからすると，日本の年休制度は長期休暇取得に対し，たち遅れていると言わざるを得ない。なお，計画年休制度は，労使の協議を通じ，労働者と使用者の利益の調整を図ることができ，長期休暇の実現への効果が期待される（本章解説Ⅳ参照）。

［実務上の留意点］

　年休の日数内であっても，使用者との事前の調整もなしに長期連続休暇の時季指定をした場合，使用者の時季変更権行使にある程度広い裁量的な判断が認められる。

［判例7］　　年休取得に対する不利益取扱い
沼津交通事件・最二小判平成5・6・25民集47巻6号4585頁

[事　実]

　XはYタクシー会社の乗務員である。Xの所属するA組合とYとの間の労働協

約は、月ごとの予定表である交番表に定める労働日数および労働時間を勤務した者に、皆勤手当を支給することを定めていた（1988年度月額3,100円、1989年度月額4,100円）。ただし、公私傷病休または欠勤が月に1日あれば、皆勤手当を半分に減額支給し、2日あれば不支給とされ、年休は欠勤と同様に取り扱われていた。

Xは1988年5月から翌年10月までに年休取得により計1万5,950円の皆勤手当が支給されなかったことから、このような取扱いは労基法39条、同附則134条（現行136条—解説者）もしくは民法90条の公序に反するとして未払いの皆勤手当を請求した。一審判決（静岡地沼津支判平成2・11・29労判636号16頁）は、上記減額を公序違反としてXの請求を認めたが、二審判決（東京高判平成4・3・18労判636号13頁）は、労基法附則134条は訓示規定であるとし、同条が禁ずる不利益取扱いが直ちに民法90条により無効となるものでもないとして、一審判決を取り消し、Xの請求を棄却した。これに対しXが上告したが、本判決は上告を棄却した。

[判　旨]

労基法附則134条（現附則136条—解説者）それ自体は使用者の努力義務を定めたもので、労働者の年休取得を理由とする不利益取扱いの私法上の効果を否定するまでの効力を有するとは解されない。また、本件のような措置は年休を保障した労基法39条の精神に沿わない面は否定できないが、その効力については、その趣旨、目的、労働者が失う経済的利益の程度、年休の取得に対する事実上の抑止力の強弱等諸般の事情を総合して、年休を取得する権利の行使を抑制し、同法が年休権を保障した趣旨を実質的に失わせるものと認められない限り、公序に反し無効とすることはできないと解するのが相当である。

本件についてみると、Yは自動車を効率的に運行させる必要性が大きく、交番表が作成された後に乗務員が年休を取得した場合には代替要員の手配が困難となり、自動車の実働率が低下する事態が生ずることから、このような形で年休を取得することを避ける配慮をした乗務員について皆勤手当を支給することとしたものと解せられ、年休の取得を一般に抑制する趣旨に出たものではないと見るのが相当であり、年休取得により控除される額が相対的に大きいものではないことなどから、この措置が年休の取得を事実上抑止する力は大きなものではなかったというべきである。以上によれば、本件措置は、公序に反する無効なものとまでは

いえない。

[判決の位置づけ]

　年休取得に対する不利益取扱い（皆勤手当や賞与，昇給などで経済的に不利に扱うこと）については，労基法39条あるいは附則136条違反として直接否定する見解と，その様な取扱いが公序に反する場合にのみ違反とする見解との間で争いがあったが，本判決は，附則136条は努力義務であるとし，公序による判断枠組みを採用した。判例は，年休取得に対する不利益取扱いの私法上の効果が労基法により直接否定されるものではないとすることで概ね一致している。

　不利益取扱いの効力を判断するにあたっては，①不利益と結びつく措置の趣旨および目的，②労働者が失う経済的利益の程度，③年休取得に対する抑止力の強弱等が考慮すべき要素となる。これらの要素を総合的に判断し，不利益取扱いが年休権の行使を抑制し，労基法が年休権を保障した趣旨を実質的に失わせる場合には，公序に反して無効となる（日本シェーリング事件・最一小判平成元・12・14民集43巻12号1895頁は，賃上げに影響する稼働率の計算上，年休を不就労とする取扱いが公序違反にあたるとした。他方，エヌ・ビー・シー工業事件・最三小判昭和60・7・16民集39巻5号1023頁は，生理休暇の取得を欠勤日とする取扱いを有効とした）。

　本判決は，年休取得の不利益取扱いについて，こうした判断枠組みを採用し，その後の裁判例もほぼこれに沿った判断を行っている（錦タクシー事件・大阪地判平成8・9・27労判717号95頁は，賞与の計算における不利益取扱いを公序違反でないとした）。

[実務上の留意点]

❶　年休取得を理由とする不利益取扱いが，労働者の年休権の行使を抑制し，労基法の趣旨を実質的に失わせる場合には，このような取扱いは公序違反として無効となりうる。

❷　不利益取扱いの公序違反性を判断するにあたって考慮すべき要素は，①当該取扱いの趣旨および目的，②経済的な不利益の程度，③年休取得の抑止力の強弱等であり，これらが総合的に判断される。

第10章

育児・介護休業等

I　意　義

　少子・高齢社会の到来により，育児や介護を社会的に支援する必要性が高まっている。職業生活と家庭生活との両立のための制度の整備を目的として，1991年に「育児休業等に関する法律」（以下「育児休業法」という）が成立し，1995年には育児休業法の改正として，「育児休業，介護休業等育児又は家族介護を行う労働者の福祉に関する法律」（以下「育児・介護休業法」という）が成立した。男女雇用機会均等法の1997年改正により，同法が雇用上の男女平等の実現を図るためのものとしての性格をより強めたのに対し，育児・介護休業法は，育児・介護責任を有する者についての深夜業免除の制度が設けられるなどの点で，職業生活と家庭生活との調和を図るための性格が一層強くなっている。

II　育児・介護休業

1．育児休業の意義

　育児休業とは，男女労働者がその1歳に満たない子を養育するためにする

休業をいう（育児・介護休業法（以下「法」という）2条1号）。ただし，日々雇用される者および期間を定めて雇用される者は除外される。また，労使協定（第11章参照）で定めれば，継続雇用期間が1年未満の者，配偶者が常態として子を養育できる者，育児休業申出から1年以内に雇用関係が終了する者，週所定労働日数が2日（平成7・9・29労働省告示113号）以下の者については，育児休業の申出を拒むことができる（法6条1項但書，施行規則6条・7条）。

　労働者は事業主に申し出ることにより，子が1歳に達するまで原則として1回育児休業をすることができる（法5条1項）。休業の取得は，原則として1か月前までに，育児休業開始予定日および育児休業終了予定日を明示した書面により行う（法5条2項・6条3項，施行規則5条）。また，一定の要件のもとで労働者からの期間の変更や育児休業申出の撤回もできる（法7条・8条）。

2．介護休業の意義

　介護休業とは，男女労働者が要介護状態にある対象家族を介護するためにする休業をいう（法2条2号）。要介護状態とは，負傷，疾病または身体上もしくは精神上の障害により，2週間以上にわたり常時介護を必要とする状態である（法2条3号，施行規則1条）。対象家族は，配偶者（事実婚を含む），父母および子並びに配偶者の父母であり（法2条4号），他に労働者と同居しかつ扶養している祖父母，兄弟姉妹および孫である（施行規則2条）。

　日々雇用される者および期間を定めて雇用される者は介護休業権をもたず（法2条1・2号参照），労使協定で定めれば，①継続雇用期間が1年未満の者，②介護休業申出から3か月以内に雇用関係が終了する者，③週所定労働日数が2日（平成7・9・29労働省告示113号）以下の者については，介護休業の申出を拒むことができる（法12条2項，施行規則23条）。

　労働者は事業主に申し出ることにより，3か月までの期間，介護休業をすることができる（法11条1項・15条1項）。ただし，介護休業の回数は要介護状態にある対象家族について1回に限る（法11条1項但書）。原則として2週間前までの，介護休業開始予定日および介護休業終了予定日を明示した書面により行う（法11条2項・12条3項）。

3．育児・介護休業権の法的効果

事業主は，労働者からの育児休業申出または介護休業申出を拒むことはできない（法6条1項・12条1項）。また，事業主は，労働者が育児休業の申出または介護休業の申出をしたことや，育児休業または介護休業をしたことを理由に解雇することはできない（法10条・16条）。育児・介護休業を取得したことを賞与，昇給・昇格の査定等に際しどのように取り扱うかは労使の自治に委ねられているが，労働者の権利行使の抑制の程度いかんによっては公序違反が成立しうる。例えば，賞与の支払いにつき出勤率が90パーセント以上であることを要件としている場合に，旧育児休業法に基づく勤務時間短縮措置による育児時間の取得を欠勤扱いとして賞与の対象から除外する措置は，公序良俗に反し無効と判断されている（学校法人東朋学園・高宮学園事件・東京地判平成10・3・25労判735号15頁［判例3］参照）。

なお，育児・介護休業期間の年休付与における取扱い，および所得保障については，以下のとおり法律で規定されている。年次有給休暇付与の条件である出勤率の算定にあたり，育児休業または介護休業期間は，出勤したものとみなされる（労基法39条7項）。また，育児休業の場合，申出により健康保険および厚生年金保険の自己負担分の保険料は免除される（健康保険法76条，厚生年金保険法82条の2）。所得保障として，雇用保険法により，育児・介護休業開始前6か月間の平均賃金額の25パーセント相当額（育児休業給付は25パーセントのうち5パーセント相当額が復職後支給される）が給付されている（61条の4・61条の5・61条の7）。なお，雇用保険法の改正により，2001年4月1日からは40パーセント相当額が給付される予定である。

4．育児・介護に関する事業主の雇用管理上の義務

事業主は，育児休業を取得しないで1歳未満の子を養育する労働者に対して，その申出に基づき，短時間勤務制度，フレックスタイム制度，始業・終業時刻の繰上げ・繰下げの制度，所定外労働の制限，事業所内託児施設の設

置等のいずれかの措置を講じなければならない（法19条1項，施行規則34条1項）。また，1歳から小学校就学の始期に達するまでの子を養育する労働者に対して，育児休業または勤務時間の短縮の制度等に準じた措置を講ずることを努力義務としている（法20条1項）。

要介護状態にある家族を介護する労働者に対しては，その申出に基づき，前記の育児を行う労働者と同様の勤務時間の短縮等の措置のほか，介護サービスの費用助成等，介護を容易にするための措置を講じなければならない（法19条2項，施行規則34条2項）。

さらに，小学校就学の始期に達するまでの子を養育する労働者または要介護状態にある家族の介護を行う労働者は，最長6か月まで（更新は可能），深夜業（午後10時から午前5時）の免除を請求できる。この場合，事業主は事業の正常な運営を妨げるときを除いて，深夜業をさせてはならない（法16条の2・16条の3）。

III　母性保護のための労働時間規制

1．産前産後休業，育児時間，生理休暇

(1)　産前産後休業

使用者は，6週間（多胎妊娠の場合は14週間）以内に出産する予定の女性が請求した場合には，その者を就業させてはならない（労基法65条1項）。また，産後8週間を経過しない女性を就業させてはならない（同条2項）。ただし，産後6週間を経過した女性が請求した場合，医師が支障がないと認めた業務に就かせることは差し支えない（同項但書）。

(2)　育児時間

生後1歳未満の子を育てる女性は，休憩時間（労基法34条）のほかに，1日に2回少なくとも30分の育児時間を請求でき（労基法67条1項），使用者は育児時間中の女性を労働させてはならない（同条2項）。育児時間は「休憩時間を哺育に充て得るとした工場法以来の規定」である（小西＝渡辺＝中嶋311頁

[渡辺])。

(3) 生理日の休暇

使用者は，生理日の就業が著しく困難な女性が休暇を請求したときは，その者を生理日に就業させてはならない（労基法68条）。かつては，生理に有害な業務に従事する女性も休暇を請求しうることとされていたが，1985年の改正において，生理日の就業が現実に著しく困難な女性に対する配慮措置としての休暇に限定されることになった。

(4) 賃金の取扱いと不利益取扱い

産前産後休業，育児時間および生理休暇については，賃金支払は特に義務づけられていない。なお，産前産後休業の期間に関しては，健康保険から1日当たり標準報酬日額の60パーセントの出産手当金が支給される（健康保険法50条2項・69条の18）。

これらの休暇については，使用者に賃金支払い義務はないとしても，賞与や賃上げの決定などに際し欠勤扱いとなしうるかが問題となる。判例では，精皆勤手当の算定にあたり生理日の休暇を欠勤として扱う制度は，休暇の取得を著しく抑制するなど，労基法の趣旨を没却するものではない限り，公序に違反しないとされている（エヌ・ビー・シー工業事件・最三小判昭和60・7・16民集39巻5号1023頁 [**判例1**] 参照）。しかし，他方で，賃上げ対象者から前年の稼働率80パーセント以下の者は除くとしたうえ，産前産後休業，生理日の休暇などによる不就労を欠勤として扱う旨の労働協約における定めは，権利行使を抑制するものとして，公序に違反すると判断されている（日本シェーリング事件・最一小判平成元・12・14民集43巻12号1895頁 [**判例2**] 参照）。また，前記のとおり，産後休業および育児時間（育児休業法に基づく勤務時間の短縮措置）の取得を欠勤扱いとすることにより，賞与支給の要件である出勤率が90パーセントに達しないとして賞与を支払わない措置は，公序良俗に反し無効とされた（前掲・学校法人東朋学園・高宮学園事件 [**判例3**] 参照）。

2．時間外・深夜労働の制限等

使用者は，妊産婦が請求した場合，①変形労働時間制によっても，1週間

および1日の法定労働時間を超えて労働させてはならず（労基法66条1項），また②時間外・休日労働および深夜業をさせてはならない（同条2項・3項）。他方，女性労働者一般の時間外・休日労働については，労基法64条の2により特別の規制がなされてきたが，1997年の男女雇用機会均等法の改正とともに規制が撤廃された。同時に，労基法の改正により，労働大臣が時間外労働の上限に関する基準を定めることとなった（労基法36条2項）。つまり，女性も男性と同様の取扱いが可能となるとともに，男性も女性もともに労働時間を短縮しようとする方向にある。

それでも，ただちに時間外・休日労働の制限が解消されると，現実的に育児および介護を担うことが多い女性労働者にとっては職業生活が大きく変動し，家庭生活にも著しい影響を及ぼしかねない。そこで，2002年3月31日までの間，育児や介護を行う女性労働者（従来の上限規制が適用されなかった指揮命令者等を除く）に関しては，本人の希望により，通常の労働者よりも短い基準を定めて適用することとされている（労基法附則133条）。これを「激変緩和措置」という。その内容は，工業的事業は1週間6時間・1年間150時間，保健衛生・接客娯楽業は2週間12時間・1年間150時間，その他の非工業的事業は4週間36時間・1年間150時間などと定められている（平成10・12・28労働省告示155号なお，第3章III 3参照）。

3．妊娠中，出産後の健康管理への配慮

雇用機会均等法により，事業主は，女性労働者が母子保健法による保健指導や健康診査を受けるために必要な時間を確保しなければならず（雇用機会均等法22条），また，保健指導等を守ることができるように，勤務時間の変更等必要な措置を講じなければならない（雇用機会均等法23条1項）。

IV　育児・介護休業に関する具体的事例

実際の企業において，育児・介護休業制度はどのように運営されているの

か，A社（事業内容：コンピュータの保守，サービス，販売）を事例として紹介する（労務事情編集部「A社の育児・介護休職制度」労務事情919号13頁〔1998年〕）。A社は，1987年に育児休職制度を導入し，1991年に介護休職制度を導入している。なお，A社は1999年度に，均等推進企業として労働大臣努力賞を受けた7企業の中の一つである。

1．育児休業に関する定め

対象者は，生後満2年に達しない子を育てる社員（休職開始時点で勤続1年以上）であり，育児休職期間は最長で，子の満2歳の誕生日の前日まで取得できる。育児休職期間中の給与や賞与は不支給（無給）である。また，勤務時間短縮の措置として「育児オプショナル勤務制度」があり，「育児休職取得中に業務上の必要が生じたために，会社が育児オプショナル勤務を要請する社員」に対し，原則として「毎日継続した半日勤務」，不可能な場合は「週3日のフルタイム勤務」という措置を設けている。

育児休職制度の利用者は，制度導入後11年で910名（うち男性4名）であり，育児オプショナル勤務制度は1991年の制度導入後7年で63名（全員女性）が利用した。

2．介護休業に関する定め

対象者は，親族などを介護する必要のある社員（休職開始時点で勤続1年以上）であり，①配偶者，健康保険上の扶養親族，およびそれ以外の一親等の親族（配偶者の両親を含む）が，②1か月以上にわたる長期の傷病の場合に適用される。休職期間および取得方法は，①同一事由につき1年まで，②休職取得開始日から最長1年間の範囲内で再取得も可能，③取得は原則として1か月単位，である。介護休職期間中の給与および賞与は育児休職と同様である。また，在宅介護補助制度として，在宅介護サービス，在宅介護費用，在宅介護用品の購入・レンタル費用に関して一部を補助する制度がある。

介護休職制度導入後7年で52名（うち男性11名）が利用した。休職期間は半

年以内が大勢であるが，1年取得した従業員も3名いる。在宅介護補助制度の申請件数は，1991年の制度導入後7年で124件である。

3．実務上の留意点

A社は，育児・介護休業法で規定した休業期間よりも長期の取得を可能としている。また，一定の条件があるものの，育児のための勤務時間短縮措置が2パターン用意されている。介護休業の取得方法としては，断続的な取得も可能とし，さらに取得方法が「同一事由につき」とされていることから，以前に介護休業を取得した同一家族についても，異なる事由が発生した場合には，介護休業を取得することが可能となる。介護休業の取得方法は，非常に弾力的な運用となっている。先行的な事例として参照に値しよう。

[判例1]　　生理日の休暇の欠勤扱いと精皆勤手当
エヌ・ビー・シー工業事件・最三小判昭和60・7・16民集39巻5号1023頁

[事　実]

　Y会社には，その従業員で組織するA労働組合とB労働組合とがある。Xら3名は，Yの従業員であり，A労組の組合員である。Xらの勤務する豊田工場におけるA労組所属の女性従業員の出勤率は1962年以降順次低下し，1971年においては75パーセントであったのに対し，B労働組合所属の女性従業員の出勤率は94パーセントであった。なお，A労組所属の女性従業員の取得した生理休暇のうちには，労基法67条（現68条—解説者）所定の要件を欠くものがかなりあったと推認されている。

　Yは，出勤率や作業能率の低下等も原因となり，経営が悪化したため，出勤率向上を図るべく精皆勤手当を設けることとし，1970年4月から5月にかけてA・B両組合との間で，「出勤不足日数のない場合　2,500円，出勤不足日数1日の場合　1,500円，同2日の場合　500円，同3日以上の場合　なし」との定めにより精皆勤手当を支給する旨の労働協約を締結し，生理休暇取得日数を出勤不足日数に参入する旨口頭で約した（のちに同手当の額は2倍に増額されている）。

　Yは，生理1回当たり2日間に限り生理休暇取得者に不就業手当として基本給相当額を支給しているが，生理休暇を取得すると，その日数が精皆勤手当算定の基礎となる出勤不足日数に算入されるため，同手当の額が減少し，1日当たりの減少額は上記基本給相当額を超える場合がある。

　Xらが生理休暇2日を取得したところ，Yがこの日数を出勤不足日数に算入し，Xらに支給された精皆勤手当は1,000円のみとなった。そこでXらは，精皆勤手当の支給に関し，生理休暇取得日数を出勤不足日数に算入することは，労基法67条の趣旨に反すると主張し，差額4,000円の支給を請求した。一審判決（東京地八王子支判昭和49・5・27労判203号54頁）はXらの請求を棄却し，二審判決（東京高判昭和55・3・19労判338号13頁）はこれに対する控訴を棄却した。本判決はXらの上告を棄却したものである。

[判　旨]

　生理休暇を付与すべき旨を定める労基法67条（現68条—解説者）は，当該労働者が生理休暇の請求をすることによりその間の就労義務を免れ，その労務の不提供につき労働契約上債務不履行の責めを負うことのないことを定めたにとどまり，生理休暇が有給であることまでをも保障したものではないので，生理休暇を取得した労働者は，労使間に特段の合意がない限り，その不就労期間に対応する賃金請求権を有しない。また，使用者に対して生理休暇取得日を出勤扱いにすることまでも義務づけるものではなく，これを出勤扱いにするか欠勤扱いにするかは，原則として労使間の合意に委ねられている。

　労働協約または労働者との合意により，労働者が生理休暇を取得しそれが欠勤扱いとされることによって，何らかの形で経済的利益を得られない結果となるような措置ないし制度は，労基法67条の趣旨に照らすと，その趣旨，目的，労働者が失う経済的利益の程度，生理休暇の取得に対する事実上の抑止力の強弱等諸般の事情を総合して，生理休暇の取得を著しく困難とし同法が女子労働者の保護を目的として生理休暇について特に規定を設けた趣旨を失わせるものと認められるのでない限り，これを同条に違反するものとすることはできない。

　Yが精皆勤手当を創設し次いでその金額を2倍に増額したのは，所定の要件を欠く生理休暇および自己都合欠勤を減少させて出勤率の向上を図ることを目的としたものであって，生理休暇の取得を一般的に抑制する趣旨に出たものではないとみるのが相当であり，生理休暇の取得日数を出勤不足日数に算入することにより，労働者が失う経済的利益の程度を勘案しても，生理休暇の取得を著しく困難とし労基法が女子労働者の保護を目的として生理休暇について特に規定を設けた趣旨を失わせるものとは認められないから，同法67条に違反するものとはいえない。XらとYとの間の，生理休暇取得日数を出勤不足日数に算入する旨の前記約束は，これを無効とすべき理由はない。

[判決の位置づけ]

　本件は，改正前の労基法67条に基づく生理休暇について，精皆勤手当等の算定にあたり，生理休暇を欠勤扱いとする取り扱いの有効性が争われた事件である。

本判決では，まず一般論として，①生理休暇は有給が保障されているかという点について，生理休暇は労働者の請求により発生する権利であるが，生理休暇という不就労期間について賃金請求権は発生しないとする。次に，②生理休暇は出勤扱いとされるか否かについては，労使間の合意に委ねられていると判示した。しかし，生理休暇日の労務の不提供にみあう賃金部分の不払いの限度をこえる不利益取扱いは許されず，単なる賃金不払いではなく，精皆勤手当をカットするという不利益までも許すことは法の趣旨ではない，とする見解もある（浅倉むつ子＝今野久子・女性労働判例ガイド221～222頁［浅倉］〔有斐閣，1997年］）。

本件の場合，生理休暇取得の濫用等がみられたと推認されていること，また，どちらかといえば報奨的意味合い（積極的なプラス評価）を持つ精皆勤手当が問題となっている点に特殊性がある。これに対し，生理休暇取得日などを賃金引上げの判断に際し欠勤扱いとすることの是非が問われた事件では，長期的にも不利益を受けることが想定され，法律の趣旨を没却するとして公序に反し無効とされた例（[判例2]）があることを考慮する必要がある。

[実務上の留意点]

❶ 生理休暇取得日については，法律上賃金の支払いは義務づけられておらず，その日を出勤扱いとするかどうかも原則として労使自治に委ねられる。

❷ 生理休暇取得日を欠勤扱いとすることにより，その取得を著しく困難にする措置は，公序良俗に違反する。

[判例2] 賃上げの要件としての稼動率条項と休暇取得日の欠勤扱い
日本シェーリング事件・最一小判平成元・12・14民集43巻12号1895頁

[事 実]

Xらは，Y会社の従業員であるか，または従業員であった者であり，いずれも

A労働組合の組合員である。Yには，他にB労働組合がある。Yは，1976年4月，賃金引き上げ額を回答する際に，経営状況が良好でないことの一因が従業員の稼働状況にあるとの認識に基づき，稼働率を向上させるための方策として，賃金引上げ（定期昇給とベースアップを含む）対象者から前年の稼働率が80パーセント以下の者を除外するという趣旨の条項（以下「本件80パーセント条項」という）の受諾を求め，両労働組合とも同条項を含む賃金引上げに関する協定を締結した。以後，1977年度，1978年度，1979年度も同旨の協定が締結された。

Yは，本件80パーセント条項の適用に当たって，稼働率算定の基礎となる不就労に，欠勤，遅刻，早退によるもののほか，年次有給休暇，生理休暇，慶弔休暇，産前産後の休業，育児時間，労働災害による休業ないし通院，同盟罷業等組合活動によるものを含めて稼働率を算定し，Xらのそれぞれ前年の稼働率が80パーセント以下であるとして，賃上げ対象者から除外し，賃金引き上げ相当額およびそれらに対応する夏季冬季各一時金，退職金を支払わなかった。そこでXらは，Yに対して，賃金引き上げ相当分（一時金，退職金を含む），慰謝料などの支払いを求めて本件訴えを提起した。

一審判決（大阪地判昭和56・3・30民集43巻12号1934頁）は，強行法規である労基法その他の法律等により保障された権利を労働者が行使したことを理由に不利益な取扱を行うことは各規定の趣旨に違反し，ひいては民法90条に反するものとして無効とした。二審判決（大阪高判昭和58・8・31民集43巻12号2001頁）は一審判決と同様，そうした措置は労基法39条等の趣旨に反し，ひいては，民法90条の公序に反するものであるから本件80パーセント条項の効力は否定されるとし，Yの控訴を棄却した。これに対するYの上告に基づき，原判決を一部破棄差戻ししたのが本判決である。

[判　旨]

従業員の出勤率の低下防止等の観点から，稼働率の低い者につきある種の経済的利益を得られないこととする制度は，一応の経済的合理性を有しており，当該制度が，労基法または労組法上の権利に基づくもの以外の不就労を基礎として算定するものであれば，それを違法とすべきものではない。しかし，当該制度が，労基法または労組法上の権利に基づく不就労を含めて稼働率を算定するものであ

る場合においては，権利の行使を抑制し，ひいては各法が労働者に各権利を保障した趣旨を実質的に失わせるものと認められるときには，当該制度を定めた労働協約条項は，公序に反するものとして無効となる。

本件80パーセント条項のもとでは，除外される賃金引上げにはベースアップ分も含まれ，しかも，Yにおける賃金引上げ額は毎年前年度の基本給額を基礎として決められるから，賃金引き上げ対象者から除外されて生じる不利益は後続年度の賃金において残存し，ひいては退職金額にも影響するものと考えられ，同条項に該当した者の受ける経済的不利益は大きなものである。また，本件80パーセントという稼働率の数値は，産前産後の休業，労働災害による休業など比較的長期間の不就労を余儀なくされた場合には，それだけで，あるいはそれに加えてわずかの日数の年次有給休暇を取るだけで同条項に該当し，翌年度の賃金引上げ対象者から除外されることも十分考えられる。

以上によれば，本件80パーセント条項は，労基法または労組法上の権利の行使を抑制し，ひいては，各法が労働者に各権利を保障した趣旨を実質的に失わせるものというべきであるから，その限りにおいて公序に反し無効である。

[判決の位置づけ]

1．稼働率が一定以下の者を賃上げ対象者から除外する労使協定の有効性

本判決は，従業員の出勤率の低下防止等を目的として，稼働率の低い労働者がある種の経済的利益を得られないものとする制度は，一応の経済的合理性を有すると明らかにした上で，本件条項のもたらす不利益の大きさに着目して（この点で前掲・エヌ・ビー・シー工業事件［判例1］とは区別されうる），これら稼働率の算定にあたり，労基法もしくは労組法上に基づく権利の行使による不就労をも欠勤日数に含めることは，これら各権利の行使を抑制し，労働者に各権利を保障した趣旨を実質的に失わせる場合には，公序に反するものとして無効となると判断した。産前産後の休業および育児時間を，ボーナスの査定，昇格等の判断にあたり，使用者がどのように取り扱うかは，女性労働者にとって重要な問題となる。特に，産後の休業のうち6週間は強制休業であることを考慮しなければならないであろう。

2．労基法，労組法上の権利の行使を不就労とした不利益取扱いの妥当性

原審は，80パーセント条項全体を公序良俗として無効と判示したが，本判決は，

不就労の事由を，①労基法または労組法上の権利に基づく不就労（生理休暇，育児時間，年休，同盟罷業等）と，②それ以外の不就労（欠勤，遅刻，早退，慶弔休暇等）に分け，①については，原審と同様無効とし，②については無効としなかった（いわゆる一部無効）。しかし，②のうちの，就業規則に基づく慶弔休暇も不就労とする取扱いについては疑問とする見解もあり（蔦川忠久〔本件判批〕ジュリ平成元年度重要判例解説215頁〔1990年〕，道幸哲也〔本件判批〕法セ425号135頁〔1990年〕），その点で検討の余地は残されている。

―――――――――――――――――――――――――――――
［実務上の留意点］

　稼働率の低い従業員が経済的利益を得られないものとする条項は一応の経済的合理性をもつが，法律上の権利行使を不就労扱いとして従業員に大きな不利益を与えることにより，権利の行使を抑制し，権利を保障した趣旨を実質的に失わせる場合には，公序違反として無効となる。
―――――――――――――――――――――――――――――

［判例3］　産前産後休業の欠勤扱いの可否
学校法人東朋学園・高宮学園事件・東京地判平成10・3・25労判735号15頁

[事　実]

　被告Y_1およびY_2は，いずれも学校法人である。Xは1987年3月2日に，Y_2に事務職として採用され，その後Y_1に出向となった。Xは，1994年7月8日に男児を出産し，翌9日から同年9月2日までの間，産後休業を8週間取得した。Xは職場復帰後，Y_2の育児休職規程に基づいて勤務時間の短縮を請求し，同年10月6日から子が1歳になる1995年7月8日までの間，勤務時間内に1日について1時間15分の育児時間を取得した。

　Y_2の育児休職規程には，休職期間は子が満1歳の誕生日の前日までとし（5条），育児休職中の賃金は支給しない（9条）という規定がある。また，休職期間中の日数は欠勤として取り扱い，減給するものとされていた（11条）。さらに，満1歳に

満たない子を養育する社員が育児休職を申し出ず，勤務時間の短縮を申し出た場合には9時から16時30分までの勤務とし，短縮した分の時間相当を給与から控除するとされている（13条）。

　Y_2らは，1994年度年末賞与に関して，「1994年度期末賞与の支給について」と題する文書により，産前産後休業については欠勤日数に加算すると定め，さらに1995年度夏期賞与に関して，「1995年度夏期賞与の支給について」と題する文書により，産前産後休業に加えて，勤務時間の短縮による育児時間も欠勤日数に加算すると定めた。

　Y_2の給与規程には，夏期賞与および年末賞与は，支給対象期間の出勤率が90パーセント以上の者に支給する（以下ではこの定めを「本件90パーセント条項」という）という定めがあった。Xは，1994年度年末賞与の対象期間は産後休業を取得したために出勤率が68パーセントとなり，また，1995年度夏期賞与の対象期間は，育児時間の取得により1日当たり約16パーセントの割合で欠勤扱いとされたため，90パーセント条項を充足せず，いずれの賞与も支給されなかった。そこで，Xは，1994年度年末賞与および1995年度夏期賞与の支払いを求めて訴えを提起した。本判決は次のように判示し請求をおおむね認容している。

[判　旨]

　産前産後休業を取得した日の賃金については，労基法等に支払を保障する規定がなく，いわゆるノーワーク・ノーペイの原則により賃金は発生しないが，法は，産前産後休業については，その取得を労働者の責めに帰すべき事由による不就労と区別している。産前産後休業の取得を労働者の責めに帰すべき事由による不就労と同視して，これを取得した女性労働者に同様の不利益を被らせることは，法が産前産後休業を保障した趣旨を没却させるものであり，そのような取扱いは，公序良俗に違反して違法・無効である。

　産前産後休業や育児時間の取得を理由とする前記のような措置の違法性を判断する際は，労働者が受ける不利益の内容，程度，各権利の取得に対する事実上の抑止力の強弱等の事情を勘案して，当該措置が各権利，法的利益の行使，享受を著しく困難とし，労基法や育児休業法（1995年改正前）が女性労働者や子育てをする労働者の保護を目的として各規定を設けた趣旨を失わせるか否かを検討すべきで

ある。

　Xの経済的不利益は，これを個々的に見ても大きく，また，両者を合算してみれば甚大なものであり，ノーワーク・ノーペイの原則により甘受すべき収入減を控除して考えても，なお相当に大きいものであるので，これにより労働者は権利の行使を控え，さらには勤務を継続しての出産を断念せざるを得ない事態が生ずることが考えられ，事実上の抑止力は相当大きい。それは労基法や育児休業法が労働者に各権利・法的利益を保障した趣旨を没却するので，本件90パーセント条項中，出勤すべき日数に産前産後休業の日数を算入し，出勤した日数から産前産後休業の日数および勤務時間短縮措置による育児時間を除外することとと定めている部分は，労基法65条，育児休業法10条，労基法67条の趣旨に反し，公序良俗に反するものとして無効である。

［判決の位置づけ］

1．判断枠組み

　本判決の枠組みは，日本シェーリング事件［判例2］と同様である。すなわち，法律が権利を保障した趣旨を実質的に失わせる場合には公序に違反して無効であるとして，①欠勤扱いによる経済的不利益の大きさ，②権利行使に対する事実上の抑止力の強さ，を認定した上で判断したものである。しかし，日本シェーリング事件では，労基法上の産前産後休業と育児時間という女性労働者に関する権利をめぐって争われたのに対し，本判決は，産前産後休業に加えて，男女労働者が権利として有する育児休業法に基づく勤務時間短縮の措置としての育児時間の取扱いが争われたという点で異なる。また，日本シェーリング事件は賃上げにおける不利益取扱いが労働者に長期的に影響を及ぼすと判断したのに対し，本判決は賞与という一時金についての不利益を受ける額が大きいという違いがある。

　また，日本シェーリング事件は，不就労の区分を労基法または労組法上の権利に基づくか否かで分けたのに対し，本判決は自己の責めに帰すべき事由と法律で保障した権利を区分した。しかも，育児休業法の措置義務としての勤務時間の短縮による育児時間も含めている。本判決は，日本シェーリング事件の判断の範囲を拡大したと考えられ，日本シェーリング事件で不就労とされた慶弔休暇等についても，本判決の区分によれば，労基法上の権利等と同様に取扱われる余地があ

ると考える。

2．労働者の個別事情の判断の要否

本判決は，原告の収入・支出状況を詳細に認定して，産後休業および育児時間の取得による不利益を認定しているが，このような個別事情まで考える必要はなく，本件措置の客観的不利益性のみで判断しうると考えられる。

［実務上の留意点］

賞与の支給についても，一定の稼働率の達成が要件とされている場合には，労基法や育児・介護休業法等に基づく産前産後休業や育児時間の取得等を不就労として扱う措置は，これらの権利行使の取得を著しく抑制するものとして無効となりうる。

第11章

労 使 協 定

I 意　義

　労基法は，一定の事項について，事業場において過半数を組織する労働組合と使用者との協定，そうした組合が存在しない場合には事業場の過半数を代表する者と使用者との協定の締結を条件として，同法の規制を解除することを認めている。

　このような協定を「労使協定」と呼び，現在の労基法においては，次の12種類，すなわち，①貯蓄金の委託管理（労基法18条2項），②賃金の一部控除支払（同24条1項），③1か月単位の変形労働時間制（同32条の2），④フレックスタイム制（同32条の3），⑤1年単位の変形労働時間制（同32条の4），⑥1週間単位の変形労働時間制（同32条の5），⑦一斉休憩原則の適用除外（同34条2項），⑧時間外・休日労働（同36条），⑨事業場外労働のみなし制（同38条の2第2項），⑩専門業務型裁量労働制（同38条の3第1項），⑪計画年休制（同39条5項），⑫年休手当の標準報酬日額制（同39条6項）が存在する。

　これらの原形となったのが，⑧のいわゆる三六協定であり，労基法の立法過程においては，主として労働協約が念頭に置かれていた（渡辺章編集代表・日本立法資料全集53巻・労働基準法［昭和22年］(3)上156頁〔信山社，1997年〕参照）。そこでは，労使協定は，労働者の団体意思を条件として法定基準の規制を緩和するための制度として位置づけられていたといいうる（渡辺章「労働者の過

半数代表法制と労働条件」日本労働法学会編・講座21世紀の労働法第3巻・労働条件の決定と変更139頁〔有斐閣，2000年〕参照）。

　その後，労使協定の種類は大幅に増加する。特に，上記のうち，④⑤⑥⑨⑩⑪は1987年の労基法改正により，または③⑦は1998年の同法改正によりそれぞれ導入されたものであり，そのほとんどが労働時間規制の弾力化に関わるものである。ここでは，就労スタイルやニーズの多様化が進行するなかで，労使協定の締結を通じて，個々の事業場の就労実態に見合った柔軟な労働時間管理が可能となっている。

　さらに，このような労使協定の種類の増加に伴い，1998年の労基法改正により，上記①②を除く10種類の労使協定について，いわゆる企画業務型裁量労働制（労基法38条の4）を実施する際に設置が要件とされている，労使委員会の決議（委員全員の合意による）をもって代えることができることとなった。これは，いわゆる従業員代表制度導入への端緒となりうるものとして評価すべきであろう

II 成　立

1．締結単位

　労基法上の労使協定は，事業場単位で締結されることを要する。これは，労基法の一律的な規制を，労使協定により事業場ごとに異なる就業実態に合わせて調整する途を残そうとするものである。なお，独立した事業場であるか否かは，主として場所的な概念，すなわち同一の場所に存するかどうかで判断される。ただし，場所的には別であっても小規模な事務所等で上位の機関と一体となった労務管理が行われている場合には，その上位機関と併せて一個の事業場とみなすべきであるし，同一の場所であっても労働の態様が著しく異なる場合には，別の事業場とみなすべきであろう（昭和33・2・13基発90号参照）。

2. 当事者

(1) 使用者側当事者

労基法は，労使協定の使用者側当事者について，単に「使用者」としか定めていない。この場合の「使用者」とは，労働契約上の権利義務の帰属主体となる事業主（経営主体としての法人・自然人）そのものを指しており，必ずしも労基法10条に定める使用者概念と一致するものではない。

なお，労使協定締結に際しては，事業主（法人の場合は代表者）から協定の締結権限を授権されたものであれば，事業場の長，すなわち支店長・工場長等だけではなく，人事部長等でも締結当事者となりうる。

(2) 労働者側当事者

労使協定の労働者側当事者は，当該事業場に労働者の過半数を組織している労働組合（過半数組合）がある場合にはその労働組合，なければ労働者の過半数を代表する者（過半数代表者）となる。過半数の算定の母集団となる「労働者」とは，労基法上の管理監督者を含む，事業場における労基法上の労働者全員を意味すると解されている（昭和46・1・18基収6206号）。もっとも，これに対しては，労使協定の締結事項と法律上無関係な労働者（たとえば，三六協定の場合は労基法41条2号の管理監督者）は母集団に含めるべきではないとの主張が有力に唱えられている（渡辺・前掲「労働者の過半数代表法制と労働条件」講座21世紀の労働法第3巻154頁）。

(a) **過半数組合**　過半数組合と締結した協定は，事業場全体に適用される。すなわち，少数組合員や非組合員に対しても効力を生ずる。また，当該事業場に支部や分会等の下部組織を有しない労働組合であっても当該事業場の過半数の労働者を組織していれば，協定締結の当事者となる。この場合，協定締結時に過半数であれば，その後過半数を失っても，協定は引き続き有効であると解される（浜松郵便局事件・静岡地浜松支決昭和48・1・6訟月19巻3号1頁[**判例1**]）。なお，2つの少数組合の合計組合員数が過半数であれば，両組合の代表者が連名で締結した協定についても有効であると解されている（労働省労働基準局編・改訂新版労働基準法上444頁〔労務行政研究所，2000年〕。また，

昭和28・1・30基収398号も参照）。さらに，同一内容の協定を少数組合と別個に締結した場合でも，合計組合員数が過半数であれば有効とする判例（全日本検数協会事件・名古屋高判昭和46・4・10労民集22巻2号453頁[判例2]）もあるが，疑問である。

(b) **過半数代表者**　過半数組合がない場合に選出される過半数代表者は，労基法41条2号でいう管理監督者であってはならず（管理監督者のみの事業場を除く），また，労使協定の締結等を行う者を選出することを明らかにして実施される投票・挙手，労働者の話合い，持ち回り決議等労働者の過半数が当該者を支持していることが明確になる方法によって選出された者でなければならない（労基則6条の2，平成11・1・29基発45号，平成11・3・31基発169号）。この要件に反する労働者代表との労使協定は違法・無効であると解されている（トーコロ事件・東京高判平成9・11・17労判729号44頁[判例3]）。

過半数代表者の任期については特に規定は置かれていない。したがって，現行法上は，たとえ任期が定められている場合であっても，各労使協定を締結するたびごとに代表選出手続と同様の方法により過半数労働者の支持の有無を確認する必要があるとする説が有力である（注釈労働時間法37頁，渡辺・前掲「労働者の過半数代表法制と労働条件」講座21世紀の労働法第3巻156頁など）。立法論として任期制を認めるべしとの主張もあり（浜田冨士郎「改正労基法と過半数代表制」季労152号15頁〔1989年〕など），また，実務的に上記のような取り扱いが実際上可能であるかについては検討の余地があろう。

使用者は，労働者が過半数代表者であること，過半数代表者になろうとしたこと，過半数代表者として正当な行為をしたことを理由に，労働条件について不利益な取り扱いをしないようにしなければならない（労基則6条の2第3項，平成11・1・29基発45号）。これに反する使用者の行為は，私法上，公序に反し無効と解される。

3．形　　式

労使協定の締結に際しては，労基法上，「書面」での締結が明示されている。したがって書面によらない口頭での合意は労使協定としては不適法であ

る（片山工業事件・岡山地判昭和40・5・31労民集16巻3号418頁）。また、労使協定の必要的記載事項以外の事項を記載した場合でも、それが違法な条項でない限りは有効であるとの行政解釈が示されている（昭和28・7・14基収2843号）。

4. 周　知

1998年の労基法改正で、労基法およびこれに基づく命令、就業規則に加え、労使協定および企画業務型裁量労働制における労使委員会の決議についても、使用者に対し周知義務が課せられた（労基法106条）。ただし、労働者への周知は労使協定の効力発生要件とはならないと解されるため、周知義務違反の労使協定は、罰則（労基法120条1号により30万円以下の罰金）の適用対象とはなるが、労使協定そのものは有効であると考えられる。

III 終　了

1. 期間満了

　労使協定には有効期間の定めを置くことが義務づけられているもの（Iで挙げた12種類の労使協定のうち、③⑤⑧⑨⑩）と、そうでないものがあるが、有効期間の定めが義務づけられていない場合でも、期間の定めが置かれれば、労使協定の内容として有効となる。有効期間の満了により労使協定は終了するが、従前の協定を更新する場合は、原則として改めて更新協定を締結する必要がある。この際の労使両当事者の適格要件は新規締結時に準ずる。なお、従前の協定に自動更新条項（両当事者に異議が無ければ同一内容で更新されるとするもの）を設けることは差し支えないが、新協定成立まで旧協定の効力延長を認めるような自動延長条項については無効と解される。

2. 解　　約

　有効期間の定めのある労使協定は，両当事者の合意による解約を除けば，原則として有効期間中の解約はできないと考えられる。ただし，労使協定に破棄条項（当事者の一方が相手方に通告すれば有効期間中であっても破棄できる旨の条項）があれば，それに基づいて解約することできるものと解される（昭和28・7・14基収2843号など）。また，協定締結後に予見不可能な事情の変更があり，当該協定をそのまま存続させることが労基法の趣旨あるいは労働者保護の理念に照らして著しく不合理となる場合には，事情変更の原則に基づく一方的解約も認めうる余地はあろう。

　一方，期間の定めがない場合の解約については，両当事者による合意解約が認められるほか，労働協約としての要件（労組法14条）をみたしている協定は，労組法15条により90日前に予告をすることによって解約できる。また，協定に解約に関する定めがあればそれに従った一方当事者による解約も可能である。さらに，このような定めがない場合には労使いずれの側からも解約しうるが，学説上，一方的解約に際しては一定の予告期間を置くべきであるとする主張（注釈労働時間法49頁など）や，協定を維持するのが困難な程信頼関係が損ねられた場合に限り解約しうるとする主張（宮本光男「労働時間の弾力化」労経速1309号41頁〔1988年〕）も多く唱えられている。なお，解約時の労使両当事者については，更新時と同じく，新規締結時に準じて考えることになろう。

IV　効　　力

　労基法の規定に照らし適法な労使協定が成立した場合，たとえ使用者が労基法の基準を超えて労働者を就労させても，それが協定の範囲内であれば労基法所定の刑事罰を免れることになる（免罰的効力）。さらに，労基法に定められた労働条件の基準は私法上の強行性を有するから，同法に反する法律行

為は本来違法無効であるが，労使協定の範囲内でなされた法律行為については有効となる（強行性の解除）。

　しかしながら，労使協定それ自体から私法上の権利義務関係が生じるわけではないので，労働者に就労義務を負わせるためには，労使協定とは別に労働協約・就業規則等の根拠も必要となる（昭和63・1・1基発1号）。ただし，労組法14条の要件を満たす労使協定は労働協約としての性質も持ちうる（昭和27・9・20基発675号）から，両者の性質が並存する場合については，労働協約としての側面から私法上の権利義務関係を設定しうることとなる（規範的効力—労組法16条）。さらに，計画年休協定（労基法39条5項）についても，直接に労働者を拘束するものと解されるが，詳細は別に第9章で述べることとする。

[判例1] 過半数組合であるか否かの判断時点
浜松郵便局事件・静岡地浜松支決昭和48・1・6訟月19巻3号1頁

[事　実]

　Y(国)のA郵便局には，訴外B労働組合と訴外C労働組合が組織されていた。A郵便局長は，三六協定締結に際し，両労組の勢力が伯仲していたことから，両労組と折衝の上，1972年10月31日，双方の組合代表と所属組合員数の確認手続に入ったが，重複加盟者の取り扱いをめぐって紛糾し，確認手続は中断された。その後，A局長は書類資料の突き合わせにより独自に所属組合の確認を行い，全職員433名のうち，A組合員が212名，B組合員が218名，未組織労働者は3名であると判断し，翌11月1日，B労組と三六協定を締結した。しかし，A労組に属する申請人Xらは，一部の職員の組合所属について争い，B組合員は過半数に達していないとして，時間外労働禁止等を求める仮処分を申請した。本決定は，次のように述べて本件三六協定を無効とし，時間外労働禁止仮処分申請を認めた。

[判　旨]

　労基法36条は当事者資格の確定の基準・時期・方法について何らの規定も設けていないから，その確定は通常の法律解釈に従い，原則として協定締結時を基準とすべきである。ただし，確定の基準時について関係当事者が別段の合意をした場合，または合意に至らなくても使用者からの基準時の通告に組合が異議を述べなかったような場合には，基準時と締結時との間に極端に長い時間的間隔があるために労働者の意思を正確に反映できない著しい危険がない限り，締結時以外の基準時によって当事者資格を確定することもできる。

　本件については，基準時について別段の合意はなく（組合代表を交えての所属組合の確認手続が円滑に完了した時点を基準時とする暗黙の合意は成立していたものと考えられるが，この手続中断によりかかる合意は失効したものと認められる），協定締結時が基準時となる。しかし，この時点で局長がB組合員と判断した218名中の4名は，実際には同組合員ではなかったと認められるから，B組合は過半数組合ではなく，B労組と締結した三六協定は無効である。

[決定の位置づけ]

　労使協定の当事者となりうる労働組合は，事業場の労働者の過半数を組織していることが必要であるが，過半数に達しているか否かをいつの時点で判断するのかについては法文上何ら規定がない。この点について本件決定は，「基準時と締結時との間に極端に長い時間的間隔があるために労働者の意思を正確に反映できない著しい危険」がないことを条件として関係当事者による別段の合意がなされうることを認めつつ，原則としては，当該労使協定締結時が過半数の判断の基準時となるとした。このような立場によると，労使協定締結後に過半数組合の組織する労働者が過半数を割ったとしても，当該協定の有効性は失われないこととなろう（注釈労働時間法33頁など）。

[実務上の留意点]

　ある労働組合が労使協定の締結当事者となりうるためには，事業場の労働者の過半数を組織していなければならないが，過半数を組織しているか否かの判断は協定締結時点で行うのが原則である。

[判例2] 複数の少数組合が締結した労使協定の適法性
全日本検数協会事件・名古屋高判昭和46・4・10労民集22巻2号453頁

[事　実]

　社団法人Yは，ともに事業場の過半数労働者を組織していないが，両組合員を合計すれば過半数を超える訴外A労働組合および訴外B労働組合と，同一内容の三六協定をそれぞれ締結した。その後Yは，A労組の役員Xらが時間外就労を拒否して政治闘争を行ったことを理由に解雇したため，Xらは，本件三六協定は無効であり，同人らは時間外就労義務を負っていない旨主張し，解雇の無効確認を求めて訴えを提起した。原審ではXらが敗訴し，本判決は，これに対するXらの

控訴を棄却した（ただしXらのうち1名については控訴を認容している）。

[判　旨]

　Yの労働者が2つの労働組合A・Bの組合員と未組織労働者とに三分され，各組合の組合員数がいずれも全労働者の過半数を占めるに至ってはいないが，両組合の組合員数を合算すれば過半数を占める場合において，使用者が各組合の代表者と相次いで同一期間内に適用すべき同一内容の三六協定を締結したときは，同協定の労働者側当事者に関する労基法36条所定の要件を充足したものと解すべきである。

　また，三六協定は必ずしも1個の協定書により締結される必要はなく，数個の協定を合一して労基則16条所定の要件を充足するときは，有効な協定が存すると解するべきである。

　したがってYとAB各々との間で締結された三六協定は有効であり，Xらは時間外労働命令に従う義務が存するので，その履行を拒否したXらに対する解雇は，時間外労働を拒否しなかったと認められる1名を除き有効である。

[判決の位置づけ]

　本判決は，組合員数を合算すれば過半数に達する複数の少数組合とそれぞれ別個に労使協定を締結した場合でも，同一内容同一期間であれば複数の協定を合一して有効とみなすべきである，と判示している。しかしながら，過半数に達しない組合と締結した労使協定はそれ自体無効であるから，それを複数個積算したところでやはり無効という結論は変わらないはずである。

　これに関し，事業場に二つの少数組合が存在し，双方の組合員数を合計すれば過半数となる場合，両組合が連名で締結した協定は適法であるとする労働省の見解も示されているが（労働省労働基準局編・改訂新版労働基準法上444頁〔労務行政研究所，2000年〕，また，昭和28・1・30基収398号も参照），その趣旨は，複数組合の意思が連署という形で一つの協定書に示されていない限り，たとえ複数組合の組合員数が合計で過半数に達していたとしても，これを過半数組合と同等にみなすべきではないとするものと考えるべきであろう。

［実務上の留意点］
　単独では少数組合であっても合計すれば過半数となる複数の組合は，一つの協定書に連署することにより，労働者側当事者として使用者と有効に労使協定を締結しうる。

［判例３］ 親睦団体の代表者が締結した労使協定の効力
トーコロ事件・東京高判平成９・11・17労判729号44頁

［事　実］

　Y会社は残業命令の拒否等を理由に従業員Xを解雇したが，Xは，役員を含む全従業員をもって構成される親睦団体である「友の会」代表者である訴外AとYとの間で締結された三六協定は無効であり，それを前提としてなされた残業命令に従う義務はないから，解雇も無効である旨主張して争った。原審では本件解雇を無効としたためYが控訴した。本判決は，以下のように判示して控訴を棄却した。

［判　旨］

　「友の会」はその規約上，親睦団体であって労働組合とは認められないから，Aが「友の会」代表者として自動的に本件三六協定を締結したにすぎないときには，Aは労働組合の代表者でもなく「労働者の過半数を代表する者」でもない。また，Aが本件三六協定の締結に際して「労働者の過半数を代表する者」として民主的に選出されたと認めうる証拠はない。
　したがって，本件三六協定が有効であったとは認められないから，それを前提とする本件残業命令も有効であるとは認められず，Xにこれに従う義務があったとはいえない。

［判決の位置づけ］

１．過半数代表者の選出手続

過半数組合の存在しない事業所で労使協定を締結するためには，労働者の過半数代表者を選出する必要がある。この点につき，行政通達は，以前から，過半数代表者は「使用者の指名などその意向に沿って選出されるようなものであってはならず」かつ「当該事業場の過半数の労働者がその者を支持していると認められる民主的な手続が採られていること」を要件としてきており（昭和63・1・1基発1号），さらに具体的に，「親睦会の代表者が労働者代表となっている場合」は過半数代表としての適格性を欠くとしたものもあった（昭和53・6・23基発355号。本通達はのちに前記の昭和63・1・1基発1号に統合され，前述のような一般的な形の命題になっている）。つまり，過半数代表者が労働者の代表として使用者と対等の立場で交渉を行うためには，使用者に対する自主性，独立性を備えていることが要請されるのであり，本判決もこのような考え方の延長線上に位置するものである。

2．労基法施行規則6条の2

　その後，1998年の労基法改正に際して，労基則6条の2が新設され，過半数代表者は，労基法41条2号の管理監督者でないこと（事業場の全員が管理監督者である場合を除く），労使協定を締結する者を選出することを明らかにして実施される投票・挙手等によって選出された者でなければならないことが明文化された（投票・挙手以外では，労働者の話合い，持ち回り決議等，労働者の過半数が当該者を支持していることが明確になる方法があげられている。平成11・1・29基発45号，平成11・3・31基発169号）。本判決の立場は，現在の労基則や行政通達のもとでも妥当するものと思われる。

　なお，親睦会の代表者であっても，労使協定の締結の際には労働者の過半数代表者となることが当該親睦会の規約等によって明示され，民主的な手続を経て選出されている場合には，過半数代表者としての適格性を損なうものではないと考えられる。

［実務上の留意点］

　事業場の親睦会・従業員会等の代表者を自動的に労働者側当事者として締結された労使協定は，当該代表者が別に過半数代表の要件を満たしていない限り，無効である。

あとがき

　今なお鮮明に記憶している影像がある。はるか10年前（1990年）に遡る。社会人大学院として開設されたばかりの筑波大学大学院経営・政策科学研究科企業法学専攻における授業開始第1週のことであった。時は4月27日，暮れなずむ春の日午後6時すぎ，東京学芸大学から転じた渡辺章教授が内に潜む情熱をたぎらせながら，これからスタートを切る労働関係法の講義の内容と進め方を説いている姿である。

　おもむろに諄諄と労働法学を学ぶスタンスのあり方を説いて行かれたが，受講生は12名，職業は様々であったし，年齢も30歳代から70歳にならんとする者まで，これまたバリェィションに富んでいた。4名が労働法を専攻する目的であったが，他は，不動産法，無体財産法，倒産法，担保法など様々なジャンルに挑戦しようと入学してきた面々であった。

　教授は，バリトン調のよくとおる声で30回の予定で進める講義の内容をよく理解して各々が所属する企業の業務に反映させてほしい，また学びの姿勢としてはステップバイステップで読み込む量をこなして行くことが肝要である，と結ばれた。

　そこから後が大変であった。講義とはいうものの，自薦や指名で毎回2名の発表者が決められ，与えられた判例について，争点，請求の根拠の構成と主張，被告の反論，裁判所における争点の整理，さらに，どのような法原則を適用してどう解決を図ったのかについてシステマティックな報告を求められたのである。ルールに外れると厳しい注意が与えられた。

　労働法は概念法学，解釈法学にとどまるものではなく，日々発生する事件を生のまま理解しなくてはその真髄を把握できないのだという強い信念に基づかれた授業の展開である。報告内容については，辛らつな質問が相次いだ。6週に1度の割合で回ってくる報告は負担ではあったが，原告としての立場，被告としての主張など参加者それぞれの社会的存在を背景に討論したことは懐かしい。苦楽の中で1年間に約60件近い判例を何とかこなすことができた

わけだが，当初からの参加者が一人の落伍もなく最後までフォローできたのは，偏に渡辺教授の情熱を一人一人がかみ締めることができたからに他ならない。

このときの知的興奮がひとつの源泉となって，われわれ第1期生が無事に修士（法学）の学位を得た数日後，幾人かの有志の主唱で「判例研究会」をスタートさせる計画が練られることになった。

当時は，「過労死」が耳目を聳動させていたこともあり，このカテゴリーの判例を中心にして勉強することにした。爾来，平成12年9月現在70回の歴史を重ねるに至った「筑波大学労働判例研究会」が産声を上げた瞬間であった。この会には，研究に，学務にご多忙の身ながら教授ご自身も参加され，ともすれば妄動的になりがちな研究会の進め方に適切なアドバイスとご指導を頂戴しながら今日に至っている。参加者も常に30名以上を数え，会場がオーバーフローとなることもしばしばである。会が終われば，近くの居酒屋で引き続き談論風発となるわけだが，その場には，大方教授の姿を見ることができる。この場では，各々が poisson dans l'eau 的な役割を演じることになる。（なお，平成7年4月から筑波大学に赴任してこられた山川隆一教授も渡辺教授とともに研究会のアドバイザリーグループを構成されている。）

ここで特筆しておきたいことが2点ある。一つは，この研究会が学外にも開放されていることである。労務管理論を講じている気鋭の大学助教授，経営法曹として名を馳せている少壮の弁護士，硬派もののノンフィクションを中心に数多くの著書を持つライターなどを含めて多士済々のメンバーを数える。中には，研究会に参加してから大学院に入学というケースも見られる。学内関係者にしても公務員も含めて各企業で様々な分野を担当する企業戦士が参加している。少なくともいわゆる労務屋の群れではない。

第2点としては，平成8年の新学期から大学院のカリキュラムに「労働判例研究」が加わり，われわれの研究会の例会がその受け皿となったことである。労働事件は押しなべて実務の世界である。様々なキャリアを背景にもつ研究会のメンバーの中で実践的な労働法を学ばせようという渡辺教授のアイディアからスタートしたもので，教授会でも多くの賛同を得たものと仄聞している。

あとがき

　平成10年夏の話である。研究会例会後の有志の集まりの中で、渡辺教授が平成12年10月に還暦を迎えられるという話題が出た。何か記念事業的なものをと考えるのは自然の成り行きである。この考えが会員の中に伝播するには時間はかからなかった。澎湃としてその気運は高まり、紆余曲折の討議を重ねた挙句、身の程も顧みず「還暦記念図書」を贈りたいという案に集約されることになった。そして、渡辺教授ご自身にも企画に加わっていただき、教授が業績をあげられてきた代表的な分野である労働時間法をテーマとして取り上げることとした。

　今日、ここにその成果が披瀝されたわけであるが、思い起こせば思わず背筋が寒くなるほどのプロセスがあった。言うは易きことながら、実現までの道のりは山あり谷ありの連続であった。一時は非力を悟らされ断念の声もあったことも否定できない。その中で不撓不屈の努力をされた実行委員会の諸兄姉にはただ感謝以外の何物もない。

　岩をも通す実行委員の熱意、山川教授の惜しみなきご支援、まさにもろ肌脱ぎの見えをきって出版を引き受けてくれた信山社の皆さん、数え上げればきりがない各層の関係者の激励やご指導がなければこの企画は成立しなかった。われわれをここまで奮い立たせ、団結させ、拙いながらも研究会のメンバーの各々が問題意識を持って執筆した労働判例研究を中心にした本書『労働時間の法理と実務』を献呈させるに至ったのは、熱意にあふれた教授の研究スタンスとチャレンジングな学者のあり方を実践されている日常のご活動に魅せられたからに尽きる。

　本書は、判例研究という性格を持つと同時に、日常的な労働問題解決にあたっての実務の需要に応えられるものをという問題意識からスタートしている。まず第１編においては、渡辺教授自らの手による理論的研究として、「労働時間法政策の展開と課題」をご執筆いただいた。続く第２編においては、各テーマについて執筆者は２名をペアとして構成し、討議を通じて執筆内容の凝縮に努めて行った。また、第２編全体を通じて趣旨が統一されたものとする必要性を前提に置き、山川教授にすべての原稿を閲読していただき全体の調整を図ることにした。このような経緯をたどっているため、各テー

マの原執筆者の名前は個別には明記せず「執筆者」欄にまとめて掲示する方法を取ることにした。

　日頃，社会人という時間的その他において制約を余儀なくされている環境の中で，このような学術的資料の一端たらんと試みるものを刊行することは，ある意味ではおこがましいとの謗りを受けるかもしれない。同時に，日常的に多忙な社会人であっても，ここまでのものができたという証左にもなるであろう。筑波大学に社会人大学院が創設されて以来，国公私立を問わず，多くの大学院が社会人を対象とすべく再編の動きしきりである。ビジネスの現場で知的な涸渇感を覚えた人が，回遊魚のごとく学校へ，大学院へ戻り始めている。学位の取得や知的武装の強化それ自体も価値のあることは否定するものではないが，学ぶ心，純粋に法の目指すものを摑み取ろうとする姿勢こそ，われわれ判例研究会が志向しているものである。

　強いリーダーシップを持って，われわれを学問のスタートラインに導いてくださった渡辺章先生に感謝を込めて，山川教授とともに本書をお贈りすると同時に，これからもますますご壮健にて学界，労働界にご貢献あられんことを祈念したい。

　　2000年10月
　　　　　筑波大学労働判例研究会　代表幹事　　河　合　信　彦
　　　　　　　　　　　　　　　　　　　　　　　幡　野　利　通

渡辺　章先生　略歴・主要著作目録

渡辺　章先生　略歴

1940年10月	山梨県に生まれる
1964年3月	中央大学法学部法律学科卒業
1965年4月	東京大学大学院法学政治学研究科民刑事法専門課程修士課程入学
1966年4月	日本労働法学会会員
1967年3月	東京大学大学院法学政治学研究科民刑事法専門課程修士課程修了
	（法学修士取得）
4月	東京大学大学院法学政治学研究科民刑事法専門課程博士課程入学
1970年3月	東京大学大学院法学政治学研究科民刑事法専門課程博士課程単位取得
	（満期退学）
11月	東京学芸大学教育学部講師
1971年4月	東京経済大学非常勤講師（1992年3月まで）
1973年6月	東京学芸大学教育学部助教授
1974年4月	国際基督教大学非常勤講師（1981年3月まで）
1976年4月	日独法学会会員
1982年4月	早稲田大学商学部非常勤講師（1995年3月まで）
5月	労働省労働基準法研究会委員
1983年10月	日本労働法学会理事（3年ごとに改選，現在に至る）
1986年7月	東京学芸大学教育学部教授
1987年3月	じん肺審議会委員（1991年10月まで）
4月	法務省司法試験第二次試験考査委員
1988年4月	文部省在外研究員〔連合王国・ロンドン大学〕（1989年2月まで）
1989年8月	第7期東京都労働審議会委員
1990年4月	筑波大学社会科学系教授（現在に至る）
1991年11月	第30期東京都地方労働委員会公益委員
12月	日本学術会議社会法学研究連絡委員

1992年4月		第8期東京都労働審議会委員更新
1993年11月		第31期東京都地方労働委員会公益委員更新
1994年4月		第9期東京都労働審議会委員更新（1996年3月まで）
		参議院〔労働調査室〕客員研究員
	12月	日本学術会議社会法学研究連絡委員更新（1997年3月まで）
1995年4月		東京経済大学非常勤講師（現在に至る）
		参議院〔労働調査室〕客員研究員更新（1996年3月まで）
	5月	中央最低賃金審議会委員
	11月	第32期東京都地方労働委員会公益委員更新
1997年4月		筑波大学大学院経営・政策科学研究科企業科学専攻〔博士課程〕副研究科長（1998年3月まで）
	5月	中央最低賃金審議会委員更新
	12月	第33期東京都地方労働委員会公益委員更新
1998年4月		筑波大学大学院経営・政策科学研究科企業科学専攻〔修士課程〕副研究科長（2000年3月まで）
		第11期東京都労働審議会委員〔会長代理〕
1999年5月		中央最低賃金審議会委員更新〔会長代理〕（現在に至る）
	12月	第34期東京都地方労働委員会公益委員更新〔会長代理〕（現在に至る）
2000年4月		第12期東京都労働審議会委員〔会長代理〕（現在に至る）

渡辺　章先生　主要著作目録

【1965年】

◇「労働判例研究　懲戒解雇が就業規則所定の懲戒解雇事由に基づいてなされた場合にもその適用に適正さを欠いた場合には無効となるとされた事例——大村タクシー事件・長崎地判昭和38・8・27労民集14巻4号1043頁」ジュリスト335号133頁～137頁

【1966年】

◇「昭和40年度労働資料No.9・就業規則規定例集」〔全国中小企業団体中央会〕1頁～149頁

◇「労働判例研究　職場および寮における政治的文書への署名勧誘行為に対してなした懲戒解雇の効力——旭化成工業事件・宮崎地延岡支判昭和38・4・10労民集14巻2号514頁」ジュリスト347号96頁～98頁

◇「労働判例研究　過剰人員整理協定に基づく配置転換の転換先は必ずしも同協定締結時存した部署にのみ限定されないが労働条件の引下げをなすことはできないとされた事例——新日本窒素肥料事件・熊本地決昭和38・12・26労民集14巻6号1519頁」ジュリスト351号110頁～112頁

◇「労働判例研究　争議行為を理由とする賃金カットをその翌月の賃金から控除することが労基法24条1項本文に違反するとされた事例，労基法24条1項但書にいう協定には控除期日をも規定しなければならないとされた事例——日赤字武蔵野病院事件・東京地判昭和39・10・20労民集15巻5号1125頁」ジュリスト357号100頁～104頁

【1967年】

◇「判例研究　賃金カット——東洋オーチスエレベーター事件・東京地判昭和41・3・31労民集17巻2号339頁」ジュリスト（年鑑）373号358頁～361頁

◇「労働判例研究　(1)飲酒運転に起因して衝突事故を引き起こしたタクシー運転

手の懲戒解雇が有効とされた事例，(2)労基法20条3項同旨の就業規則規定は懲戒解雇につき自律的制限を加えたものではないとされた事例——共同タクシー事件・横浜地判昭和40・9・30労民集16巻5号670頁」ジュリスト383号141頁〜144頁

◇「分析的，比較的文脈における『プロテスタンティズムの倫理』説」社会科学研究19巻1号102頁〜152頁〔手塚和彰・岡利郎と共訳〕

【1968年】

◇「労働判例研究 (1)地位保全の仮処分命令は，その後に申請された右解雇の無効を前提とする賃金仮払仮処分申請事件に関し当然に裁判所を拘束するものではないとされた事例，(2)不当解雇期間中のバックペイに関し昇給を認めたが，通勤手当および皆勤手当を算出基準から除外した事例——豊国機械工業事件・名古屋地判昭和40・8・16労民集16巻4号605頁」ジュリスト390号145頁〜149頁

◇「労働判例研究 基本給以外の諸手当と，労基法37条1項の『労働時間又は労働日の賃金』との関係——福井交通事件・福井地判昭和41・9・16労民集17巻5号1077頁」ジュリスト394号139頁〜142頁

◇「学会の動き——日本労働法学会秋季〈研究報告〉戦後の労働争議（報告者・藤田若雄）」ジュリスト（年鑑）1968年版149頁

◇「労働判例研究 所持品検査に際し脱靴を拒否した電車運転士の懲戒解雇が有効とされた事例——西日本鉄道事件・福岡高判昭和42・2・28労民集18巻1号108頁」ジュリスト402号141頁〜144頁

◇「労働判例研究 1日24時間，隔日1ヵ月15日勤務，賃金8000円の労働契約が，1日8時間，隔日1ヵ月15日勤務，賃金8000円と改められた事例——合同タクシー事件・福岡地小倉支判昭和42・3・24労民集18巻2号210頁」ジュリスト407号124頁〜128頁

◇「労働判例研究 懲戒解雇が無効とされた事例，解雇期間中の賃金額を労基法12条1項1号により算出した事例——北交通事件・東京地判昭和42・6・23労民集18巻3号671頁」ジュリスト410号115頁〜117頁

【1970年】

◇「労働組合の内部問題(7) ドイツ（上・下）」日本労働協会雑誌132号69頁～74頁・79頁，133号66頁～73頁・45頁

◇「反戦闘争と懲戒解雇の法律問題」（労働問題研究1・既成革新からの離脱）〔亜紀書房〕47頁～89頁

◇「労働判例研究 争議中組合が経営方針等を批判する一般市民向文書に会社役員の私宅住所，電話番号を掲載することの当否，争議中組合員が会社役員の私宅を訪問し団体交渉要求等を行なうことの当否，遡及払賃金につき所得税，住民税，諸保険料等を控除した金額の支払が命ぜられるべきであるとの主張が排斥された事例——高知放送事件・高松高判昭和44・9・4労民集20巻5号881頁」ジュリスト462号135頁～140頁

【1971年】

◇「労働組合の内部問題」日本労働協会雑誌143号34頁～45頁・78頁〔花見忠・藤田若雄・有泉亨・手塚和彰・前田政宏・松田保彦と研究討論〕

◇「判例研究 入社手続完了後の内定取消し——森尾電機事件（東京地判昭和54・11・30労判116号87頁）を中心にして——」労働判例117号4頁～11頁

◇H. ジンツハイマー（楢崎二郎＝蓼沼謙一共訳）・労働法原理〈第二版〉（あとがき・原著解題補論）

◇「調査研究 官吏関係の労働関係」季刊公企労研究7号1頁～41頁

◇「文献研究労働法学(1) 時間外労働協定の法理」季刊労働法81号198頁～211頁

◇「配置転換と労働契約 続・新左翼の労働組合論」労働問題研究4号〔亜紀書房〕49頁～82頁

◇「協約自治と個別労働者の法的地位」日本労働法学会誌38号38頁～68頁

◇「労働協約の規範的効力の範囲——その適用領域確定のための試論」東京学芸大学紀要23集 第3部門・社会科学1頁～23頁

◇「労働判例研究 1年間の期間を定めた『臨時工』契約が労基法93条により就業規則所定の2ヵ月試傭契約付本工契約であるとされた事例——光洋精工事件・徳島地決昭和45・3・31労民集21巻2号451頁」ジュリスト495号124頁～128頁

【1972年】

◇「判例研究　いわゆる『前貸の債権』と相殺—東京保健協同組合事件（東京地判昭和47・1・27労判144号10頁）を参考にして—」労働判例144号6頁～9頁

◇「研究討論会　争議行為と損害賠償責任——公労法17条をめぐって」公共企業体等労働問題研究センター調査研究資料13号

◇「研究会　産業構造と労働法（第6回）　賃金と労働時間」ジュリスト508号〔研究報告〕「賃金制度の法的問題点・昇給請求権の問題・生活給部分の法的性質・中高年労働者の労働条件」137頁～143頁）128頁～150頁〔秋田成就・有泉亨・萩澤清彦・花見忠・山口浩一郎・野沢浩と研究討論〕

◇「研究会　産業構造と労働法（第7回）　休息・余暇」ジュリスト511号90頁～108頁〔宇野弘・山口浩一郎・秋田成就・有泉亨・萩澤清彦・花見忠と研究討論〕

◇「労働判例研究　(1)労基法39条1項の『継続勤務』の意義，(2)失対労働者の年次有給休暇請求権——豊橋市事件・名古屋地判昭和46・5・24労民集22巻3号519頁」ジュリスト518号137頁～139頁

◇「賃金カットの範囲——旭カーボン事件・新潟地判昭和46・3・31労民集22巻2号409頁」石川吉右衛門＝山口浩一郎編・労働法の判例（ジュリスト増刊・基本判例解説シリーズ5）65頁～69頁

【1973年】

◇「新判例評釈　国家公務員の争議行為中禁止とされるものは違法性のある程度強いものに限られると解した事例—いわゆる神戸税関懲戒処分事件控訴審判決（大阪高判昭和47・2・16判タ277号99頁）—」判例タイムズ286号83頁～90頁

◇青木宗也＝秋田成就編・労働基準法講義（第7章　労働時間　第4節　時間外労働）〔青林書院新社〕158頁～180頁

◇「労働判例研究　(1)『組』所属の組合員として労務提供をなす契約と従属労働，(2)いわゆる鮮魚選別作業員と魚市場との選別作業契約の法的性質——下関魚市場事件・山口地下関支判昭和47・7・17労民集23巻4号455頁」ジュリスト539号119頁～123頁

◇「退職金債権の放棄と全額払の原則——シンガー・ソーイング・メシーン・カンパニー事件・最二小判昭和48・1・19民集27巻1号27頁」判例評論175号34頁

～37頁（判例時報709号148頁～151頁）

◇「西独・公勤務法改革検討委員会報告書」日本労働協会雑誌177号62頁～73頁〔翻訳と解説〕

【1974年】

◇実用法律辞典11・採用と労務〔第一法規出版〕（第4章　賃金と諸手当）131頁～201頁，（第5章　人事　人員配置）203頁～222頁，（第7章　福利厚生と企業年金）301頁～314頁，323頁～327頁

◇「労働判例研究　労働災害に契約責任を認め，損害を分担控除した事例――伴鋳造所事件・東京地判昭和47・11・30労判168号53頁」ジュリスト564号116頁～119頁

◇「1時間の一斉休暇闘争と勤勉手当カットの違法性――福岡県教組事件・福岡地判昭和48・12・14労経速836号3頁」ジュリスト臨時増刊・昭和48年度重要判例解説187頁～189頁

◇「労働時間の法律概念」東京大学労働法研究会編・石井照久先生追悼論集・労働法の諸問題〔勁草書房〕357頁～383頁

◇「出向――日立電子事件・東京地判昭和41・3・31労民集17巻2号368頁」萩澤清彦編・労働判例百選〈第3版〉（別冊ジュリスト45号）52頁～53頁

◇「三六協定の締結拒否――東京都水道局事件・東京高判昭和43・4・26労民集19巻2号623頁」同上240頁～241頁

◇「労働判例研究　団結権にもとづく妨害排除の仮処分申請が却下された事例――富田機器ほか事件・津地四日市支決昭和48・1・24労経速807号3頁」ジュリスト570号147頁～150頁

◇「使用者の配慮義務」法学教室〈第2期〉6号158頁～159頁

◇「労働判例研究　通勤用自家用車内の（所持品）検査を拒否したことを理由とする懲戒解雇が無効とされた事例――芸陽バス事件・広島地判昭和47・4・18判時674号104頁」ジュリスト574号120頁～122頁

◇依田精一＝森實編・現代日本の法〔法律文化社〕（第3章　市民社会と労働者の法）64頁～126頁〔共著〕

◇「使用者の配慮義務について」日本労働協会雑誌189号10頁～17頁

【1975年】

◇「『昇格＝非組合員化』の拒否と不利益取扱いについて」労働通信37号
◇「労働判例研究　(1)休憩時間の位置を変更する業務命令の適否，(2)変形8時間制の場合の時間外労働の範囲，(3)国鉄労働者の争議行為と公労法17条──日本国有鉄道事件・熊本地判昭和48・10・4判タ300号135頁」ジュリスト586号156頁～159頁
◇「書評　日本労働協会編・配置転換をめぐる労使関係」日本労働協会雑誌194号56頁～60頁
◇「労働判例研究　(1)事業場外の労働と労働時間規制，(2)出張の往・復所要時間の法的性質──日本工業検査事件・横浜地川崎支決昭49・1・26労民集25巻1・2号12頁」ジュリスト588号103頁～105頁
◇「整理解雇の法律問題」季刊労働法96号31頁～40頁

【1976年】

◇赤松良子編・解説・女子労働判例〔学陽書房〕(①会社の都合による解雇──笹屋事件・神戸地判昭和34・10・31労民集10巻5号853頁) 95頁～100頁，(②看護学生の採用拒否──慶応大学医学部事件・東京地判昭和46・5・31労民集22巻3号576頁) 156頁～164頁，(③男女の賃金差別──秋田相互銀行事件・秋田地判昭50・4・10判タ321号162頁) 247頁～254頁，(④病気休職と復職拒否──山口赤十字病院事件・山口地判昭和41・5・16労民集17巻3号637頁) 273頁～278頁
◇「労働判例研究　職員研修反対集会に参加し逮捕されたことを理由とする地方公務員の採用内定取消──東京都（東京都知事）事件・東京地判昭49・10・30労判214号40頁」ジュリスト611号145頁～149頁
◇「イギリス〈Employment Protection Act 1975〉における雇傭保護規定の概要について」外国の解雇等に関する法制（調査研究資料）〔労働省労働基準局監督課〕33頁～40頁
◇「講座・労働問題入門　労働の権利」平和と民主主義〔護憲連合〕昭和51年7月号
◇「賃金体系の法理──ストライキの際の賃金カットの範囲を中心として」労働判例255号4頁～13頁

◇「講座・労働問題入門　団体的労働基本権」平和と民主主義〔護憲連合〕昭和51年9月号
◇「労働判例研究　労働組合の潰滅を目的とする会社解散と解雇の効力――三栄工業事件・長野地諏訪支決昭和50・5・20判時790号113頁」ジュリスト624号120頁～122頁
◇「労働給付義務と形成権の理論」有泉亨先生古稀記念論集・労働法の解釈理論〔有斐閣〕61頁～83頁

【1977年】

◇「座談会　最近の最高裁判例――その法理的問題点」労働判例262号4頁～34頁（〔評釈報告〕「不当労働行為制度上の「使用者」「労働者」概念をめぐる二判決（油研工業事件・最一小判昭和51・5・6民集30巻4号409頁、中日放送管弦楽団事件・最一小判昭和51・5・6民集30巻4号437頁）」28頁～31頁）〔秋田成就・横井芳弘・安枝英訷・近藤昭雄と〕
◇「違法な時間外労働と割増賃金」花見忠＝山口浩一郎編・新労働基準実例百選（別冊ジュリスト54号）95頁～96頁
◇「年次有給休暇の意義」同上102頁
◇萩澤清彦＝山口俊夫編・労働法読本〔有斐閣〕（第3章　労働契約の成立）28頁～44頁
◇「新判例評釈　(1)採用内定により解約権留保付就労の始期付労働契約が成立したと解した事例，(2)採用内定契約の取消には合理的理由が必要であるとした事例，(3)合理的理由なくして採用内定取消を通知した使用者に対し慰藉料および弁護士費用の支払を命じた事例――大日本印刷採用内定取消事件控訴審判決（大阪高判昭51・10・4判タ340号132頁）――」判例タイムズ346号115頁～120頁
◇「工場敷地内の独身寮における未成年労働者の病死と会社の看護義務――日産自動車事件・東京地判昭51・4・19判時822号3頁」判例評論220号38頁～43頁（判例時報152頁～157頁）
◇「同業他社への転職と退職金の減額――三晃社事件・名古屋高判昭51・9・14労判262号41頁」ジュリスト臨時増刊・昭和51年度重要判例解説211頁～213頁
◇「論文紹介 Bernard D. Meltzer, The National Labor Relations Act and Racial Discrimination : The More Remedies, The Better? 42　U. CHI. L.

REV. 1-46（1974）」日米法学会誌・［1977-1］アメリカ法74頁〜79頁
◇答練・労働法〔学陽書房〕（団体交渉権）3頁〜6頁、（団体行動権）7頁〜10頁、（賃金の意義）237頁〜239頁、（通貨払いの原則）240頁〜242頁、（直接払いの原則）242頁〜244頁、（賃金カット）244頁〜247頁、（賃金債権の確保）247頁〜249頁、（退職金の法的性質とその不払い）250頁〜252頁、（休業手当）253頁〜255頁、（8時間労働制）256頁〜259頁、（変形8時間労働制）259頁〜262頁、（時間外労働）262頁〜265頁、（割増賃金）265頁〜267頁、（監視または断続的労働）268頁〜269頁、（休憩時間）270頁〜272頁、（年次有給休暇）273頁〜276頁
◇「西ドイツにおける労働時間短縮・週休2日制の状況と論議」花見忠ほか・諸外国における労働時間短縮・週休2日制に関する研究〔昭和51年度労働省委託研究〕130頁〜143頁

【1978年】
◇「座談会 これからの労働法学」ジュリスト655号220頁〜243頁〔山口浩一郎・伊藤博義・菊池高志・菅野和夫・西谷敏・安枝英訷と〕
◇「アメリカ合衆国の平等賃金法について――わが国の労働基準法4条の法実践の手がかりとして――」労働教育〔東京都労働局〕1978年108号2頁〜9頁
◇「書評 鎌田慧・職場に闘いの砦を」現代の労働12号153頁〜156頁
◇「人事権」恒藤武二編・論争労働法〔世界思想社〕238頁〜255頁
◇「講苑・最近の労働判例について（上）(1)残業をさせないことと不当労働行為の成否――日産自動車事件・東京高判昭和52・12・20労判288号56頁、(2)バック・ペイと中間収入の控除――第二小鳩タクシー事件・最大判昭和52・2・23ジュリ636号105頁、(3)リボン闘争などの法的評価――全建設省労組事件・東京地判昭和52・7・25労経速956号3頁、大成観光事件・東京高判昭和52・8・9労経速956頁16頁」中央労働時報〔労委協会〕617号2頁〜12頁
◇「講苑・最近の労働判例について（下）(4)他の従業員の企業秩序違反行為に関する労働者の調査協力義務――富士重工業事件・最三小判昭和52・12・13判タ357号133頁、(5)就業規則の一方的変更と不当労働行為――東香里病院事件・大阪地判昭和52・3・23労判279号23頁、医療法人一草会事件・名古屋高判昭和52・1・31労経速942号3頁、石川島播磨東二工場事件・東京地判昭和52・8・

10労判281号28頁，(6)女子労働，有給休暇，退職金——男鹿市農協事件・秋田地判昭和52・9・29労経速968号16頁，日赤唐津赤十字病院事件・佐賀地唐津支判昭和52・11・8労経速968号3頁，古川鉱業事件・最一小判昭和52・12・15労経速968号9頁，駐留軍相模補給廠事件・東京地判昭和52・4・28労旬937号67頁，動労静岡地本事件・東京高判昭和52・1・26労民集28巻1=2号1頁，新潟鉄道郵便局事件・新潟地判昭和52・5・17労民集28巻3号101頁，動労北陸地本事件・金沢地判昭和52・6・10判時859号98頁，三晃社事件・最二小判昭和52・8・9労経速958号25頁」中央労働時報〔労委協会〕619号14頁〜22頁
◇「時間外労働協定の法理」労働法文献研究会編・文献研究労働法学〔総合労働研究所〕28頁〜44頁（初出〔季刊労働法81号〕を大幅補正）
◇「書評　山口浩一郎著・労働組合講話」法学セミナー1978年9月号181頁
◇「労働時間短縮の課題と行政通達」ジュリスト672号103頁〜109頁
◇「賃金カットの範囲——旭カーボン事件（新潟地判昭46・3・31労民集22巻2号409頁）」石川吉右衛門＝山口浩一郎編・労働法の判例〈第2版〉（ジュリスト増刊・基本判例解説シリーズ5）63頁〜67頁

【1979年】
◇「判例研究会　労働契約と企業秩序（富士重工業事件・最三小判昭和52・12・13労判287号7頁，目黒電報電話局事件・最三小判昭和52・12・13労判287号26頁）」労働判例308号4頁〜26頁
◇「労働時間規定の法的考察——非工業的事業の就業規則調査研究」東京学芸大学紀要30集　第3部門・社会科学1頁〜18頁
◇「受領遅滞・危険負担法理からみたスト不参加者の賃金請求権」季刊労働法別冊4号・労働組合法〔現行法施行30周年記念〕222頁〜229頁
◇「講苑・最近の労働判例について　(1)争議行為と使用者の『操業の自由』——山陽電気軌道事件・最二小決昭和53・1・15労経速999号3頁，(2)組合員の政治活動の自由と組合の統制権および除名の無効とユニオン・ショップ協定に基づく解雇の効力——医療法人清心会事件・大阪地判昭和53・3・20労経速984号3頁，(3)情宣活動と私生活の平穏——秋田相互銀行事件・仙台高秋田支判昭和53・5・8労経速997号17頁，(4)昇格辞令拒否を理由とする諭旨退職（懲戒）処分

と不当労働行為の成否——津田電線事件・大阪高判昭和53・3・10労経速997号15頁」中央労働時報〔労委協会〕634号2頁〜16頁

◇「労基法41条2号の『管理監督者』の意義と時間外割増手当請求権——静岡銀行事件・静岡地判昭和53・3・28労民集29巻3号273頁」ジュリスト臨時増刊・昭和53年度重要判例解説236頁〜238頁

◇「討論・判例研究　出張・外勤拒否と賃金カット——水道機工事件（東京地判昭和53・10・30労判308号78頁）」季刊労働法112号148頁〜163頁〔菅野和夫・蓼沼謙一と〕

◇「協約自治の限界」蓼沼謙一＝横井芳弘編・労働法の争点（ジュリスト増刊・法律学の争点シリーズ7）131頁〜132頁，「労務指揮権（全逓千代田丸事件・最高裁判決（最三小判昭和43・12・24民集22巻13号3050頁）を中心として）」同194頁〜195頁

◇コンメンタール労働基準法〔有斐閣〕（第4章　労働時間〔32条〜41条〕）114頁〜193頁

【1980年】

◇「労働判例研究　常傭的臨時工の契約更新拒絶と権利濫用等の成否——ソニー事件・東京高判昭和53・12・25労判311号17頁」ジュリスト707号253頁〜258頁

◇「鼎談　ビラ貼りと企業秩序・施設管理権——最高裁昭54年10月30日判決（第三小法廷・労判329号12頁）をめぐって」ジュリスト709号78頁〜97頁〔下井隆史・西谷敏と〕

◇「藤田若雄著『日本労働法論』・『日本労働争議法論』の研究」東京学芸大学紀要31集　第3部門・社会科学1頁〜31頁

◇「労働時間短縮・週休二日制と労基法改正問題」季刊労働法115号75頁〜85頁

◇「講苑・最近の労働判例について　(1)企業施設内において企業施設を利用して行われる組合活動（ビラ貼り）の正当性——国労札幌支部事件・最三小判昭和54・10・30民集33巻6号647頁ほか，(2)採用内定通知と労働契約の成否——大日本印刷事件・最二小判昭和54・7・20民集33巻5号582頁，(3)緊急命令と裁判所の裁量権——吉野石膏事件・東京高決昭和54・8・9労民集30巻4号826頁」中央労働時報〔労委協会〕650号2頁〜18頁

◇花見忠＝深瀬義郎共編著・就業規則の法理と実務〔日本労働協会〕（第6章　勤

務）223頁〜320頁
◇「組合活動の自由と企業秩序」労働問題研究1号〔五月社〕177頁〜196頁
◇「整理解雇と解雇の自由について――東洋酸素事件（東京高判昭和54・10・29労民集30巻5号1002頁）の検討を中心に」労働法学研究会報〔総合労働研究所〕1333号2頁〜23頁
◇「雇用調整の実施に際しての労使協議等の実態に関する調査・結果報告――D（造船）社の事例研究」〔職業研究所・日本労働協会〕149頁〜334頁〔花見忠・中嶋士元也と共同調査〕
◇東京大学労働判例研究会編・労働判例評釈集(2)労働契約Ⅰ〔有斐閣〕（1年間の期間を定めた「臨時工」契約が労働基準法93条により就業規則所定の2ヵ月試用契約付本工契約であるとされた事例――光洋精工事件・徳島地決昭和45・3・31労民集21巻2号451頁）49頁〜58頁，（(1)争議行為を理由とする賃金カットをその翌月の賃金からなすことが労基法24条1項本文に違反するとされた事例，(2)労基法24条1項但書にいう協定には控除期日をも規定しなければならないとされた事例――日本赤十字社事件・東京地判昭39・10・20労民集15巻5号1125頁）227頁〜235頁，（ストライキを理由とする賃金カットの範囲――旭カーボン事件・新潟地判昭和46・3・31労民集22巻2号409頁）246頁〜257頁，（基本給以外の諸手当と労基法37条1項の「労働時間又は労働日の賃金」との関係――福井交通事件・福井地判昭和41・9・16労民集17巻5号1077頁）293頁〜300頁，（1日24時間，隔日1ヵ月15日勤務，賃金8,000円の労働契約が，1日8字間，隔日1ヵ月15日勤務，賃金8,000円と改められた事例――合同タクシー事件・福岡地小倉支判昭42・3・24労民集18巻2号210頁）301頁〜309頁，（(1)労基法39条1項の「継続勤務」の意義，(2)失対労働者の年次有給休暇請求権――豊橋市事件・名古屋地判昭和46・5・24労民集22巻3号519頁）327頁〜332頁，（美術関係の技能を有し当該業務に携わってきた（結婚間もない）労働者を（別居を余儀なくさせる）支社の営業業務に配置転換することの当否――高知放送事件・高松高判昭和44・11・15労民集20巻6号1476頁）430頁〜438頁

【1981年】
◇「座談会 最近の労働紛争とその問題点」労働判例352号（〔報告〕「労働者派遣事業をめぐる労使紛争――法改正の動向と判例の検討」19頁〜23頁）4頁〜35頁〔秋田成就・横井芳弘・近藤昭雄と判例研究会〕
◇「リボン等着用行動」日本労働法学会編・現代労働法講座3巻・組合活動201頁

〜227頁

◇「労働判例研究　無届デモの指導行為につき公安条例違反等の廉で現行犯逮捕され起訴猶予処分をうけた者に対する電々公社の採用取消が有効とされた事例――日本電信電話公社事件・最二小判昭55・5・30労判342号16頁」ジュリスト739号117頁〜121頁

◇「講苑・最近の労働判例について　(1)ロック・アウト――山口放送事件・最二小判昭和55・4・11民集34巻3号330頁、(2)賃金引上げの妥結月実施と不当労働行為の成否――済生会中央病院事件・東京地判昭和52・12・22労民集28巻5号767頁、名古屋放送事件・名古屋高判昭和55・5・28労判343号32頁」中央労働時報〔労委協会〕667号2頁〜11頁

◇「講苑・最近の労働判例について　(3)採用内定の取消――日本電信電話公社近畿電通局事件・最二小判昭和55・5・30労判342号16頁、(4)"いわゆる過激派"労働者の解雇――鈴江内外国特許事務所事件・東京地判昭和55・10・1労判351号29頁、三菱重工業長崎造船所事件・福岡高決昭和55・4・15労判342号25頁」中央労働時報〔労委協会〕668号13頁〜19頁

◇「三六協定の締結拒否――東京都水道局事件・東京高判昭和43・4・26労民集19巻2号623頁」萩澤清彦編・労働判例百選〈第4版〉(別冊ジュリスト73号) 194頁〜195頁

◇「リボン闘争――全逓灘郵便局事件・大阪高判昭和51・1・30労民集27巻1号19頁」同上196頁〜197頁

◇東京大学労働判例研究会編・労働判例評釈集(4)労働契約Ⅲ〔有斐閣〕 (1)飲酒運転に起因して衝突事故を引き起こしたタクシー運転手の懲戒解雇が有効とされた事例、(2)労基法20条3項同旨の就業規則規定は懲戒解雇につき自律的制限を加えたものではないとされた事例――共同タクシー事件・横浜地判昭40・9・30労民集16巻5号670頁) 63頁〜71頁、(公金の着服横領を理由とする懲戒解雇が無効とされた事例、解雇期間中の賃金額を労基法12条1項1号により算定した事例――北交通事件・東京地判昭42・6・23労民集18巻3号671頁) 84頁〜90頁、(所持品検査に際し脱靴を拒否した電車運転手の懲戒解雇が有効とされた事例――西日本鉄道事件・福岡高判昭和42・2・28労民集18巻1号108頁) 133頁〜140頁、(組合員の非組合員に対する暴行を理由とする懲戒解雇が就業規則所定の懲戒解雇事由にもとづいてなされた場合にもその適用に欠いた場合は無効となる――大村タクシー事件・長崎地判昭38・8・27

労民集14巻4号1043頁）193頁～202頁，（職場および寮における政治文書への署名勧誘行為に対してなした懲戒解雇の効力——旭化成工業事件・宮崎地延岡支判昭和38・4・10労民集14巻2号514頁）226頁～232頁，（過剰人員整理協定にもとづく配置転換の転換先は必ずしも同協定締結当時存した部署にのみ限定されないが労働条件の引下げをなすことはできないとされた事例——新日本窒素肥料事件・熊本地決昭和38・12・26労民集14巻6号1519頁）367頁～372頁
◇「労働判例研究　死亡退職金および死亡弔慰金は死亡労働者の相続財産に含まれないと解した事例——日本貿易振興会事件・大阪高判昭和54・9・28労民集30巻5号933頁」ジュリスト752号121頁～123頁
◇「幹部責任」有泉亨＝秋田成就＝萩澤清彦＝外尾健一編・新版労働法演習Ⅰ（集団的労働関係法）〔有斐閣〕242頁～252頁

【1982年】
◇「賃金カットの範囲——三菱重工業長崎造船所事件・最二小判昭和56・9・18民集35巻6号1028頁」ジュリスト臨時増刊・昭和56年度重要判例解説229頁～231頁
◇「労働判例研究　執行委員長らに対する不当労働行為たる解雇が労働組合に壊滅的打撃を与えたことを理由に，中間収入を控除せずバックペイ全額の支払を命じた救済命令に違法はないとされた事例——あけぼのタクシー事件・福岡地判昭和56・3・31労判365号68頁」ジュリスト771号154頁～157頁
◇「時の判例　都職員の採用内定の法的性質——東京都事件・最一小判昭和57・5・27民集36巻5号777頁」法学教室23号104頁
◇「書評　竹前栄治著・戦後労働改革」季刊労働法125号146頁～147頁
◇「臨時工の雇止めに関する判例研究」公共企業体等労働問題研究センター調査研究資料99号1～65頁

【1983年】
◇「解説　労働者の新しい精神の探求」藤田若雄著作集第1巻〔三一書房〕315頁～336頁
◇東京大学労働法研究会編・注釈労働組合法（下巻）〔有斐閣〕664頁～1126頁〔共著〕
◇「民間公益事業における労使交渉」公共企業体等労働問題研究センター調査研

究資料110号1頁～116頁
◇「年休の請求と時季変更権——此花電報電話局事件・最一小判昭和57年3月18日労判381号20頁」ジュリスト臨時増刊・昭和57年度重要判例解説209頁～211頁
◇東京大学労働法研究会編・労働判例評釈(6)争議行為・官公労〔有斐閣〕((1)争議中組合が経営方針等を批判する一般市民向文書に会社役員の私宅住所，電話番号を掲載することの当否，(2)争議中組合員が会社役員の私宅を訪問し団交要求等を行うことの当否，(3)遡及払賃金につき所得税，住民税，諸保険料等を控除した金額の支払が命ぜられるべきであるとの主張が排斥された事例——高知放送事件・高松高判昭和44・9・4労民集20巻5号881頁）130頁～142頁，(三六協定の締結拒否——東京都水道局事件・東京高判昭和43・4・26労民集19巻2号623頁）188頁～192頁
◇「賃金の支払の確保等に関する法律」有泉亨＝青木宗也編・基本法コンメンタール労働基準法〈新版〉(別冊法学セミナー58号) 331頁～339頁
◇国民法律百科辞典〔ぎょうせい〕(保障給，賃金，賃金カット，非常時払の原則，通貨払の原則，休業手当，全額払の原則，均等待遇の原則，毎月一回・一定期日払の原則，男女同一賃金の原則，直接払の原則)
◇新版大百科辞典〔平凡社〕(休暇，代休，休息，年次有給休暇，休職，労働基準法，休息，労働時間，休日)

【1984年】

◇「企業間人事移動と団体的労働関係の法的問題」日本労働法学会誌63号82頁～107頁
◇「講苑・最近の労働判例について　(1)就業規則の生理休暇規定の変更——タケダシステム事件・最二小判昭和58・11・25労判418号21頁，御國ハイヤー事件・最二小判昭和58・7・15労判425号75頁，(2)労働者の文書活動と懲戒処分——明治乳業事件・最三小判昭和58・11・1労判417号21頁，関西電力事件・最一小判昭和58・9・8労判415号29頁，(3)使用者の言論と不当労働行為——新宿郵便局事件・最三小判昭和58・12・20労判421号20頁，西日本重機事件・最一小判昭和58・2・24労判408号50頁，岩手女子高校事件・盛岡地判昭和58・3・31労判413号75頁，姫路赤十字病院事件・神戸地判昭和58・6・17労判419号46頁」中央労働時報〔労委協会〕716号2頁～12頁

◇「男女雇用均等法案と女子の時間外・休日・深夜労働」ジュリスト819号32頁〜39頁
◇「年次有給休暇請求権と時季変更権——判例からみた二，三の問題点の指摘」労働の科学〔労働科学研究所〕39巻8号20頁〜23頁
◇東京大学労働法研究会編・労働判例評釈集(7)労働訴訟・労災補償〔有斐閣〕((1)地位保全の仮処分命令は，その後に申請された右解雇の効力を前提とする賃金仮払仮処分申請事件に関し当然に裁判所を拘束するものではないとされた事例，(2)不当解雇期間中のバックペイに関し昇給を認めたが，通勤手当および皆勤手当を算出基礎から除外した事例——豊岡機械工業事件・名古屋地判昭和40・8・16労民集16巻4号605頁」) 42頁〜50頁

【1985年】

◇「判例研究会 最近の労働協約をめぐる判例の法理—解約・拡張適用・不利益変更・余後効—」労働判例440号〔研究報告〕労働協約の解約と事情変更の原則・期間の定めのない労働協約の解約・労働協約の拡張適用・労働協約の「不利益」変更・労働協約の余後効) 4頁〜20頁〔秋田成就・横井芳弘と〕
◇「労働法」法学教室増刊（新法学案内185号）111頁〜119頁
◇「サーヴィス産業の労働時間・休日問題」季刊労働法136号29頁〜45頁
◇「講苑・最近の労働判例について (1)賃金交渉と『生産性向上協力』義務条項——日本メールオーダー事件・最三小判昭和59・5・29労判430号15頁，(2)労働協約をめぐる判例——信州名鉄運輸事件・長野地松本支判昭和59・3・12労判432号63頁，香港上海銀行事件・大阪地判昭和58・3・28労判407号28頁，黒川乳業事件・大阪高判昭和59・5・30労判437号34頁」中央労働時報〔労委協会〕733号2〜11頁
◇「セミナー 労働時間法の焦点」(第1回)「事業場外労働」ジュリスト842号120頁〜137頁〔菅野和夫・安枝英訷・山本吉人と研究報告および討論〕，(第2回)「労働時間の起算点・終了点」ジュリスト843号108頁〜119頁〔研究報告および討論〕，(第3回)「労働時間の概念・意義」ジュリスト844号102頁〜115頁〔研究報告および討論〕，(第4回)「休憩時間・手待時間」ジュリスト845号72頁〜83頁〔研究報告および討論〕，(第5回)「フレックス・タイム」ジュリスト846号84頁〜95頁〔討論〕，(第6回)「計画年休」ジュリスト847号70頁〜82頁〔討論〕，(第7

回)「時間外労働・休日労働」ジュリスト849号72頁〜89頁〔討論〕,(第8回)「時間外労働数の計算」ジュリスト850号100頁〜111頁〔研究報告および討論〕,(第9回)「始・終業時刻と時間外労働の範囲,割増賃金の基礎となる賃金」ジュリスト851号118頁〜131頁〔研究報告および討論〕

◇Employee Dispatching Business Law, JAPAN LABOR BULLETIN, Vol. 24, No. 11, The Japan Institute of Labor. pp. 5-8

【1986年】

◇「セミナー 労働時間法の焦点」(第10回)「時季変更権行使の要件」ジュリスト852号194頁〜204頁〔討論〕,(第11回・完)「交替制の労働時間編成」ジュリスト853号88頁〜98頁〔研究報告および討論〕

◇「日本の労働時間法制——現状分析」日本労働協会雑誌320号2頁〜11頁

◇Ordinance and Guidelines for Implenenting the Equal Employment Opportunity Law, JAPAN LABOR BULLETIN, Vol. 25, No. 4, 1986, The Japan Institute of Labor. pp. 5-8

◇「論文 法定労働時間の短縮と労働時間の弾力化等」法律時報710号16頁〜27頁

◇「座談会 労働時間の実態と労基法改正の行方」同上28頁〜45頁〔花見忠・本多淳亮ほかと〕

◇「講苑・最近の労働判例について (1)日本水道機工事件・最一小判昭60・3・7労判449号49頁,(2)旭ダイヤモンド事件・最二小判昭60・12・13労判465号6頁,(3)日産自動車事件・最三小判昭60・4・25労判450号23頁,(4)ニプロ医工事件・東京地判昭和60・9・26労判462号42頁,(5)古河電気工業事件・最二小判昭和60・4・5労判450号48頁」中央労働時報〔労委協会〕749号2〜13頁

◇セミナー労働時間法の焦点〔有斐閣〕(第1章 労働時間の概念・法的意義〔報告3頁〜12頁〕,第2章 労働時間の起算点・終了点〔報告51頁〜57頁〕,第5章 休憩時間・手待時間〔報告201頁〜212頁〕,第6章 交替制の労働時間編成〔報告245頁〜257頁〕,第8章 時間外労働数の計算〔報告327頁〜338頁〕,第9章 始・終業時刻と時間外労働〔報告369頁〜375頁〕,第10章 割増賃金の基礎となる賃金〔報告393頁〜398頁〕) 1頁〜513頁〔菅野和夫・安枝英訷・山本吉人と共著〕

◇「書評 外尾健一編著・不当労働行為の法理」日本労働協会雑誌1986年10月号

34頁〜37頁
◇「労働判例研究 不当な就労拒否を理由とする賃金請求権と時間外手当——安威川生コンクリート工業事件・大阪地決昭和59・8・14労判439号40頁」ジュリスト873号100頁〜102頁
◇「争議行為（超勤拒否・休日出勤拒否）——福岡高判昭和55・10・22北九州交通局事件・労民集31巻5号1033頁」塩野宏ほか編・公務員判例百選（別冊ジュリスト88号）172頁〜173頁
◇"Mandatery Retirement Age System and Enactment of New Law for Securing Employment for Elderly People" JAPAN LABOR BULLETIN, Vol. 25, No. 12, Japan Institute of Labor. pp. 5-8
◇「年次有給休暇の時季指定」花見忠＝山口浩一郎編・労働基準実例百選〈第3版〉（別冊ジュリスト90号）99頁
◇「民間企業における出向制度の実態」公共企業体等労働問題研究センター調査研究資料130号1頁〜190頁〔中嶋士元也と共同研究〕

【1987年】
◇「変形労働時間制と労働時間の弾力化」ジュリスト878号10頁〜18頁
◇「労働判例研究 24時間拘束勤務と労働時間の範囲——清瀬市水道局事件・東京高判昭和57・11・30労民集3巻6号1111頁」ジュリスト880号147頁〜150頁
◇「労働時間法規改正の諸問題」労働法学研究会報〔総合労働研究所〕1635号1頁〜10頁
◇「深夜交替制労働の規制を考える」労務事情〔産業労働調査所〕677号6頁〜13頁
◇「研究会 改正労働時間法の徹底検討」ジュリスト896号6頁〜31頁〔菅野和夫・安枝英訷・山本吉人と〕
◇「座談会 改正労働時間法制の問題点と課題（上）」季刊労働法145号74頁〜98頁〔角田邦重・近藤昭雄と〕

【1988年】
◇「座談会 改正労働時間法制の問題点と課題（下）」季刊労働法146号66頁〜77頁

〔角田邦重・近藤昭雄と〕
◇「改正労働時間法（労基法）の政・省令解説」日本労働協会会報1988年1月号2頁～13頁
◇「アメリカにおける労働時間の判例」労働法学研究会報〔総合労働研究所〕1680号22頁～41頁
◇わかりやすい改正労働時間法〔有斐閣〕1頁～181頁
◇「労働法の今日的課題」山口浩一郎＝下井隆史編・ワークブック労働法〔有斐閣〕248頁～259頁
◇「労働時間を勝手に削ってはならない・連帯長船労働時間裁判勝利によせて（上・下）」労働情報261号・262号
◇「新労働時間法のすべて」（ジュリスト臨時増刊1988年9月5日号）〔有斐閣〕（3．フレックスタイム）63頁～73頁，（4．事業場外労働の労働時間算定）87頁～97頁
◇「年次有給休暇の請求」花見忠＝山口浩一郎編・改正労働基準実例百選（別冊ジュリスト98号）110頁

【1990年】

◇「時間外労働適正化の課題」日本労働研究雑誌364号94頁～97頁
◇「イギリスの労働法制とその変遷」中央労働時報〔労委協会〕804号3頁～13頁
◇「労働時間法制の現状と展望」経済と労働〔東京都労働経済局〕1990年1月25日号
◇「書評　清水洋二著・わかりやすい職場の法律事典」書斎の窓396号〔有斐閣〕55頁～57頁
◇「時間外労働の規制と残業義務」蓼沼謙一＝横井芳弘＝角田邦重編・労働法の争点〈新版〉（ジュリスト増刊）236頁～237頁
◇東京大学労働法研究会編著・注釈労働時間法〔有斐閣〕1頁～834頁〔共著〕
◇「労働時間」萩澤清彦＝山口俊夫編・労働法読本〔有斐閣〕（第4章　労働条件　4．労働時間）74頁～107頁
◇「賃金債権の保護」「賃金の支払の確保等に関する法律」有泉亨＝青木宗也＝金子征史編・基本法コンメンタール労働基準法〈第3版〉〔日本評論社〕106頁～112頁

◇「平成元年度労働判例の回顧・重要労働判例と労使の留意点」((1)日産自動車村山工場事件・東京地判平成元・1・26労民集40巻1号1頁, (2)日本シェーリング事件・最一小判平成元・12・14民集43巻12号1895頁, (3)北九州市清掃局事件・最一小判平成元・1・9労判540号6頁, (4)電々公社関東電気通信局事件・最三小判平成元・7・4民集43巻7号767頁, (5)三共自動車・最一小判平成元・4・27労判542号6頁, 高田建設事件・最三小判平成元・4・11労判546号16頁, (6)香港上海銀行事件・最一小判平成元・9・7労判546号6頁, (7)日本チバガイギー事件・最一小判平成元・1・19労判533号7頁, 済生会中央病院事件・最二小判平成元・12・11民集43巻12号1786頁, (8)三井倉庫事件・最一小判平成元・12・14民集43巻12号2051頁, 日本鋼管鶴見製作所事件・最一小判平成元・12・21労判553号6頁) 労働法学研究会報〔総合労働研究所〕1778号2頁〜30頁

【1991年】
◇「労働法理論における法規的構成と契約的構成——法理論構成における事実と擬制」日本労働法学会誌77号7頁〜39頁
◇賃金・労働時間〔日本労働研究機構・日本労使関係研究協会〕(刊行後, 毎年改訂) 1〜262頁〔1999年度版〕
◇「地方公務員の争議行為と代償措置——人事院勧告の完全実施を求める争議行為と懲戒処分の効力」ジュリスト1027号93頁〜96頁
◇「管理監督者と時間外・休日労働——その法的解釈と運用をめぐって」労働法学研究会報〔総合労働研究所〕1817号2頁〜21頁

【1992年】
◇労働関係法〔有斐閣〕(第3部 雇用関係法) 88頁〜318頁〔小西國友・中嶋士元也と共著〕

【1993年】
◇「労働契約法制の課題」日本労働研究雑誌406号40頁〜49頁

【1994年】
◇「労働法の軌跡——法制で何を問題としてきたか」ＩＭＦ-ＪＣ232号46〜64頁

◇「解雇の意義及び解雇の自由とその制限に関する一般法理」青木宗也＝片岡曻編・注解労働基準法Ⅰ（注解法律学全集44）〔青林書院〕246頁～272頁

【1995年】
◇労働関係法〈第2版〉〔有斐閣〕（第3部 雇用関係法）93頁～342頁〔小西國友・中嶋士元也と共著〕
◇「労働契約と就業規則」企業法学会編・企業法学5巻75頁～95頁
◇「使用者の中立保持義務——日産自動車事件・最三小判昭和60・4・23民集39巻3号730頁」山口浩一郎＝菅野和夫＝西谷敏編・労働判例百選〈第6版〉（別冊ジュリスト134号）242頁～243頁

【1996年】
◇日本立法資料全集51巻・労働基準法（昭和22年）(1)〔信山社〕1頁～645頁〔土田道夫・中窪裕也・野川忍・野田進・和田肇と共編著〕（執筆：第1部第1章「労働基準法草案の解説」3頁～69頁，第2章第4節「完成期『労働基準法案（答申修正案）』(昭和22年1月20日）から『労働基準法案（国会提出案）』（昭和22年3月4日）まで（資料18～22）」152頁～172頁）
◇「管理職組合の問題状況」日本労働法学会誌88号72頁～76頁
◇Gewerkshaften und Arbeitstrechtordnung in der Besatzungspolitik nach dem Ende des Zweiten Weltkrieges, J. C. Mohr (Paul Siebeck) Tübingen, Zwishen Kontinuität und Fremdbestimmung. ss. 187-194

【1997年】
◇日本立法資料全集53・54巻・労働基準法（昭和22年）(3)〔信山社〕1頁～955頁〔土田道夫・中窪裕也・野川忍・野田進と共編著〕（執筆：第1部第2章「労働基準法案審議のための帝国議会提出資料について」33頁～64頁）
◇「法令の平易化の試み・労働関係法の分野からの改善策」松尾浩也＝塩野宏編・立法の平易化〔信山社〕154頁～173頁
◇「介護労務の提供と労働関係法」日本学術会議社会法研究連絡委員会編・高齢社会と介護システム〔向学社〕144頁～165頁

◇「40時間労働法制の推進について」日本労働研究雑誌448号2頁〜13頁

【1998年】
◇日本立法資料全集52巻・労働基準法（昭和22年）(2)〔信山社〕1頁〜777頁〔土田道夫・中窪裕也・野川忍・野田進・和田肇と共編著〕（執筆：第1部第3章「労働基準法草案（第6次案）をめぐる公聴会と労使の意見」117頁〜155頁）

【1999年】
◇労働関係法〈第3版〉〔有斐閣〕（第3部　雇用関係法）85頁〜346頁〔小西國友・中嶋士元也と共著〕
◇「労働基準法24条（賃金の支払）」金子征史＝西谷敏編・基本法コンメンタール労働基準法〈第4版〉108頁〜118頁

【2000年】
◇「健康配慮義務に関する一考察」花見忠先生古稀記念論集・労働関係法の国際的潮流〔信山社〕75頁〜95頁
◇「雇用法制──100年目の課題と新世紀への微光」書斎の窓493号〔有斐閣〕8頁〜14頁
◇「立法史から見た労働基準法──労働基準法立法史料研究の序説」日本労働法学会誌95号5頁〜43頁
◇「労働者の過半数代表法制と労働条件」日本労働法学会編集・講座21世紀の労働法・第3巻〔有斐閣〕137頁〜159頁
◇「雇用関係紛争における法の実現について──多発する雇用紛争の質的変化をみすえて──」駒井洋編著・日本的社会知の死と再生〔ミネルヴァ書房〕305頁〜332頁
◇「労働判例研究　第1種職員男子65歳・女子55歳，第2種職員男女55歳の定年制の下で，第1種職員女子を第2種職員に呼称変更することの適法性──大阪市交通局協力会事件・大阪高判平成10・7・7労判742号17頁」ジュリスト1184号135頁〜139頁
◇「工場法と国際労働条約と労基法──時間外労働に対する法的規制の推移を中心

に―」日本労働研究雑誌482号2頁〜11頁

事項索引

あ

I L O ………………………………………… 6
安全配慮義務 ………………………………… 156

い

育児休業 …………………………………… 210, 235
育児休業給付 ………………………………… 237
育児時間 ……………………………………… 238
　──取得に対する不利益取扱い ………… 239
1か月単位の変形労働時間制 ……………… 102
1週間単位の変形労働時間制 ………… 102, 107
　──（対象期間）………………………… 102
　──（特定期間）………………………… 103
一斉休暇闘争 ………………………… 215, 220
一斉付与の原則（休憩時間）……………… 52

か

介護 ……………………………………………… 108
介護休業 …………………………………… 210, 235, 236
介護休業給付 ………………………………… 237
介護サービス ………………………………… 238
家族手当 ……………………………………… 166
過半数代表者 ………………………………… 256
過半数代表法制 ……………………………… 25
仮眠時間 ……………………………………… 35, 43
監視・断続労働 ……………………………… 190, 202
管理監督者 …………………………… 186, 195, 256

き

企画業務型裁量労働制 ………… 142, 145, 254
規制緩和 ……………………………………… 11
機密の業務を取り扱う者 ……………………… 190
休憩時間 ……………………………………… 51
　──（一斉付与の原則）…………………… 52
　──（時間中の政治活動）……………… 53
　──（自由利用の原則）……………… 53, 60
　──（途中付与の原則）……………… 53
　──の概念 ………………………………… 52
休日 …………………………………………… 54
　法定外── ………………………………… 57
休日振替 …………………………… 56, 65, 69, 106
休日労働 ……………………………………… 71, 75
　公務のための── ………………………… 76
　三六協定による── ……………………… 77
　非常災害時の── ………………………… 76
　法定外── ………………………………… 78
休日労働義務 ………………………………… 80
強行性の解除（労使協定の効力）………… 259
勤務割 ………………………………………… 117

く

苦情処理措置 ……………………………… 150, 161

け

計画年休 ……………………………………… 216
継続勤務（年休権の発生要件）………… 210, 221
携帯電話 ……………………………………… 129
警備業務 ……………………………………… 193
契約上の労働時間 …………………………… 33
激変緩和措置 ……………………… 13, 80, 240
健康診査 ……………………………………… 240
健康福祉確保措置 …………………………… 149
研修 ……………………………………………… 36
限度時間 ……………………………………… 78
　時間外労働の── ………………………… 78
　特定労働者の── ………………………… 79

こ

コアタイム ………………………………… 109, 124
　──なしのフレックスタイム制 ……… 152
更衣時間 ……………………………………… 35, 39

工場法 …………………………………………… 3
拘束時間 ………………………………………… 33
公務のための時間外・休日労働 ……………… 76
固定残業給 ………………………………… 169, 178
暦週 …………………………………………… 31
暦日 ……………………………………… 31, 55

さ

在宅勤務 ……………………………………… 130
裁量労働 ……………………………………… 20
──のみなし労働時間制 ……………………… 141
サテライトオフィス ………………………… 132
三六協定 ………………………… 77, 78, 80, 86, 89
──による時間外・休日労働 ………………… 77
産前産後休業 …………………………… 210, 238
──取得に対する不利益取扱い ……………… 239
算定基礎賃金 …………………………… 165, 175

し

時間外労働 …………………………………… 75
──（フレックスタイム制）…………………… 111
──（変形労働時間制）………………… 104, 122
──の限度に関する基準 ……………………… 78
──の限度時間 ………………………………… 78
公務のための── ……………………………… 76
三六協定による── …………………………… 77
非常災害時の── ……………………………… 76
時間外労働義務 …………………………… 80, 91
時季指定権 …………………………………… 213
時季変更権 …………………………………… 215
事業場 ………………………………………… 254
事業場外労働 ………………………………… 128
──のみなし労働時間制 ……………………… 127
事業所内託児施設 …………………………… 237
子女教育手当 ………………………………… 166
施設管理権 ………………………………… 53, 63
実労働時間 …………………………………… 33
従業員代表制度 ……………………………… 254
住宅手当 ……………………………………… 166
週40時間制 …………………………………… 31

自由利用の原則（休憩時間）…………… 53, 60
宿日直 …………………………………… 192, 206
出産手当金 …………………………………… 239
出張中の労働時間 …………………………… 136
使用者 ………………………………………… 255
小集団活動 …………………………………… 36
職業訓練 ……………………………………… 108
嘱託 …………………………………………… 210
所定労働時間 ………………………………… 33
──（変形労働時間制）………………… 115, 119
親睦団体 ……………………………………… 263
深夜業免除 …………………………………… 238

す

水産業 ………………………………………… 185
スタッフ管理職 ……………………………… 189
ストライキ …………………………………… 125

せ

成果主義賃金 …………………………… 23, 142
清算期間（フレックスタイム制）…………… 110
生理日の休暇 ………………………………… 239
──取得に対する不利益取扱い ……………… 239
専門業務型裁量労働制 ………………… 142, 144
全労働日（年休権の発生要件）………… 210, 228

そ

SOHO ………………………………………… 132

た

代休 ……………………………………… 57, 69
対象期間（1年単位の変形労働時間制）… 102
代替要員 …………………………………… 216, 227
タイムカード ……………………… 32, 36, 37, 46
短時間勤務 …………………………………… 237

つ

通勤手当 ……………………………………… 166

事項索引

て
- 出来高払 …… 166
- 適用除外 …… 143, 185
- 手待時間 …… 35
- テレワーク …… 130
- 電子メール …… 129

と
- 特定期間（1年単位の変形労働時間制）…… 103
- 特定労働者の限度時間 …… 79
- 特別条項付き協定 …… 79

に
- 妊産婦 …… 108, 239

ね
- 年休（年次有給休暇）…… 209
  - ――（自由利用の原則）…… 214, 219
  - ――の買上げ …… 213
  - ――の繰り越し …… 213
  - ――取得に対する配慮義務 …… 212, 225
  - ――取得に対する不利益取扱い …… 212, 232
  - 計画―― …… 216
  - 半日―― …… 212
  - 法定外―― …… 217
- 年休権
  - ――の法的性質 …… 209
  - ――の濫用 …… 214
- 年少者 …… 108
- 年俸制 …… 167

の
- 農業 …… 185

は
- 8時間労働制 …… 5
- パートタイム労働者 …… 212
- 半日年休 …… 212

ひ
- 非常災害時の時間外・休日労働 …… 76
- 病気休暇 …… 217
- 標準報酬日額 …… 212
- 標準労働時間（フレックスタイム制）…… 110
- ビラ配布 …… 63, 64

ふ
- 歩合給 …… 173
- フレキシブルタイム …… 109
- フレックスタイム制 …… 108, 237
  - ――（時間外労働）…… 111
  - ――（清算期間）…… 110
  - ――（標準労働時間）…… 110
  - ――（労働時間の貸借）…… 111
  - コアタイムなしの―― …… 152
  - 変則的―― …… 114

へ
- 平均賃金 …… 212
- 別居手当 …… 166
- 変形週休制 …… 56
- 変形労働時間制 …… 100
  - ――（1年単位）…… 102
  - ――（1か月単位）…… 102
  - ――（1週間単位）…… 107
  - ――（時間外労働）…… 104, 122
- 変則的フレックスタイム制 …… 114

ほ
- 法定外休日 …… 57
- 法定外休日労働 …… 78, 83
- 法定外年休 …… 217
- 法内超勤（法定内時間外労働）78, 83, 95, 165
- ポケットベル …… 129
- 保健指導 …… 240
- ホワイトカラー …… 145

み

みなし労働時間制
　——（裁量労働）………………………141
　——（事業場外労働）…………………127

む

無線 …………………………………………129

め

免罰的効力 ………………………………81, 258

も

持帰り残業 ………………………………36, 49
モバイル勤務 ……………………………133

ゆ

有害業務の労働時間延長の制限 …………80

よ

要介護状態 …………………………………236

り

リフレッシュ休暇 …………………………217

ろ

労使委員会 ……………………146, 152, 254

労使協定 ……………………………17, 253
　——（強行性の解除）…………………259
労使協定法制 ………………………………24
労働の基準法 ………………………………7
労働の保護法 ………………………………7
労働基準規定の強行性の解除 ……………259
労働時間
　——（適用除外）…………………143, 185
　——（有害業務における制限）…………80
　——の概念 ………………………………33
　——の繰上げ・繰下げ …………………78
　——の貸借（フレックスタイム制）…111
　——の通算 ………………………………32
　契約上の—— ……………………………33
　出張中の—— ……………………………136
　所定—— …………………………33, 115, 119
労働時間法制
　——（規制緩和）………………………11
　——（個別化）…………………………25
　——（弾力化）………………………12, 99
　——（多様化）…………………………14
労働協約 ……………………………………259

わ

割増賃金 ……………………………………163

判例索引

最高裁判所

最一小判昭和35・7・14刑集14巻9号1139頁（小島撚糸事件）······164
最大判昭和43・12・25民集22巻13号3459頁（秋北バス事件）······93
最三小判昭和47・12・26民集26巻10号2096頁（静岡市教職員事件）······129, 136
最三小判昭和47・12・26民集26巻10号2097頁（静岡市立学校教職員事件）······191, 192
最二小判昭和48・3・2民集27巻2号191頁（白石営林署事件）
······126, 209, 212, 214, 215, 218, 226, 227
最二小判昭和48・3・2民集27巻2号210頁（国鉄郡山工場事件）······209
最三小判昭和52・12・13民集31巻7号974頁（目黒電報電話局事件）······53, 61
最二小判昭和53・11・20判タ373号53頁（東洋鋼板事件）······71
最三小判昭和54・11・13判タ402号64号（住友化学工業事件）······53, 59
最一小判昭和57・3・18民集36巻3号366頁（電電公社此花局事件）······214, 215, 223
最三小判昭和58・11・1労判417号21頁（明治乳業事件）······53, 64
最三小判昭和59・3・27労判430号69頁（静内郵便局事件）······93
最三小判昭和60・7・16民集39巻5号1023頁（エヌ・ビー・シー工業事件）······234, 239, 243
最一小判昭和61・3・13労判470号6頁（帯広電報電話局事件）······93
最一小判昭和61・12・18労判487号14頁（夕張南高校事件）······220
最一小判昭和62・2・19労判493号6頁（千葉中郵便局事件）······216, 227
最二小判昭和62・7・10民集41巻5号1229頁（弘前電報電話局事件）······212, 214, 216, 225
最三小判昭和62・9・22労判503号6頁（横手統制電話中継所事件）······227
最一小判昭和63・7・14労判523号6頁（小里機材事件）······166, 168, 170, 174
最三小判平成元・7・4民集43巻7号767頁（電電公社関東電気通信局事件）······216, 227
最一小判平成元・12・14民集43巻12号1895頁（日本シェーリング事件）······234, 239, 245, 250
最三小判平成3・11・19民集45巻8号1236頁（国鉄津田沼電車区事件）······220
最一小判平成3・11・28民集45巻8号1270頁（日立製作所武蔵工場事件）······81, 82, 90, 91, 96
最三小判平成4・2・18労判609号12頁（エス・ウント・エー事件）······210, 212, 217, 228
最三小判平成4・6・23民集46巻4号306頁（時事通信社事件）······212, 213, 230
最二小判平成5・6・25民集47巻6号4585頁（沼津交通事件）······212, 232
最一小判平成6・6・13労判653号12頁（高知県観光事件）······169, 172, 173
最三小判平成6・12・20労判669号13頁（倉田学園事件）······65
最二小判平成8・9・13労判702号23頁（国鉄直方自動車営業所事件）······220
最一小判平成12・3・9労判778号8頁（三菱重工業長崎造船所（原告側上告）事件）······34, 39, 40
最一小判平成12・3・9労判778号11頁（三菱重工業長崎造船所（使用者側上告）事件）
······34, 35, 39, 41
最二小判平成12・3・24労判779号13号（電通事件）······32

最二小判平成12・3・31労判781号18頁（日本電信電話事件）……………………216

高等裁判所

広島高判昭和35・6・9労基集2集923頁（三洋石炭事件）……………………167
福岡高判昭和37・9・6下刑集4巻8号644号（国鉄荒尾駅事件）………………188
福岡高判昭和37・10・4労民集13巻5号1036頁（西日本鉄道事件）……………88
仙台高判昭和41・5・18高民集19巻3号270頁（白石営林署事件）……………218
東京高判昭和42・9・29判時502号68頁（静岡県立富士高校事件）………192, 206
東京高判昭和43・4・26労民集19巻2号623頁（東京都水道局事件）……81, 84, 88
大阪高判昭和45・1・27判時603号104頁（滲透工業事件）………………………49
東京高判昭和45・11・27民集26巻10号2164頁（静岡市教職員事件）…………137
名古屋高判昭和46・4・10労民集22巻2号453頁（全日本検数協会事件）…256, 261
東京高判昭和47・5・10労判153号44頁（目黒電報電話局事件）…………………62
広島高判昭和48・9・25判タ301号199頁（東洋鋼板事件）……………58, 71, 83
大阪高判昭和53・1・31労判291号14頁（電電公社此花局事件）………………223
名古屋高判昭和53・3・30労判299号17頁（住友化学工業事件）…………………59
大阪高判昭和55・2・19判例342号69頁（京都製作所事件）………81, 86, 101, 115
東京高判昭和55・3・19労判338号13頁（エヌ・ビー・シー工業事件）…………243
福岡高判昭和55・3・28労判343号58頁（明治乳業事件）…………………………64
東京高判昭和56・7・16民集32巻3＝4号437頁（日野自動車工業事件）……34, 35
東京高判昭和57・11・30労判33号6号1111頁（清瀬市水道施設事件）…………191
大阪高判昭和57・12・10労判401号28頁（井上運輸・井上自動車整備事件）…129
東京高判昭和58・4・20労民集34巻2号250頁（日本液体運輸事件）……………168
大阪高判昭和58・5・27労判413号46頁（壺阪観光事件）……………167, 168, 175
大阪高判昭和58・8・31民集43巻12号2001頁（日本シェーリング事件）………246
仙台高判昭和59・3・16労判427号29頁（弘前電報電話局事件）…………………225
東京高判昭和61・1・27労判474号66頁（外務省育英寮事件）……………………192
東京高判昭和61・3・27判時1185号153頁（日立製作所武蔵工場事件）…………92
東京高判昭和62・11・30労判523号14頁（小里機材事件）………………………170
東京高判昭和63・12・19労判531号22頁（時事通信社事件）……………………231
大阪高判昭和63・12・22労判531号7頁（駒姫交通事件）………………………168
大阪高判平成元・2・21労判538号63頁（京都福田事件）………………………189
東京高判平成2・9・26労判582号78頁（エス・ウント・エー事件）……………228
高松高判平成2・10・30労判653号14頁（高知県観光事件）……………………173
東京高判平成4・3・18労判636号13頁（沼津交通事件）…………………………233
福岡高判平成6・3・24労民集45巻1＝2号123頁（三菱重工業長崎造船所事件）…216
福岡高判平成7・4・20労判681号75頁（三菱重工業長崎造船所事件）……………40
東京高判平成8・12・5労判706号26頁（大星ビル管理事件）…………………35, 43
東京高判平成9・11・17労判729号44頁（トーコロ事件）……………………256, 263
名古屋高金沢支判平成10・3・16判労判738号32頁（西日本ジェイアールバス事件）………216

東京高判平成10・9・16労判749号22頁（三晃印刷事件）………………………38, 169, 174, 178, 181
東京高判平成11・4・20判時1682号135頁（日本交通事件）………………………………………214
東京高判平成11・7・28労判770号58頁（システムコンサルタント事件）……………………156
東京高判平成11・9・30労判780号80頁（日本中央競馬会事件）………………………………222

地方裁判所

東京地決昭和25・10・10労民集1巻5号766頁（宝製鋼所事件）……………………………88
東京地決昭和25・6・15労民集1巻5号740頁（池貝鉄工事件）……………………………81
仙台地判昭和35・1・29行集11巻1号131頁（鬼首郵便局事件）……………………………168
札幌地判昭和35・4・1行集11巻4号1079頁（札幌郵便局事件）……………………………168
仙台地判昭和40・2・22民集16巻1号134頁（白石営林署事件）……………………………218
静岡地判昭和40・4・20行集16巻5号920頁（静岡県立富士高校事件）……………………206
大阪地判昭和40・5・22民集16巻3号371頁（橘屋事件）………………………………………188
岡山地判昭和40・5・31労民集16巻3号418頁（片山工業事件）……………………81, 89, 257
東京地判昭和40・12・27労民集16巻6号1212頁（東京都水道局事件）………………………84
静岡地判昭和41・1・29民集26巻10号214頁（静岡市教職員事件）…………………………137
福岡地判昭和41・9・16民集17巻5号1077頁（福井交通事件）………………………………167
東京地判昭和43・3・22民集19巻2号408頁（毎日新聞社事件）………………………83, 95
横浜地判昭和44・3・27判時571号84頁（横浜枢車事件）……………………………………192
東京地判昭和44・5・31労民集20巻3号477頁（明治乳業事件）………………………………82
山口地徳山支判昭和44・8・27労経速688号3頁（東洋鋼板事件）……………………………71
東京地判昭和45・4・13労民集21巻2号574頁（目黒電報電話局事件）………………………62
松江地判昭和46・4・10労判127号35頁（島根県教組事件）…………………………………138
福岡地判昭和47・1・31判判146号36頁（西日本新聞社事件）……………………………167
静岡地沼津支判昭和47・7・15労時685号128頁（国鉄沼津機関区事件）……………101, 117
静岡地浜松支決昭和48・1・6訟月19巻3号1頁（浜松郵便局事件）……………………255, 260
鹿児島地判昭和48・2・8判時718号104頁（鹿屋市立小学校事件）…………………55, 56, 65
静岡地判昭和48・3・23民集24巻1＝2号96号（国鉄浜松機関区事件）……………………213
熊本地判昭和48・10・4判時719号21頁（国労熊本地本事件）………………………………122
横浜地川崎支決昭和49・1・26労民25巻1＝2号12頁（日本工業検査事件）………………129
東京地八王子支判昭和49・5・27労判203号54頁（エヌ・ビー・シー工業事件）…………243
大阪地判昭和50・3・31労民集26巻2号210頁（高田機工事件）……………………192, 202
名古屋地判昭和50・12・5労判242号25頁（住友化学工業事件）……………………………59
大阪地判昭和51・3・24労判250号47頁（電電公社此花局事件）……………………………223
京都地判昭和51・11・25労判269号69頁（京都製作所事件）………………………87, 115
福岡地判昭和51・12・7労判265号36頁（明治乳業事件）……………………………………64
福岡地判昭和52・5・27労判278号21頁（福運倉庫事件）……………………………………167
静岡地判昭和53・3・28民集29巻3号273頁（静岡銀行事件）………………………188, 194, 202
東京地八王子支判昭和53・5・22判時906号93頁（日立製作所武蔵工場事件）………………92
横浜地判昭和55・3・28労判339号20頁（三菱重工業横浜造船所事件）…………………57, 67

大阪地判昭和56・3・24労経速1091号3頁（すし処「杉」事件）……………………………35
大阪地判昭和56・3・30民集43巻12号1934頁（日本シェーリング事件）……………………246
奈良地判昭和56・6・26判時1038号348頁（壺阪観光事件）……………………………176
大阪地判昭和56・8・25判371号35頁（住友電工大阪製作所事件）………………………36, 46
大阪地判昭和57・2・26判479号385号付録29頁（大日本警備センター事件）………………168
大阪地判昭和57・3・24判386号16頁（大阪淡路交通事件）………………………………35
山口地宇部支判昭和57・5・28労経速1123号19頁（両備運輸事件）………………………168
大阪地判昭和58・2・14労判405号64頁（八尾自動車興産事件）……………………36, 182
青森地判昭和58・3・8労判405号11頁（弘前電報電話局事件）……………………………225
名古屋地判昭和58・3・25労判411号76頁（朝日急配事件）………………………………168
大阪地判昭和58・7・12労判414号63頁（サンド事件）…………………………………188, 199
東京地判昭和59・5・29判431号57頁（ケー・アンド・エル事件）……………188, 195, 199
横浜地判昭和60・7・25判473号84頁（横浜市学校管理員事件）………………………192
大阪地判昭和61・7・30労判481号51頁（レストランビュッフェ事件）……………………189
東京地判昭和62・1・30労判523号10頁（小里機材事件）……………………………170
大阪地判昭和62・3・31労判497号65頁（徳州会事件）……………………189, 196, 200
東京地判昭和62・7・15労判499号28頁（時事通信社事件）…………………………231
東京地判昭和63・4・27労判517号18頁（日本プレジデントクラブ事件）………………189
東京地判昭和63・5・27労判519号59頁（三好屋商店事件）………………………169, 179
大阪地判昭和63・10・26労判530号40頁（関西ソニー販売事件）………………169, 179, 182
長崎地判平成元・2・10労判534号10頁（三菱重工業長崎造船所事件）…………………40
大阪地判平成元・4・20労判539号44頁（北陽電機事件）………………………………33
高知地判平成元・8・10労判564号90頁（高知県観光事件）………………………………173
東京地判平成元・9・25労判548号59頁（エス・ウント・エー事件）……………………228
東京地判平成2・9・25労判569号28頁（東京芝浦食肉事業公社事件）……………210, 221
静岡地沼津支判平成2・11・29労判636号16頁（沼津交通事件）…………………………233
大阪地判平成3・2・26労判586号80頁（三栄珈琲事件）………………………………36, 48
名古屋地判平成3・3・29判588号330頁（ブラザー陸運事件）……………………………168
京都地判平成4・2・4労判606号24頁（彌榮自動車事件）…………………………189, 196
東京地判平成5・6・17労判629号10頁（大星ビル管理事件）……………………………43
東京地判平成7・6・19労判678号18頁（高宮学園事件）…………………………………212
大阪地判平成8・9・27労判717号95頁（錦タクシー事件）………………………………234
大阪地判平成8・10・2労判706号45頁（共立メンテナンス事件）……………………169, 180
大阪地判平成8・12・25労判712号32頁（日本コンベンション・サービス事件）………33, 37
東京地判平成9・3・13労判714号21頁（三晃印刷事件）………………………………178
東京地判平成9・8・1労判722号62頁（ほるぷ事件）……………………49, 130, 134, 196
東京地判平成9・12・1労判729号26頁（国際協力事業団事件）……………210, 213, 222
東京地判平成10・3・25労判735号15頁（学校法人東朋学園・高宮学園事件）……237, 239, 248
札幌地判平成10・3・31労判740号45頁（ブルーハウス事件）……………………………57, 69
東京地判平成10・6・12労判745号16頁（JR貨物事件）…………………………………35

東京地八王子支判平成10・9・17労判752号37頁（学校法人桐朋学園事件）……………………35
東京地判平成10・11・16労判758号63頁（高栄建設事件）……………………………………36
大阪地判平成10・12・25労経速1702号6頁（東久商事事件）……………………………………33
大阪地判平成11・6・25労判774頁71号（関西事務センター事件）……………………………182
東京地判平成12・4・27労判782号6頁（JR東日本事件）……………………………101, 119

行政解釈索引

昭和22・9・13発基17号 ……………………51, 52, 53, 76, 167, 177, 187, 190, 191, 193, 199, 205, 210
昭和22・11・5 基発231号 ………………………………………………………167
昭和22・11・21基発366号 ………………………………………………………164
昭和22・12・26基発573号 ……………………………………………………165, 167
昭和23・4・5 基発535号 ………………………………………………………55, 191
昭和23・4・5 基発537号 ………………………………………………………165
昭和23・4・15基収1374号 ………………………………………………………123
昭和23・4・19基収1397号 …………………………………………………………57
昭和23・4・28基収1497号 ……………………………………………………78, 83
昭和23・5・5 基発682号 …………………………………………………………55
昭和23・5・14基発769号 …………………………………………………………32
昭和23・7・20基収2483号 ………………………………………………………191
昭和23・9・20基収3352号 …………………………………………………………77
昭和23・10・30基発1575号 ………………………………………………………53
昭和23・11・11基発1639号 ………………………………………………………191
昭和23・12・18基収3970号 …………………………………………………………78
昭和24・1・10基収68号 ………………………………………………………164
昭和25・8・7 基収1991号 ………………………………………………………168
昭和25・9・14基収2983号 ………………………………………………………165
昭和25・9・28基発890号 ………………………………………………………191
昭和26・2・14基収3995号 ………………………………………………………166
昭和26・2・26基収3406号 ………………………………………………………165
昭和26・9・26基収3964号 ………………………………………………………212
昭和26・10・11基発696号 …………………………………………………………76
昭和26・12・27基収3857号 ………………………………………………………178
昭和27・5・10基収6054号 ………………………………………………………178
昭和27・9・20基発675号 ………………………………………………………259
昭和28・1・30基収398号 ……………………………………………………256, 262
昭和28・7・14基収2843号 ……………………………………………………257, 258
昭和29・5・21基収1976号 ………………………………………………………191
昭和29・12・1 基収6143号 …………………………………………………………78
昭和33・2・13基発90号 ……………………………………………………123, 211, 254
昭和34・9・1 基発599号 ………………………………………………………191
昭和43・7・24基発472号 …………………………………………………………80
昭和46・1・18基収6206号 ………………………………………………………255
昭和46・3・18基発233号 …………………………………………………………80

昭和47・9・18基発602号	10
昭和52・2・28基発104号の2	196
昭和52・2・28基発105号	190, 196
昭和53・6・23基発355号	264
昭和53・11・20基発642号	80
昭和57・6・30基発446号	55
昭和61・6・6基発333号	191
昭和63・1・1基発1号	21, 31, 102, 111, 121, 128, 129, 135, 138, 259, 264
昭和63・3・14基発150号	55, 77, 101, 118, 128, 135, 165, 169, 187, 190, 191, 193, 199, 202, 210, 211, 212, 217, 222
平成5・2・24基発110号	35, 193, 205
平成6・1・4基発1号	58, 103, 210
平成6・5・1基発330号	103
平成6・5・31基発330号	105, 106
平成7・9・29労働省告示113号	236
平成9・2・14労働省告示7号	144
平成9・3・25基発195号	105
平成9・3・28基発210号	106
平成9・9・25労働省告示105号	10, 27
平成10・3・13労働省告示21号	10, 13
平成10・12・28労働省告示154号	19, 78, 105
平成10・12・28労働省告示155号	13, 78, 240
平成11・1・29基発45号	14, 101, 256, 264
平成11・3・31基発169号	78, 104, 256
平成11・3・31基発170号	166, 172
平成11・12・27労働省告示149号	146
平成12・1・1基発1号	146
平成12・3・8基収78号	167

編者

渡　辺　　　章　（筑波大学社会科学系教授）

山　川　隆　一　（筑波大学社会科学系教授）

労働時間の法理と実務

2000年（平成12年）11月18日　初版第1刷発行

|編　者|渡　辺　　　章|
| |山　川　隆　一|

|発行者|今　井　　　貴|
| |渡　辺　左　近|

発行所　信山社出版株式会社
〔〒113-0033〕東京都文京区本郷6-2-9-102
電　話　03（3818）1019
ＦＡＸ　03（3818）0344

Printed in Japan

印刷・製本／松澤印刷

ⓒ渡辺章，山川隆一

ISBN 4-7972-2180-1 C3332

〈日本立法資料全集〉

256	労働基準法(1)（法案）	渡辺　章	43,689円
257	労働基準法(2)	渡辺　章	55,000円
258	労働基準法(3)上（議会審議録）	渡辺　章	35,000円
259	労働基準法(3)下（議会審議録）	渡辺　章	34,000円
260	労働基準法(4)（施行関係）		近刊
2141	労務指揮権の現代的展開	土田道夫	18,000円
4589	労働基準法解説	寺本廣作	25,000円
553	労働関係法の解釈基準（上）	中嶋士元也	9,709円
554	労働関係法の解釈基準（下）	中嶋士元也	12,621円
560	英米解雇法制の研究	小宮文人	13,592円

125	不当労働行為争訟法の研究	山川隆一	6,602円
161	労働組合統制処分論	鈴木芳明	3,398円
561	オーストリア労使関係法	下井隆史	5,825円
615	外国人労働者法	野川　忍	2,800円
617	ドイツ労働法　A．ハナウ・手塚和彰訳		12,000円
790	マレーシア労使関係法	香川孝三	6,500円
874	雇用形態の多様化と労働法	伊藤博義	11,000円
1587	就業規則論	宮島尚史	6,000円
2051	イギリス労働法入門	小宮文人	2,500円
2053	オーストラリア労働法の基軸と展開	長渕満男	6,796円
2066	労働法律関係の当事者	高島良一	12,000円
2102	労働契約の変更と解雇	野田　進	15,000円
2114	アメリカ労使関係法	岸井貞男	近刊

2117	フーゴ・ジンツハイマーとドイツ労働法		
		久保敬治	3,000円
5090	外国人の法的地位	畑野 勇	続刊
2128	世界の労使関係―民主主義と社会的安定		
		ILO著　菅野和夫監修	4,000円
2130	不当労働行為の行政救済法理	道幸哲也	10,000円
2132	組織強制の法理	鈴木芳明	3,800円
2139	国際労働関係の法理	山川隆一	7,000円
2143	雇用社会の道しるべ	野川　忍	2,800円
2142	国際社会法の研究	川口美貴	15,000円
2119	高齢化社会への途		
		フォン・マイデル・手塚和彰	9,000円